北方民族大学中央高校基本科研业务费专项资金资助（项目编号：113159175 满通古斯诸语狩猎词研究）

　　北方民族大学中国语言文学省级一流学科建设资助

满—通古斯诸语狩猎词研究

崔宝莹 ● 著

中国社会科学出版社

图书在版编目（CIP）数据

满—通古斯诸语狩猎词研究／崔宝莹著 . —北京：中国社会科学出版社，
2021. 8

ISBN 978 - 7 - 5203 - 8393 - 6

Ⅰ. ①满… Ⅱ. ①崔… Ⅲ. ①通古斯满语族—语言学—研究
Ⅳ. ①H54

中国版本图书馆 CIP 数据核字（2021）第 082804 号

出 版 人	赵剑英
责任编辑	耿晓明
责任校对	李 军
责任印制	李寡寡

出 版	中国社会科学出版社
社 址	北京鼓楼西大街甲 158 号
邮 编	100720
网 址	http://www.csspw.cn
发 行 部	010 - 84083685
门 市 部	010 - 84029450
经 销	新华书店及其他书店

印刷装订	北京市十月印刷有限公司
版 次	2021 年 8 月第 1 版
印 次	2021 年 8 月第 1 次印刷

开 本	710×1000 1/16
印 张	19
字 数	312 千字
定 价	98.00 元

序　言

　　语言词汇最能直接反映该民族的生活环境、社会生活、生产活动、风俗习惯、思想意识等诸多物质文化及精神文化内容。狩猎生产活动是人类早期社会生活的产物，也是人类早期最为重要的生产活动内容。至今一些民族还保留着这一生产方式，或者把它作为有史以来传承至今的极为宝贵的文化财富以度假狩猎、狩猎文化、狩猎游戏、狩猎艺术等形式和内容保存了下来。毫无疑问，狩猎生产同样是属于我国北方阿尔泰语系满—通古斯诸民族及其先民早期主要生产方式，其中一些民族甚至将该生产方式一直经营到 20 世纪 90 年代初期。正因为如此，在满—通古斯诸语里有关狩猎社会、狩猎生活、狩猎生产方面的词语十分发达。而且，也有相当丰富的与寒温带或温寒带地区山林草原狩猎生产生活密切相关的采集生产活动，以及江河上的捕捞生产活动及其衣食住行等方面的特定用语和词汇系统。某种意义上讲，所有这些也成为满—通古斯诸语词汇具有的特色词和极具代表性的词汇内容，由此一直以来引起人们的极大兴趣和关注。我们认为，满—通古斯诸语狩猎词语的研究，不仅能够科学阐释其语言词汇的结构性特征及其使用关系，同时也能够深度探讨与此有关的这些北方民族的历史文化与文明，揭示其语言历史、语言社会、语言文化、语言词汇发展及内部生成规律。当然，也对科学把握该语族语言词汇内涵，推动北方民族历史文化与文明研究具有相当重要的学术价值和意义。当然，也有利于进一步开拓民族词语学、地域词汇学、文化词汇学、民族学研究视野。

　　《满—通古斯诸语狩猎词研究》一书是青年学者崔宝莹博士在博士论文基础上进行补充修改，进一步完善和提炼出来的学术研究著作。她在广泛地科学梳理满—通古斯诸民族狩猎生产生活词语基础上，综合运用词源学、词义学、构词学的全新理论方法，以及充分利用民族词语学、地域词汇学、文化词汇学、语言接触学等的新观点和新的研究手段，全面系统论述了该语族语言的早期狩猎词汇结构特征，包括在语音和意义方面呈现出的独具特色的结构关系。其中，还充分利用文化语言学、认知语言学等相关理论和方法，客观详实地论述了其词义中包含的深层文化内涵，以及与满—通古斯诸语狩猎词语密切相关的独到思维方式。

本书在导论部分里全面概述了古今中外有关满—通古斯诸语狩猎词语的研究，提出了北方民族狩猎词语研究的学术价值，交代了该项研究的目的意义和研究方法。在第一章满—通古斯诸语狩猎词构词原理中，作者首先从构词学的角度，紧密结合构词形态变化现象、构词意义和构词功能的层面，将其研究对象分类为构词语素和构形语素两大类型，进而具体分析了它们在构词中的不同作用和功效，以及语用实践中自然形成的构词规则和结构原理。其次，还分别论述了派生法和复合法两种结构类型的构词形式和构词手段及构词系统。第二章就满—通古斯诸语狩猎词的不同结构类型，对狩猎词做了严格意义上的分类。并明确提出，作为分类前提条件和标准，不同音节结构类型、不同构词结构类型、不同词义结构类型等，对于不同词类的结构性分类发挥了重要作用。也就是说，作者充分利用狩猎词内部出现的这些结构性分类规则，对满—通古斯诸语词类的结构类型进行了系统分析和研究。在第三章里，在对满—通古斯诸语狩猎词自身具有的独特结构关系展开全面深度分析的基础上，指出了独具特色而极其丰富的动物肢体类、拟声类和拟态类三种结构类型的狩猎词类。这种分类，很有特色而又有很强的特殊性。与此同时，该章中还探讨了狩猎词的同义词、多义词和同音词现象，论述了狩猎词具有的强大的构词潜能和极其复杂多样的构词形态变化现象。另外，通过这些研究，进一步科学阐明了北方民族语言狩猎词，在词根或词干及形态变化构词词缀中存在的语音对应现象及其语音变化内在规律，论证了词义场的层级性、多样性、地域性、民族性和文化性特征。还从词义切割学全新理论视角，探讨了满—通古斯诸语狩猎词中体现出的深层认知思维及其作用。在第四章内，科学运用文化语言学新理论和新方法，对满—通古斯诸语狩猎词语义文化内涵进行文化学、社会学、地域学、自然环境学、语言文化接触学意义的综合性分析研究。在此基础上，明确提出满—通古斯诸语狩猎词具有的独特文化内涵，并论证了这些文化内涵同早期狩猎生产、狩猎生活、狩猎社会、狩猎环境和场景、狩猎地域间必然存在的深层关系。更加可贵的是，在这里进一步科学阐明了导致狩猎词词义分化的认知思维及其功能的发展原理。在她看来，所有这些，跟满—通古斯诸民族早期生活的自然环境、地域条件、历史文化、生产生活、狩猎场景下形成的认知功能和思维模式有其必然的内在联系。在结论部分中，全面系统地科学归纳和总结论述了满—通古斯诸语狩猎词的结构形式、结构内容、结构特征、结构关系、结构原理。还总结性论述了该语族不同语言的狩猎词在语音、语义方面出现的共性化和异同化特征，概括性科学阐明了狩猎社会、狩猎文化、狩猎文明以及狩猎生产生活条件下产生的狩猎词的特殊功能与特殊作用。总之，《满—通古斯诸语狩猎词研究》是一部全面系统分析研究满—通古斯诸语狩猎词的科研成果，对满—通古斯诸语狩猎词构词形态变化现象，以及不同类型的结构形式和内容，包括不同类型的深层内部结构性分类、深层结构性特征、深层文化内涵等进行了科学论述，并提出了许多富有创新意义的独到见解和学术观点。

崔宝莹博士是一位品学兼优，刻苦学习，博览群书，认真钻研，富有探索、创新、奉献精神的青年学者。满—通古斯语族语言研究属于基础性和冷门、濒危、绝学类学科。在该学术研究领域，不论国内还是在国外，已经没有多少专家学者从事该项科研工作。然而，众所周知，满—通古斯诸语同阿尔泰语系蒙古语族和突厥语族的数十种语言，以及东北亚的俄罗斯西伯利亚跟远东地区的诸民族语言及其日本语、日本的阿依努语和朝鲜语，乃至同北欧的萨米语和北美的爱斯基摩及印第安语等之间，均存在极其复杂而多元的不同程度、不同层级、不同角度的历史渊源关系或共有关系。或许正因为如此，满—通古斯诸语研究工作及其成果，一直以来引起国内外相关学术界和专家学者们的高度关注。只是由于满—通古斯诸语语音形态变化现象、构词系统变化现象、名词类词形态变化语法现象、动词类词形态变化语法现象、虚词类词形态变化语法现象等，都显示出复杂多变、纵横交错、层级鲜明、细密严谨而各成体系的语音语法结构系统而使人们常常感到无从下手。加上，在此学术研究领域科研成果十分稀少，所有语言已成濒危或严重濒危，现成的第一手研究资料又非常少等因素，满—通古斯诸语研究工作难以顺利推进或取得理想学术成绩。在这一现实面前，青年学者崔宝莹博士在其博士论文的基础上，经过多次修改、补充、提炼后完成的该项成果，应该属于满—通古斯诸语研究领域内后出专精的一部优秀科研成果，也是富有开拓精神和创新思想及科学价值的一部专著。因而喜之为序，以此勉励。

朝克

2021 年 5 月 18 日

目　录

导　论

一　研究目的及意义

狩猎是早期先民从自然界获取生活资料维持生存的一种攫取型生产方式。学术界将早期先民的狩猎、捕捞、采集这三种谋食方式称为攫取型经济生产类型。[①] 本书所讲的狩猎生产是广义上的范畴，不仅包括狩猎生产活动，同时也涉及了与狩猎生产相关的捕捞生产以及狩猎生活条件下的采集生产等实践活动。

满—通古斯诸语又称作满—通古斯语族语言，属阿尔泰语系。我国境内主要包括现在的满语、锡伯语、赫哲语、鄂温克语、鄂伦春语，以及历史上的女真语。其中，鄂温克语、鄂伦春语、赫哲语属于跨境语言，除在我国境内使用之外，也在蒙古巴尔虎、俄罗斯远东及西伯利亚地区使用。本书主要讨论的是我国境内的满—通古斯诸语，即满语、锡伯语、赫哲语、鄂温克语以及鄂伦春语。操满—通古斯语族语言的民族被称为满—通古斯诸民族，分别为满族、锡伯族、赫哲族、鄂温克族以及鄂伦春族。现在的满—通古斯诸民族主要分布在黑龙江、辽宁、吉林、河北、内蒙古、新疆、北京等省区市，还有一小部分生活在山东、河南、云南、天津等省、市。其中，满族主要分布在河北、北京、黑龙江、吉林、辽宁等地，锡伯族大部分居住在黑龙江、吉林、辽宁、新疆等省区，赫哲族生活在黑龙江省三江[②]流域及同江县，鄂温克族主要分布在内蒙古呼伦贝尔市、黑龙江省等地，鄂伦春族活跃在内蒙古呼伦贝尔市及黑龙江省交界的兴安岭林区。

满—通古斯诸民族源自不同的东北古民族。据有关学者考证，满族、

---

① 江帆：《满族生态与民俗文化》，中国社会科学出版社2006年版，第35页。
② 注：三江指的是松花江、乌苏里江、黑龙江。

鄂温克族、鄂伦春族、赫哲族源自东北古民族肃慎。其中，满族历经先秦肃慎、战国挹娄、魏晋南北朝勿吉、隋唐时期的靺鞨、宋元明女真，及至清皇太极入主中原，定族名为满洲。"据考证资料，鄂温克族、鄂伦春族、赫哲族等现代通古斯诸民族，其先世从明代的女真族算起，可上溯到三千多年前的古代民族肃慎。"① 相关资料表明，"赫哲族是从肃慎、挹娄、勿吉、女真一脉相承而来的，但细分之下，实则与黑水靺鞨、生女真、野人女真的渊源最为直接"②，历史上分布于松花江下游，乌苏里江流域和黑龙江中下游直至库页岛在内的广大地区。凌纯生认为生女真的窝集部和库哈部为赫哲之先民③。不仅如此，据郑东日考证，通古斯诸民族的先世长期居住在黑龙江流域的广阔地带，先秦时被包括在肃慎（挹娄）泛称之中，唐代包括在黑水靺鞨之称里，后又包括在女真中，到明代"乞列迷"，在史籍中始见于与"北山野人"并列，清朝时通古斯诸民族开始南迁，"使犬部"迁移至黑龙江下游"三江"完达山地区，"使鹿部"迁到黑龙江南岸的大、小兴安岭。这样，形成了族源相同、本出一族的现代通古斯诸民族——鄂温克、鄂伦春、赫哲三民族。据传说，沿江往南走的是今天的赫哲族，没有出走继续待在山上的是今日的鄂伦春人，下山远离的就是当今的鄂温克人。锡伯族源于先秦东胡、魏晋的鲜卑，"隋唐时期，留在东北地区的鲜卑族并入室韦族，辽金时期并入蒙古族，明代又统称鞑靼，明末，锡伯族在与蒙古族共同出兵阻拦努尔哈赤统一东北，清初编入八旗，转战全中国，尤其是长年驻防西北边疆，定居新疆境内"，由此可以看出，满—通古斯诸民族均源自东北古民族，满族、赫哲族、鄂温克族以及鄂伦春族同出一源，语言极其相似，而源自东胡民族的锡伯族，虽然"相传锡伯族有自己的语言文字，后来文字失传，语言也只有一些基本词汇"④，但是"锡伯族于康熙三十一年（1692）'赎'归满洲，开始使用满文，西迁新疆的锡伯族，一开始就处于相对封闭的环境中，使得满语满文在新疆锡伯族内得以传承"⑤。后来根据本民族语言使用情况对满文略加改动创制了锡伯文。从中不难看出，锡伯语与满语具有的源流关系。

---

① 郑东日：《东北通古斯诸民族起源及社会状况》，延边大学出版社1991年版，第30页。
② 都永浩、姜鸿波编：《黑龙江赫哲族文化》，黑龙江教育出版社2008年版，第1—4页。
③ 郑东日：《东北通古斯诸民族起源及社会状况》，延边大学出版社1991年版，第60页。
④ 傅朗云、杨旸：《东北民族史略》，吉林人民出版社1983年版，第175页。
⑤ 戴克良：《锡伯族与满语满文》，《历史教学》2009年第9期。

满—通古斯诸语处于严重濒危地位，其中，女真语已经成了历史语言，而其承继者——满语的言说者也不过 10 位高龄老人，还有一些生活在满族村落的中老年人，会说一些简单的母语，大部分青年人都在使用汉语。赫哲语的情况跟满语基本一致，懂本民族语的老人不足 10 人，也有一小部分人讲汉语与赫哲语的混合语，还有个别的只懂一点母语，会说几句简单的母语会话内容。以上两种语言已经进入严重濒危状态。锡伯族只有新疆的 2.4 万人，仍在使用锡伯语的，占总人口 17% 左右。而且，还日益受外来周边民族语言，如维吾尔语、哈萨克语等突厥语族语言的影响，使得他们的口语中除了汉语借词之外，更多了一些突厥语族语言借词。目前锡伯语已全范围进入濒危状态。同样处于濒危地位的鄂温克语约有 2 万人在使用，占本民族总人口的 65%—67%，许多人的母语交流能力不断快速退化，大量使用汉语、蒙古语、达斡尔语借词。鄂伦春语已进入严重濒危状态，母语使用者不足百人，还有一部分可以夹杂汉语借词用简单母语交流[1]。总而言之，满—通古斯诸语作为濒危语言，甚至可以说，有些语言属于严重濒危语言，关于其词汇研究，尤其是能反映早期社会狩猎生产、生活的狩猎词研究，对进一步抢救濒危语言具有重要的现实意义。

满—通古斯诸民族，历史上主要生活在我国的东北地区。狩猎生产实践活动作为满—通古斯诸民族早期社会生活的基本特征，相似的生产方式使得满—通古斯诸语中集聚了大量与狩猎生产生活密切相关的词语。因此，结合满—通古斯诸民族物质文化来研究满—通古斯诸语中的狩猎词，对揭示满—通古斯诸语词汇的内部生成规律，丰富满—通古斯诸语词汇研究具有重要的积极意义。

语言是一个民族文化的深层透镜[2]，通过语言研究社会、历史与文化，在中外学术界都有着悠久的传统。中国文化语言学于 20 世纪 80 年代中期兴起并深入发展，促进了语言学界对语言本质的认识。从文化的视角来研究语言，已经成为语言学研究的一个重要方面。满—通古斯诸语能够反映出诸民族生存的特定地域环境、时代气息等各种社会文化特征，因此，结合满—通古斯诸语中沉淀下来的有关狩猎生产、生活方面的词语，阐释其背后的深层文化内涵，构拟满—通古斯诸民族早期生产、生活的原貌，探

---

[1]　朝克：《满通古斯语族语言词汇比较》，中国社会科学出版社 2014 年版，第 1—2 页。

[2]　赵杰、田晓黎：《语言人类学》，民族出版社 2015 年版，第 35 页。

究满—通古斯诸民族的思维方式，乃至探索人类早期文明做一有益尝试就更具有理论实践意义。

本书的创新之处在于运用语言学的各种理论方法，综合使用历史学、民族学、人类学、文化学等相关资料对满—通古斯诸语狩猎词做出系统、全面的科学研究。

二 研究现状

（一）国内对满—通古斯诸语狩猎词及其文化的研究

目前掌握的资料显示，国内有很多学者的研究成果涉及满—通古斯语族单一语言的狩猎词汇文化，但尚未发现有专门针对满—通古斯诸语渔猎词综合研究的著述。例如，黄锡惠在《满语地名研究》（1998），结合历史典籍，运用历史学、语言学等相关方法考释了清代满文文献中与满语动物、植物、经济生活等有关的水体名称。刘小萌《从满语词汇考察满族早期的经济生活》，以康熙朝《御制清文鉴》为依据，参稽有关史籍，从词汇学的角度对满族及其先民经济生活的基本内容、特点与变化过程，作了探索性说明与考察，有助于我们进一步了解满族早期的经济状态，并收入论文集《满族的生活与社会》（1998）中。赵阿平著作《满族语言与历史文化》（2006）及其论文《满族语言与物质经济文化》《满语中动物词语的文化含义》《满语语义文化内涵探析》等系列文章，其中有关部分分别探讨了满语狩猎词在特定历史环境下的民族文化特征。赵振才《通古斯—满语与文化》系列文章中，通过分析《御制清文鉴》中收录的大量飞禽野兽、狩猎工具和动植物等词汇，探讨这些词汇的文化特点，对满语词汇的文化内涵进行了细致入微的讨论。哈斯巴特尔《从满语 butambi 词源文化看不同民族关系》一文探讨了 butambi 的同源词从词根 buta – 发展变化的轨迹，并在此基础上分析了狩猎经济对满语词汇的影响，其专著《阿尔泰语系语言文化比较研究》（2006）也涉及了满语、蒙古语狩猎词源文化研究。王钟翰论文《清朝满族社会的变迁及其史料》，通过词汇的语音语义比较和相关史料来分析满族社会形态的变化问题。时妍《满族经济形态变迁的词汇语义探析》从词汇语义学角度考察了满语中带有狩猎义项的常用词汇和政治色彩比较浓厚的词汇。波·少布《渔猎民族的语言文库——评介〈鄂伦春语汉语对照读本〉》对鄂伦春语词汇里的狩猎词做了简要介绍。另外，还有一些硕、博士学位论文也在不同程度上涉及满—通古斯诸语狩猎词的研究，主要有图门的硕士学位论文《满蒙家畜及狩猎用语共有词》（蒙文，1988）、綦中明博士学位论文《满语名号研究》（2013）等。学位论文中的研究尚不系统，故在此不再详述。

以上学术成果只涉及满—通古斯语族单一语言狩猎词的研究，且大多从语义学、文化语言学、词源学、比较语言学等方面对其做出分析和探讨，对本论题的研究具有重要的参考意义，但是尚未涉及满—通古斯诸语狩猎词的综合研究，因此本论题还有很大的开拓空间。

从目前收集的资料来看，近年来国内不少专家学者对满—通古斯诸民族狩猎文化的相关研究，主要是从历史学、民族学、人类学、文化学、民俗学等角度切入的。

对满—通古斯诸民族狩猎生产与历史、民族、社会、经济、宗教、民俗、文学、艺术等方面的研究成果主要有：任国英专著《满通古斯语族诸民族物质文化研究》、于学斌论文《中国满通古斯语族民族渔猎文化类型探析》、唐戈论文《东北地区渔猎文化略论》、张国庆论文《古代东北地区少数民族渔猎农牧经济特征论》、范婷婷论文《北方渔猎民族服饰符号的教育价值解析》，李玉明硕士学位论文《东北民族生存智慧的结晶——论北方民族渔猎工具》，孙慧佳《中国北方渔猎民族萨满春祭舞蹈的符号学解读》系列文章，等等。以上科研成果主要运用了民族学、人类学、历史学、民俗学、符号学等相关理论方法分别探讨了北方民族狩猎文化的类型、特征、价值等。

除此之外，还有很多关于满—通古斯语族单一民族渔猎文化的研究成果。满族方面主要有基于田野调查的《满族的历史与生活——三家子屯调查报告》（金启孮，1981），《民族问题五种丛书》之《满族社会历史调查》（《民族问题五种丛书》辽宁编辑组，2009）。另外，江帆专著《满族生态与民俗文化》（2006）中有关章节从生态民俗学角度对狩猎生态民俗文化的价值重新作了审视与评估；赵志忠专著《满族文化概论》（2008）从文化学角度论述了满族作为狩猎民族在生活、信仰诸方面的表现；刘小萌专著《满族从部落到国家的发展》（2007）中也论及了狩猎文化对满族社会制度形成与发展的影响。

锡伯族狩猎文化方面的研究成果主要集中在该民族史、志成果中，如《锡伯族简史》（《锡伯族简史》编写组，2008）、《锡伯族史论考》（辽宁民族研究所，1986）中有关内容涉及锡伯族早期的社会组织和经济生活，阐述了早期狩猎生产情况；《沈阳锡伯族志》（沈阳市民委民族志编纂办公室，1988）对南迁盛京前的狩猎经济生活做了较为详细的记录。另外，《锡伯族文化》（李阳、王焯、董丽娟，2011）中有关章节阐述了沈阳地区的锡伯族早期狩猎生产及物质文化。除此之外，西北民族大学的硕士学位论文《新疆锡伯族弓箭民俗文化考察》（赵洁，2008）与《锡伯族传统弓箭文化研究》（马伊立，2015），以历史文献资料为基础，探讨锡伯族传统弓箭文化对民族文化发展和传承的关系，分析锡伯族传统弓箭文化蕴藏的文化内涵，关注新疆锡伯族弓箭民俗文化的发展现状，并运用民俗学原理对保护和传承锡伯族传统民间文化提出建议和对策。

鄂温克族狩猎文化的研究主要是从人类学、历史学角度进行的，集中在该民族的史、志以及人类学著作、论文中。其中，著作主要有《鄂温克人的原始社会形态》（秋浦，1962），《鄂温克族》（吕光天，1983），《敖鲁古雅的鄂温克人》（孔繁志，1989）、《中国鄂温克族》（朝克，2013），《驯鹿鄂温克人文化研究》（卡丽娜，2006），《鄂温克族简史》（《鄂温克族简史》编写组，1984），《鄂温克族社会历史》（吴守贵，2008），《鄂温克史稿》（乌热尔图，2007），《民族问题五种丛书》之《鄂温克族社会历史调查》（《民族问题五种丛书》内蒙古自治区编辑组，2009）等。论文主要有王俊敏《狩猎经济文化类型的当代变迁——鄂伦春族、鄂温克族猎民生计调查》，吕光天《额尔古纳河鄂温克族的游猎生产方式及其家族公社结构》，王晓明、王咏曦《鄂温克族的狩猎生产》，建军《鄂温克族传统的冬季捕鱼》，闫沙庆《鄂温克族的桦树皮文化》，卡丽娜《论驯鹿鄂温克人的兽皮文化》等，从不同角度对鄂温克族狩猎经济的生产方式、文化类型以及由狩猎活动衍生出来的桦树皮文化和兽皮文化进行了探讨。

鄂伦春族的狩猎文化成果主要集中在以下几个方面：一是论著。比较有影响力的有秋浦基于田野调查资料所著的《鄂伦春人》（1956）、《鄂伦春社会的发展》（1978），赵复兴专著《鄂伦春族游猎文化》（1991）、《鄂伦春研究》（1987），《民族问题五种丛书》之《鄂伦春族社会历史调查》（《民族问题五种丛书》内蒙古自治区编辑组，2009），等等。二是论文。主要有李伟佳、刘金明《浅析民国初年鄂伦春族传统文化的变化》，韩有峰《鄂伦春族狩猎生产资料和组织形式》，《鄂伦春族的传统狩猎方法》，于学斌《论鄂伦春族狩猎文化的特点及其局限性》，哈纳斯《试论鄂伦春族的兽皮文化》《试论鄂伦春族桦树皮工艺》，陈伯霖、唐戈《谈诱猎方式》，刘晓春《狩猎文化与生态环境》等，分别从不同角度阐释了鄂伦春族狩猎生产的生存环境、组织形式、狩猎技能、经济文化变迁、桦树皮文化以及兽皮文化。另外，赵世见在其硕士学位论文《鄂伦春族渔猎经济向农耕经济转型探析（1869—1931）》中，探讨了鄂伦春族狩猎经济向农耕经济转变的特点以及原因，生态环境对狩猎文化的影响以及保护生态环境的意义。

论及赫哲族狩猎文化方面的著作主要有：凌纯声《松花江下游的赫哲族（上、下册）》（2012）、《民族问题五种丛书》之《赫哲族社会历史调查》（《民族问题五种丛书》黑龙江省编辑组，2009）、《赫哲族简史》（《赫哲族简史》编写组，1984）、《赫哲族社会文化变迁研究》（郝庆云、纪悦生，2016）等。论文主要有：孔德明、刘淑玲《文化生态视野中的赫哲族渔猎造物艺术研究》，付黎明、孔德明《天地材工蕴情愫三江渔猎释民风——松花江下游的赫哲族鱼皮剪纸艺术探赜及其文化索隐》、付燕羽《赫哲族渔业文化及其成因》等，主要从民俗学、民族学的角度探析渔业文化成因以及捕捞活动对该民族的民俗艺术造成的影响。另外，还有一些硕士、博士学位论文从不同角度论述赫哲族捕捞经济的社会文化变迁以及对体育、艺术、民俗的传承与发展的影响。

（二）国外满—通古斯诸语狩猎词汇及其文化研究

国外关于满—通古斯诸语狩猎词的研究很少，据目前掌握的资料，主要有日本1935年刊印的《鄂伦春语》，这是1934—1938年对内蒙古阿里河及黑龙江呼玛河等地区的鄂伦春语进行调查的资料，其中《鄂伦春语日语对照词汇》《鄂伦春语日语会话》等资料对照记录了当时仍在使用的狩猎词汇。美中不足的是，鄂伦春语的记音和转写使用了日语的片假名字母，加之调查者不懂语音学，所以记音很不清楚，使用起来也不方便。另外，美国满学家维姬·M.辛尼曼（Vicki M. Shinneman）于1995年由华盛顿大学出版的《关于〈五体清文鉴〉的马匹毛类词》一书中，结合满语与蒙古语、藏语、汉语等民族语言，阐述了《五体清文鉴》出现的马皮毛类词的语音特点以及具体使用特征。

日本关于满—通古斯诸民族狩猎文化方面的研究主要有佐佐木史郎《参加熊节的人们：从狩猎礼仪看鄂温克族的社会结构原理》（《民博报告》1985年第2期），对参加熊节并在其中执行各种任务的人们进行分类、整理，论述了鄂温克族部落或狩猎游牧集团的构成及亲属内母系一方的作用，对狩猎生产社会组织进行了探讨。

俄国关于满—通古斯诸民族狩猎文化的研究始于17世纪。B. H. 塔奇舍夫首先开始了对西伯利亚和远东各民族的历史研究，他在《俄罗斯历史》一书中描述了黑龙江（阿穆尔河）流域满—通古斯语族诸民族狩猎生产、生活以及他们的文化和分布等情况。P. K. 马克依据他在黑龙江沿岸考察时的旅行记录撰写而成的《黑龙江沿岸旅行记》（1859）是一部有关满族、赫哲族资料性民族学著作。俄国皇家科学院院士 Л. И. 什连克在1854—1856年对阿穆尔河地区的考察期间，搜集到了珍贵的调查资料，绘制了阿穆尔河下游的民族学地图，发表了一系列文章，还出版了三卷本的著作《阿穆尔边区的异族人（1883—1903）》。他的这部著作至今对黑龙江流域满—通古斯语族诸民族的研究具有重要的参考价值。Л. Я. 什捷恩别尔格曾于1889—1897年流放期间，在萨哈林岛对尼夫赫人和萨哈林岛及黑龙江流域满—通古斯语族民族进行了卓有成效的民族学研究。他首次运用民族学方法详尽地描述了奥罗奇人的民族及历史，叙述了奥罗奇人的婚姻关系和宗教信仰。П. П. 希姆克维奇收集了那乃人、埃文克人、埃文人、涅吉达尔人的一些有价值的资料，陆续出版了《阿穆尔州和阿姆贡河流域异族人现状》（1895）、《果尔特人萨满研究资料》（1896）、《果尔特人的习俗、迷信及传说》（1897）等著作。И. А. 洛帕金的代表著作《阿穆尔、乌苏里江、松花江的果尔特人》（1922）不仅资料丰富，还明确阐述了那乃人的物质和精神文化特点，并着重研究了那乃（赫哲）人的起源问题。А. Л. 列昂季耶夫作为俄国最早的中国学家之一，其主要著作有《满俄大辞典》（1875）。С. M. 希罗科戈洛夫（中文名史禄国）是俄国满—通古斯语族民族研究方面影响最大的民族学家、人类学家。其著作《满族的社会组织——满族氏族组织研究》（1924）是对我国东北和北京地区的满族进行长期调查后写成的，对满族的语言、亲属称谓、社会组织和功能、婚姻家庭和经济状况等方面进行了论述。《北方通古斯的社会组织》（1929）一书基于他搜集到的第一手资料，对鄂温克、鄂伦春族的地理分布、民族类型、社会组织和职能、婚姻、家庭、财产以及风俗习惯等方面都做了阐述，是一部全面了解和研究北方通古斯人社会组织，鄂温克、鄂伦春族社会历史状貌的重要著作，为我们了解北方通古斯人的社会历史提供了丰富的史料。除此之外，他还发表了多篇有关满—通古斯诸民族的论文，编写

了《通古斯—俄罗斯辞典》（1944）。B. K. 阿尔谢尼耶夫对满—通古斯诸
民族的研究成果有《乌苏里地区的中国人》《乌苏里地区之行》（1291）、
《德尔苏·乌扎拉》（1293）、《森林乌德盖人》（1296）、《远东边区民族的
日常生活和特点》（1982）等著作。我国将《乌苏里地区之行》和《德尔
苏·乌扎拉》这两本书翻译出版，取名为《在乌苏里的莽林中》（1977）。
书中记述了他在 1902 年、1906 年和 1907 年在乌苏里地区的考察活动。苏
联著名考古学家 А. П. 奥克拉德尼科夫的代表作是《滨海遥远的过去》
（1959），主要介绍了远东考古学遗存研究史、人类的早期遗迹、石器时
代、青铜器时代、部落、渤海国、女真国时代的考古发现。他大量引用中
国历史文献，并对当地和我国内地的考古资料进行了比较研究。黑龙江流
域和萨哈林岛各民族研究专家 А. В. 斯莫利亚克的著作《阿穆尔河下游与
萨哈林岛各族的物质文化》（1984），主要介绍了黑龙江下游和萨哈林岛各
民族的狩猎、海洋捕猎、森林狩猎等几种经济类型以及交通工具、传统服
饰等。"他山之石，可以攻玉"，以上国外的科研成果为本书的写作提供了
重要的参考资料。

　　以上研究成果中，大多是从语言学、历史学、民族学、人类学、民俗
学、文化学等角度探讨满—通古斯语族单一语言的词汇文化。而对满—通
古斯诸语狩猎词进行系统性研究的成果尚未多见，因此研究本课题还有很
大的开拓空间。

三　研究对象及语料来源

（一）　研究对象

　　满—通古斯诸语狩猎词是指满语、锡伯语、赫哲语、鄂温克语、鄂伦
春语中涉及狩猎生产活动以及与狩猎生产相关的捕捞生产，与狩猎生活相
关的采集生产等方面的词语。其中，满—通古斯诸语狩猎词既包括以上五
种语言中的共有词，还涉及只出现在满—通古斯诸语具体语言中的特色
词。例如，鄂温克语中关于驯鹿的词，赫哲语中鱼产品的相关词语，等
等。以上共有词和特色词都属于我们的研究对象。

（二）　语料来源

　　由于满—通古斯语族诸民族生产方式变革，语言演变等客观原因，狩
猎词在已进入濒危状态的满—通古斯诸语中消失殆尽，因此本书所选用的

语料均来自早期的辞书、词典等工具书和满—通古斯诸语研究著作中的词汇表，以及满—通古斯诸语早期的调查资料。主要来源如下所示：

（清）《五体清文鉴》，民族出版社 1957 年影印版。

（清）智宽、培宽编：《清文总汇》，荆州驻防翻译总学刻本，1973 年影印版。

（清）沈启亮：《大清全书》，辽宁民族出版社 2008 年影印版。

刘厚生、关克笑、沈微、牛建强编：《简明满汉辞典》，河南大学出版社 1988 年版。

安双成编：《满汉大辞典》，辽宁民族出版社 1993 年版。

胡增益编：《新满汉大词典》，新疆人民出版社 1994 年版。

安双成编：《汉满大辞典》，辽宁民族出版社 2007 年版。

关善保编：《汉锡简明对照辞典》，新疆人民出版社 1989 年版。

朝克：《满通古斯语族语言词汇比较》，中国社会科学出版社 2014 年版。

朝克：《现代锡伯语口语研究》，民族出版社 2006 年版。

郭秀昌：《锡伯语词汇》，新疆人民出版社 1991 年版。

贺兴格、其达拉图、阿拉塔编：《鄂温克语词汇》，民族出版社 1983 年版。

涂吉昌、涂芊玫编：《鄂温克语汉语对照词汇》，黑龙江省鄂温克族研究会、黑龙江省民族研究所 1991 年版。

阿荣旗鄂温克族研究会编：《阿伦河流域鄂温克语汉语对照词汇》，鄂温克族研究会、民族出版社 2007 年版。

杜·道尔基编：《鄂汉辞典》，内蒙古文化出版社 1998 年版。

萨希荣编：《简明汉语鄂伦春语对照读本》，民族出版社 1981 年版。

韩有峰、孟淑贤：《鄂伦春语汉语对照读本》，中央民族学院出版社 1993 年版。

何青花、莫日根布库编：《鄂伦春语释译》，紫禁城出版社 2011 年版。

李树兰、仲谦、王庆丰：《锡伯语口语研究》，民族出版社 1984 年版。

张彦昌、张晰、戴淑艳：《赫哲语》，吉林大学出版社 1989 年版。

李树兰、仲谦编：《锡伯语简志》，民族出版社 1986 年版。

胡增益、朝克编：《鄂温克语简志》，民族出版社 1986 年版。

胡增益编：《鄂伦春语简志》，民族出版社 1986 年版。

安俊编：《赫哲语简志》，民族出版社 1986 年版。

由于以上各来源语料所采用的标音符号不统一，本书为了方便行文，采用朝克研究员在《满通古斯语族语言词汇比较》中的标音符号系统。

四　研究方法

本书综合运用语言学、民族学、人类学、民俗学、历史学等理论和研究方法对本论题进行全面、系统、科学地研究。具体来说，主要有以下几种方法：

（一）文献引证法

在收集满—通古斯诸语狩猎词方面，需要查阅大量的辞书、词汇集。对满—通古斯诸语狩猎词语进行文化解析时，同样需要查阅大量的相关文献，来了解当时的历史和文化，文献引证法是本书开始进行研究所用的最基本的方法。

（二）归纳分析法

本书对满—通古斯诸语狩猎词进行研究，对搜集到的语料加以归纳，总结其词汇特点，并对满—通古斯诸语狩猎词的构词成分及构词方式进行分析，探究其构词规律。

（三）分类法

利用语言学相关理论和方法，把收集到的满—通古斯诸语狩猎词按照音节结构类型、构词结构类型、词类结构类型、语义结构类型等加以分类，并分别探讨各个类别词的使用情况。

（四）背景文化考察法

从词汇结构、语义内涵上对满—通古斯诸语狩猎词进行文化考察，试图揭示深藏语言背后的思维与认知对语言生成及使用所造成的影响。

五　主要研究内容

本书通过对能够体现满—通古斯诸语狩猎文化的相关词语进行梳理，归纳满—通古斯诸语狩猎词的结构特征；对该语族语言狩猎词进行比较研究，分析其语言结构，探讨其语言规律；词体现着一个时代的物质文化、意识形态、主观世界，从沉淀在满—通古斯诸语底层中的狩猎词出发，探讨满—通古斯语族诸民族早期物质文化，构拟早期社会的生产、生活原貌；语义是人对客观事物的认识，词与它所记载的文化事实有着密切的关联，从词的特殊语义及其发展演变揭示当时的文化存在状况；语言是该民族观察世界的结晶与样式，人们通过语言对认识的世界进行表达。通过对满—通古斯诸语狩猎词的考察来观察满—通古斯诸民族的思维方式。

以上内容主要按以下结构分布安排全文：

导论，这一部分主要介绍满—通古斯诸语狩猎词的研究概况，阐明本书的研究对象、研究目的及研究意义，介绍本书所采用的研究方法以及语料来源。

第一章，满—通古斯诸语狩猎词的构词分析。这部分主要从满—通古斯诸语狩猎词的构词成分和构词方式两个方面展开讨论。首先按照语素在构词中的地位和功能将其分为构词语素和构形语素。构词语素用来成词，又分为词根和构词词缀。构形语素的作用在于说明词的语法功能。其次分别阐述满—通古斯诸语狩猎词派生法与复合法两套构词系统。

第二章，满—通古斯诸语狩猎词的分类。本章按照不同的分类标准对该语族语言狩猎词进行分类。分别从音节结构类型、构词结构类型、词类结构类型、语义结构类型角度对其进行系统分类。根据语音结构类型分类，可以分出单音词、双音词、三音词及多音词等类别；依据构词结构类型分类，可以分出单纯词、派生词、复合词等类别；按照词类结构类型来分，可以将满—通古斯诸语狩猎词分为名词、动词、形容词等实词以及摹拟词等虚词；根据语义结构类型分类，则可以分出狩猎词、捕捞词、采集词等词类，还可根据词与词之间的语义联系依次进行再次分类，及至分类至最小的词的聚合体。

第三章，满—通古斯诸语狩猎词的特点。本章综合运用语言学各理论方法，总结归纳了满—通古斯诸语狩猎词在词汇、语音、语义方面的特点。

第四章，满—通古斯诸语狩猎词的语义文化内涵阐释。分类探讨狩猎词、捕捞词、采集词等词的语义文化内涵，再现早期先民的狩猎生产生活场景，进而观察满—通古斯诸民族的思维方式。

结论部分，指出研究满—通古斯诸语狩猎词的意义所在：本书对能够体现满—通古斯语族诸民族狩猎文化的有关词语进行梳理，对满—通古斯诸语狩猎词在音节、构造、词类、语义等结构类型特征有了更加清晰的认识；对满—通古斯诸语狩猎词的细致分类，使我们对该类词有了更加全面系统地把握；对该语族语言狩猎词语义文化内涵的分析，使我们对满—通古斯诸民族早期的社会生产生活有了更加详尽的了解，对满—通古斯诸民族隐藏在语言背后的思维方式有了更加明确的认识。

第一章

满—通古斯诸语狩猎词构词原理

构词是研究词的内部结构问题，其研究对象是已经存在的词。[①] 研究满—通古斯诸语狩猎词构词的主要目的，是对搜集到的满—通古斯诸语狩猎词的内部结构进行观察和分析，总结狩猎词的内部结构规律。

第一节 满—通古斯诸语狩猎词构词成分

词是由语素构成的。语素作为语言中语音语义结合体的最小单位，最重要的作用是构词和作为构词的材料。词可以由一个语素构成，也可以由几个语素按照一定的构词规则组成。满—通古斯诸语狩猎词在类型上属粘着语，形态比较发达。语素有由一个字母构成的，也有由一个或几个音节构成的。按照满—通古斯诸语狩猎词的形态变化、意义及其功能，将语素分为构词语素和构形语素两类。

一 满—通古斯诸语狩猎词构词语素

构词语素是指具有实在意义，能构成具有词汇意义的新词的构词成分。满—通古斯诸语狩猎词构词语素又分为词根和构词词缀。其中，词根是能够独立构词的语素。满—通古斯诸语狩猎词在词中占重要地位的词根，以单音节和双音节为主。比如说，"拴狗的皮条"在鄂温克语、鄂伦春语、赫哲语里称为 sor，"狐狸"在锡伯语里叫作 dov；"小猞猁"一词，在满—通古斯诸语里都叫作"luka"，等等。

[①] 葛本仪：《现代汉语词汇学》，商务印书馆 2014 年版，第 80 页。

构词词缀，是不具有独立构词的能力，只能接缀在词根或词干后面构成词的语素。它的构词功能主要表现在两个方面，一是改变原词的词汇意义，使之变成一个新词。例如：

满　语：dobi "狐狸" ＋ ‒tʂi（构词词缀）＝dobitʂi "狐狸皮"

锡伯语：dov "狐狸" ＋ ‒tʂi（构词词缀）＝dovtʂi　"狐狸皮"

鄂温克语：dohi "狐狸" ＋ ‒tʃi（构词词缀）＝dohitʃi　"狐狸皮"

鄂伦春语：doki "狐狸" ＋ ‒tʃi（构词词缀）＝dohitʃi　"狐狸皮"

赫哲语：dobi "狐狸" ＋ ‒tʂi（构词词缀）＝dobitʂi　"狐狸皮"

以上实例中，满语、锡伯语、赫哲语的构词词缀 ‒tʂi，鄂温克语、鄂伦春语的构词词缀 ‒tʃi 都附加在 "狐狸" 一词的词根后面，构成了一个新词 "狐狸皮"。以上均是在名词词根或词干后面附加构词词缀，构成了一个新名词，只改变语义、并未改变词性。赫哲语狩猎词中还有动词派生出动词的情况。例如：wa ‒ "捞鱼" ＋ ‒tɕi ＝ watɕi ‒ "打猎、打鱼"

二是改变原词的词性或其他性质。比如说，满语的 ɡurɡu "野兽" ＋ ‒ʂə（构词词缀）＝ɡurɡuʂə ‒ "打牲"。在这里，词缀 ‒ʂə 通过附加在名词词根 ɡurɡu "野兽" 后面，使之变成了动词 ɡurɡuʂə ‒ "打牲"，名词附加词缀后变成了动词。再比如说，鄂温克语的 mojo "猴子" ＋ ‒kku（构词词缀）＝mojokku "滑稽的"，这是将名词通过附加构词词缀变成形容词的实例。另外，还有将动词改变成名词的现象，例如：锡伯语中的 bəta "捕鱼" ＋ ‒n（构词词缀）＝bətan "鱼饵" 等等。

二　满—通古斯诸语狩猎词构形语素

构形语素是附加在词根或词干后面，起改变词形功能的语素，又称为词尾，用来表示词与词之间的各种语法关系，不用来表示具体的词汇意义。"一个词具有词尾语素时，只能说明该词已形成了表示不同语法意义的形态变化，只是一个词的不同形态变化的构形语素，却没有构成新词的能力，所以它作为词的结构成分出现时，并不等于产生了新词。"[①] 满—通古斯诸语狩猎词的构形语素根据其表达的语法意义可分为复数、格、态、式、时和人称等。在此需要做出说明的是，各构形语素在满—通古斯诸语狩猎词中的分布并不完全相同，比如说，表示 "人称" 的词尾只出现在鄂

---

① 　葛本仪：《现代汉语词汇学》，商务印书馆 2014 年版，第 53 页。

温克语、鄂伦春语里，一般不出现在满语、锡伯语、赫哲语中。下面对共同出现在满—通古斯诸语狩猎词中的构形语素进行分类，并分析讨论。

（一）复数词缀

附加在名词、代词、动名词、数词等名词类词的词根或词干后面，表示复数意义的构形语素被称之为复数词缀，又称为复数词尾。满—通古斯诸语的复数词缀有很多，且大多数都要求按照元音和谐律附加在由不同元音构成的词根或词干后面。据朝克研究员统计，满—通古斯诸语复数词尾主要有 – sal、– səl、– sol、– søl、– sʊl、– sul、– sər、– səŋ、– sa、– sə、– so、– si、– s、– ʧeŋ、– ʧen、– hala、– hal、– həl、– ka、– l、– ri、– rin、– ta、– tə、– təs、– nar、– nər、– nor、– nør、– naka 等①。其中，由辅音 h、n、t、ʧ、r 开头的复数词尾在具体语言中均有使用范围限制，只能用在亲属称谓、氏族称谓、职务称谓、人名、地名等名词以及人称代词后面。这些词缀很少出现在狩猎词中，因此本书不再对这些词尾过多阐释。而由辅音 s 开头的复数词尾在满—通古斯诸语中的使用范围最广，可以在每种语言中使用，而且使用率也最高。下面重点讨论由辅音 s 开头的复数词尾在具体语言中的使用情况。

由辅音 s 开头的复数词尾主要有 – sal、– səl、– sol、– søl、– sʊl、– sul、– sər、– səŋ、– sa、– sə、– so、– si、– s 等。以上构形语素是满—通古斯语族语言中使用最多、最原始的复数词缀。当其出现在以辅音 n 结尾的名词后面时，n 往往会脱落。除此之外，在不同语言中的使用条件也有所不同。其中，复数词尾 – sa、– sə、– so、– si 主要根据词干元音的不同分别按照元音和谐律接缀在满语名词后面。例如，nimaha "鱼" + – sa = morisa "许多鱼"。– sə、– s 用于锡伯语中表示人或生物的名词词干后面，例如：nimha "鱼" + – s = nimhas "许多鱼"、sampa "虾" + – s = sampas "许多虾"。– sal、– səl、– sol、– søl、– sʊl、– sul 使用于鄂温克语表示人、其他生物或非生物的名词后面。例如：mørgø "鲤鱼" + – səl = mørgøsəl "许多鲤鱼"。– sal、– səl、– sol、– søl 用于鄂伦春语中除了以 – mn̩aa 结尾的名词词根或词干后面，例如：mʊrgʊ "鲤鱼" + – ʃul = mʊrgʊʃul "许多鲤鱼"。– sa、– sə、– sər 用于赫哲语表示人的名词后面，其他名词类词的复数词尾往往省略，即主要用词根或词

---

① 朝克：《满通古斯诸语比较研究》，民族出版社 1997 年版，第 205 页。

干形式表示复数的语法概念，例如：sundza nimha"五条鱼"。事实上，满—通古斯诸语中，除了表示人以外的生物及非生物名词词根或词干前面出现表示复数概念或集体概念的名词、数量词时，复数词尾往往都会省略。例如，满语 ilha nimaha"三条鱼"，锡伯语 susai sampa"五十只虾"、əm adun nimaha"一群鱼"。

（二）格词缀

附加在名词类词词根或词干后面，表示词与词之间语法关系的构形语素被称为格词缀。从格词缀所表达出的语法内涵这一角度来看，满—通古斯诸语格词缀一般包括主格、领属格、确定宾格、不确定宾格、与格、位格、从格、造格、共同格、所有格、方面格、方向格、不定方向格、比格、离格、有格、经格等 17 种。值得注意的是，并不是该语族五种语言均具有以上 17 种格词缀形式。满—通古斯诸语狩猎词共同具有的格词缀主要有主格、属格、宾格、从格、向格、位格等。不仅如此，满语、锡伯语、赫哲语有的格词缀同时具有两种语法功能。例如，满语 – tçi、– dəri 同时指比格和从格，锡伯语的 – d 也同时指与格和位格，赫哲语的 – dʑi 表示造格和联合格两种功能。其中，满—通古斯诸语狩猎词主格词缀用零形式表示，即用词干形式表示动作行为的主体施事者这一语法含义。在此不再对主格词缀作专门说明，以下对属格、宾格、从格、向格、位格等格词缀形式进行讨论。

1. 属格词缀

属格词缀是附加在名词、动名词、代词等名词类词后面，说明人与事物领属关系的构形语素，也称为领格词缀或领属格词缀。满—通古斯诸语狩猎词属格词缀采用特定词缀或分离式表示。各语言中的属格词缀形式及使用条件如下表所示：

表 1 - 1　**满语、锡伯语、鄂温克语、鄂伦春语、赫哲语属格词缀及使用条件**

语言	满语		锡伯语		鄂温克语		鄂伦春语	赫哲语	
属格词尾	– i	– ni	– i	– ji	– i	– ni	– ŋi	– i	– ji
使用条件	除鼻辅音结尾的名词类词词干后面	鼻辅音结尾的名词类词词干后面	除鼻辅音结尾的名词类词词干后面	鼻辅音结尾的名词类词词干后面	除鼻辅音结尾的名词类词词干后面	鼻辅音结尾的名词类词词干后面	名词类词词干后面	除鼻辅音结尾的名词类词词干后面	鼻辅音结尾的名词类词词干后面

如表 1－1 所示，满—通古斯语族大部分语言同时具有两个属格词缀，满语、锡伯语、鄂温克语、赫哲语按照名词类词词根或词干的辅音结尾是否为鼻音，分别接缀不同的属格词尾，鄂伦春语只有一种属格词缀，可以直接附加在名词类词词根或词干后面。属格词尾在该语族具体语言中的使用情况是：满语以辅音 n 结尾的名词词根或词干后面接缀属格词缀－i，除此之外的名词词根或词干后面都使用词缀－ni，例如，nimaha "鱼" ＋－i＝nimahai "鱼的"。锡伯语属格词缀主要有－i、－ji，其中－i 接缀在以辅音 n 结尾的词干后，－ji 接缀在除 n 以外的辅音或元音结尾的词干后。例如，olhum "野鸡" ＋－ji＝olhumji "野鸡的"，diəmin "老鹰" ＋－i＝diəmini "老鹰的"。鄂温克语属格词缀主要有－i、－ni，例如：mur "老鹰" ＋－ni＝murni "老鹰的"，ajdan "野猪" ＋－i＝ajdani "野猪的"。有人认为鄂温克语只有一个属格词缀－ni，接缀在以辅音 n 结尾的词干后面时，先脱落原词干辅音 n，再接缀属格词缀－ni。① 鄂伦春语属格词缀只有－ŋi，例如，giltun "白带鱼" ＋－ŋi＝giltunŋi "白带鱼的"。赫哲语属格词缀主要有－i、－ji。例如：lioho "白鲦子鱼" ＋－i＝liohoi "白鲦子鱼的"；olguma "野鸡" ＋－ji＝olgumaji "野鸡的"。

总之，满—通古斯语族语言狩猎词属格词缀－i 一般接缀在以鼻辅音 n 结尾的词干后面，而词缀－ni、－ji、－ŋi 接缀在除鼻辅音以外的辅音，以及元音结尾的名词词根或词干后面。另外，根据音变规则可将满—通古斯语族语言狩猎词出现的属格词缀排列为－ni＞－ji＞－i。

2. 宾格词缀

宾格词缀是附加在名词类词后面，说明动作、行为施事对象的构形语素。满—通古斯诸语狩猎词均具有宾格词缀。满—通古斯诸语中宾格词缀是相当丰富的。尤其以鄂伦春语和鄂温克语的宾格词缀最为繁杂，甚至把宾格后缀分成确定宾格后缀和不确定宾格后缀等。确定宾格词缀用－ba、－bə、－bo、－bɵ、－bu、－bʉ，－wa、－wə、－wo、－wɵ、－wu、－wʉ 两套 12 种形式表示。其中，由双唇不送气清塞辅音 b 开头的确定宾格词缀－ba、－bə、－bo、－bɵ、－bu、－bʉ 接缀在以辅音 m、n、ŋ 结尾的名词词根或词干后面，由双唇浊半元音 w 开头的确定宾格词缀－wa、－wə、－wo、－wɵ、－wu、－wʉ 则使用于鼻辅音以外的辅音或元音音

① 朝克：《鄂温克语参考语法》，中国社会科学出版社 2009 年版，第 46 页。

素结尾的名词词根或词干后面。例如：鄂温克语的 loko "白鲦子鱼" +
– bo = lokobo "把这白鲦子鱼"，鄂伦春语的 borokto "狍子" + – wo =
toroktowo "把狍子"。不确定宾格后缀用 – ja、– jə、– jo、– jө、– ju、
– jʉ，– a、– ə、– o、– ө、– u、– ʉ 等词尾表示。例如：鄂温克语的
loho "白鲦子鱼" + – jo = lohojo "把某条白鲦子鱼"，鄂伦春语的 loko
"白鲦子鱼" + – jo = lokojo "把某条白鲦子鱼"。满语、锡伯语、赫哲语
宾格词缀没有表示确定与不确定的区分，也不像鄂温克语、鄂伦春语那样
在使用时需要遵循元音和谐律。在语音形式上，满语用 – bə 表示，锡伯语
用 – b 和 – v 表示，赫哲语用 – wə、– mə 表示。其中，– b、– mə 主要
接缀在由鼻辅音 n、ŋ 结尾的词干后面，– v、– wə 则接缀于除了鼻辅音
之外的其他辅音或元音结尾的词干后面。例如：

满　语：onon "公黄羊" + – bə = ononbə "把公黄羊"
　　　　　bəri "弓" + – bə = bəribə "把弓"

锡伯语：onon "公黄羊" + – b = ononb "把公黄羊"
　　　　　bəri "弓" + – v = bəriv "把弓"

赫哲语：onon "公黄羊" + – mə = ononmə "把公黄羊"
　　　　　bəri "弓" + – wə = bəriwə "把弓"

3. 与位格词缀

满—通古斯诸语位格和与格合称为与位格。[①] 与位格词缀是附加在名
词类词根或词干后面，主要用来表示行为动作、行为始发的目的、原
因、条件、时间、地点的构形语素，在语音形式上差别不大，二者所表达
出的不同语法概念可以通过语言使用环境进行区分。与位格词缀，满语用
– də 表示，锡伯语用 – d 表示，赫哲语用 – du 表示，鄂温克语和鄂伦春
语均用 – du、– dʉ 依照元音和谐律接缀在由不同元音构成的名词词根或
词干后面。例如：

满　　语：oron "驯鹿" + – də = orondə "在驯鹿上"，"与驯鹿"
锡 伯 语：oron "驯鹿" + – d = orond "在驯鹿上"，"与驯鹿"
赫 哲 语：oroon "驯鹿" + – du = oroondu "在驯鹿上"，"与驯鹿"
鄂温克语：orooŋ "驯鹿" + – dʉ = orooŋdʉ "在驯鹿上"，"与驯鹿"
鄂伦春语：morin "驯鹿" + – dʉ = morindʉ "在驯鹿上"，"与驯鹿"

---

① 朝克：《满通古斯诸语比较研究》，民族出版社 1997 年版，第 219 页。

除此之外，鄂温克语、鄂伦春语还有不定位格词缀 – la、– lə、– lo、– lɵ、– dula、– dɵlə，依据元音和谐律使用在名词词根或词干后面，而满语、锡伯语、赫哲语没有不定位格这一范畴。

4. 工具格词缀

工具格词缀是附加在名词类词后面，表示动作、行为的手段、方式及所使用工具等语法含义的构形语素。满—通古斯诸语狩猎词均有工具格词缀。满语的工具格词缀与属格词缀相同，均为 – ni、– i，锡伯语用 – j、– i 表示，鄂温克语、鄂伦春语、赫哲语用 – ʥi 表示。例如：

满　　语：bəri "弓" + – ni = bərini　　　"用弓"

锡 伯 语：bəri "弓" + – j = bərij　　　　"用弓"

赫 哲 语：bəri "弓" + – ʥi = bəriʥi　　　"用弓"

鄂温克语：bəri "弓" + – ʥi = bəriʥi　　　"用弓"

鄂伦春语：bəri "弓" + – ʥi = bəriʥi　　　"用弓"

5. 从比离格词缀

从比离格词尾是从格、比格和离格的合称，附加在名词类词词根或词干后面，说明动作、行为发生的起点、来源、由来、原因和性质特征对比的构形语素。满—通古斯诸语狩猎词中均有从比离格词缀。满语是 – tɕi、– dəri，锡伯语是 – dəri、– diri，赫哲语是 – tiki，鄂伦春语是 – duki、– dɵki、– diki、– tki，鄂温克语是 – duhi、– dɵhi、– dihi、– thi。例如：

满　　语：oron "驯鹿" + – dəri = orondəri　　　"从驯鹿上"，"比驯鹿"，"离驯鹿"

锡 伯 语：oron "驯鹿" + – dəri = orondəri　　　"从驯鹿上"，"比驯鹿"，"离驯鹿"

赫 哲 语：oroon "驯鹿" + – tiki = oroon tiki　　　"从驯鹿上"，"比驯鹿"，"离驯鹿"

鄂温克语：orooŋ "驯鹿" + – dɵki = orooŋ dɵki　"从驯鹿上"，"比驯鹿"，"离驯鹿"

鄂伦春语：oroon "驯鹿" + – dɵki = oroondɵki　"从驯鹿上"，"比驯鹿"，"离驯鹿"

6. 方向格词缀

方向格词缀是附加在名词类词词根或词干后面，说明动作、行为方向的构形语素。满—通古斯诸语狩猎词方向格词缀的语音形式不大一致。方向格词缀，满语是 – tɕi、– də，锡伯语是 – tɕi，赫哲语是 – tki、– dulə，鄂伦春语是 – ki、– tkaki、– tkəki、– tkoki、– tkɵki，鄂温克语是 – tihi、– thahi、– thəhi、– thohi、– thɵhi。例如：

 满 语：oron "驯鹿" + – də = orondə   "向驯鹿"

 锡 伯 语：oron "驯鹿" + – tɕi = orontɕi   "向驯鹿"

 赫 哲 语：oroon "驯鹿" + – tki = oroontki "向驯鹿"

 鄂温克语：orooŋ "驯鹿" + – tihi = orooŋtihi "向驯鹿"

 鄂伦春语：oroon "驯鹿" + – tiki = oroontiki "向驯鹿"

7. 有格词缀

有格词缀是附加在名词类词词根或词干后面，说明存在与某一动作、行为相关的人或事物这一状态的构形语素。满—通古斯诸语狩猎词只有鄂温克语和鄂伦春语里存在有格词缀。鄂温克语位格词缀是 – ʧi，鄂伦春语位格词缀是 – ʃi。例如：

 鄂温克语：orooŋ "驯鹿" + – ʧi = orooŋʧi   "有驯鹿"

 鄂伦春语：oroon "驯鹿" + – ʃi = oroonʃi   "有驯鹿"

以上，满—通古斯诸语共同具有主格、宾格、属格、与格、位格、从格、工具格、方向格、比格、离格等构形语素，除此之外，有的语言中还有其他语言不具有的构形语素，如不确定宾格词缀只出现在鄂温克语和鄂伦春语里，共同格、所有格词缀只出现在鄂温克语，在此不再赘述。

（三）态词缀

附加在动词、副动词、形动词等动词类词词根或词干之后，表示动作、状态与主体和客体间关系的构形语素称为动词类词的态词缀。满—通古斯诸语狩猎词共同具有的态词缀主要有主动态、被动态、使动态、共动态词缀。其中，除主动态之外的其他态词缀均有特定的词缀形式。主动态词缀是零形式，即用动词词根或词干形式来表示行为是由主体发出的语法范畴。以下对被动态、使动态、共动态等词尾进行阐述。

1. 被动态词缀

满—通古斯诸语狩猎词被动态词缀是 – bu、– wu、– wʉ、– wə、– w、– vu、– və 等，在具体语言中的使用情况分别是：满语用 – bu，锡伯语为 – vu、– və，赫哲语为 – wu、– wə，鄂伦春语为 – wu、– wʉ、– w，鄂温克语为 – wu、– wʉ。例如：

 满 语：ʂoforo – "抓" + – bu = ʂoforobu – "被抓"

锡 伯 语：toko – "扎"　　+ – və = toko və – "被扎"

赫 哲 语：arki – "扎"　　+ – wu = arkiwu – "被扎"

鄂温克语：akki – "扎"　　+ – wʉ = akkiwʉ – "被扎"

鄂伦春语：arki – "扎"　　+ – w = arkiw – "被扎"

2. 使动态词缀

满—通古斯诸语狩猎词使动态词缀结构比较复杂，常见的主要有：
– ku、– kan、– kən、– kon、– kaŋ、– kəŋ、– koŋ、– køŋ、– haŋ、
– həŋ、– hoŋ、– høŋ、– bu、– wu、– wə、– vu、– və。在具体语言
中的使用情况分别是：满语动词使动态词缀 – bu，锡伯语使动态词缀
– vu、– və，赫哲语 – ku、– wu、– wə，鄂伦春语 – kan、– kən、
– kon，鄂温克语 – kaŋ、– kəŋ、– koŋ、– køŋ、– haŋ、– həŋ、– hoŋ、
– høŋ。其中，满语动词使动态词缀 – bu，锡伯语使动态词缀 – vu、– və，
赫哲语使动态词缀 – wu、– wə 都与它们的被动态词缀形式一样，二者语
法功能的区分要依据具体的语境进行判定。例如：

满　　语：tabu – "钩上"　　+ – bu = tabubu – "使钩上"

buta – "打鱼"　　+ – bu = butabu – "使打鱼"

锡 伯 语：tavu – "钩上"　　+ – və = tavuvə – "使钩上"

赫 哲 语：tabu – "钩上"　　+ – wu = tabuwu – "使钩上"

鄂温克语：tabu – "钩上"　　+ – haŋ = tabuhaŋ – "使钩上"

鄂伦春语：tabu – "钩上"　　+ – kan = tabukan – "使钩上"

3. 齐动态词缀

满—通古斯诸语狩猎词齐动态词缀是 – tte、– te、– ti、– tʂa、– tʂ
ə、– tʂo、– ʧi，在诸语中的具体使用情况是，满语用 – tʂa、– tʂə、– tʂ
o，锡伯语用 – tʂə，赫哲语用 – ti、– ʧi，鄂温克语用 – tte，鄂伦春用
– te。其中，满语齐动态词缀要求根据元音和谐律接缀在由不同元音构成
的动词词根或词干后面。例如：

满　　语：səlbi – "划船"　　+ – tʂə = səlbitʂə – "齐划船"

ada – "排列行围"　　+ – du = adadu – "齐排列行围"

hərə – "捞鱼"　　+ – nu = hərənu – "齐捞鱼"

锡 伯 语：səlbi – "划船"　　+ – tʂə = səlbitʂə – "齐划船"

赫 哲 语：səlbi – "划船"　　+ – ʧi = səlbiʧi – "齐划船"

鄂温克语：səlbi – "划船"　　+ – tte = səlbitte – "齐划船"

鄂伦春语：səlbi – "划船"　　　　+ – te = səlbite – "齐划船"

满—通古斯诸语狩猎词共同具有的态词缀中，满语、锡伯语、赫哲语被动态与使动态的表现形式比较一致，鄂温克语、鄂伦春语使动态词缀也一致地表现出了元音和谐的接缀特征。除此之外，满语齐动态词缀也表现出较为明显的元音和谐现象。

（四）时词缀

说话人以自己陈述的时间为准，指出所述的行为或事态发生于哪一段时间内的构形语素被称为动词类词的时词缀。满—通古斯诸语狩猎动词时词缀分为现在时、过去时、将来时和现在将来时四种。

1. 现在时词缀

满—通古斯诸语狩猎词现在时词缀形式相对比较复杂，在不同语言中具有特定的表现形式，甚至在鄂温克语、鄂伦春语及赫哲语中还同时涉及了人称和数的范畴。下面对具体语言中出现的现在时词缀进行阐述。

满语现在时词缀主要有两种形式，一种是词缀形式 – mbi、– mahabi、– habi、– həbi、– hobi、– ra、– rə、– ro，另一种是词缀 – mə、– fi、– hai、– həi、– hoi 和助动词 bi 的联合形式。其中，– mbi 直接接缀在动词词根或词干后面，表示正在发生的惯性动作行为，例如：dəjə – mbi "正在飞"。而 – habi、– həbi、– hobi 根据元音和谐律接缀在由不同元音构成的动词词根或词干后面表示由其他动作引起、现在正在进行的动作，例如，jofi – bi "正在剔肉剥皮"。

锡伯语现在时词缀有 – mahə、– mahəŋ、– mahəi 三种形式，三者语法含义差别在于动作行为与主体是否直接相关。其中，– mahə、– mahəŋ 表示正在进行的动作行为与主体直接相关，– mahəi 表示正在进行的动作行为与主体间接相关。

满语、锡伯语现在时词缀没有人称和数的范畴，而鄂温克语、鄂伦春语、赫哲语现在时后缀均具有人称形式、单数和复数的区别。下面以表格形式呈现以上三种语言中现在时词缀形式：

由表 1 – 2 可以看出，鄂温克语现在时是由后缀 – dʒi 与人称后缀共同构成，鄂伦春语现在时词缀是由后缀 – ra、– rə、– ro、– rɵ 与人称后缀共同构成，鄂温克语与鄂伦春语现在时的第三人称没有单数和复数的区别。赫哲语是由后缀 – ji 与人称后缀共同构成。例如：赫哲语 waha – jiw "我在捕鱼"、waha – jirə "他在捕鱼"。

表 1 - 2　　　　　　**鄂温克语、鄂伦春语、赫哲语现在时词缀及使用条件**

时词缀 语种	现在时单数			现在时复数		
	第一人称	第二人称	第三人称	第一人称	第二人称	第三人称
鄂温克语	– ʤine	– ʤide	– ʤiraŋ – ʤirəŋ	– ʤirmuŋ – ʤimuŋ	– ʤiʧʃuŋ – ʤiʧʃuŋ	– ʤiraŋ – ʤirəŋ
鄂伦春语	– raw、– rəw – row、– rəw – ram、– rəm – rom、– rəm	– rane – rəne – rone – rəne	– ran – rən – ron – rən	– ramun – rəmun – romun – rəmun	– raʧun – rəʧun – roʧun – rəʧun	– ran – rən – ron – rən
赫哲语	– jiw	– jiʃi – jiʃa – jiʃə	– jirə	– jimu	– jisu	– jin

2. 过去时词缀

满—通古斯诸语狩猎动词过去时表示的是过去已完成的动作行为，其词缀形式在鄂温克语、鄂伦春语、赫哲语中有人称和数的差别，但在满语、锡伯语中没有区分。

满语、锡伯语过去时按照动作行为实现的时间距离现在的时间长短，又可以分为三种：一般过去时、肯定过去时、完成过去时。一般过去时词缀 – ha、– hə、– ho、– hu，– ka、– kə、– ko 表示主体的动作、行为刚刚完成。其中，满语一般过去时词缀 – ha、– hə、– ho、– ka、– kə、– ko，要依据元音和谐律接缀在由不同元音构成的动词类词词根或词干后面，而锡伯语的一般过去时词缀是 – hə、– hu，接缀在任意动词词根或词干后面。完成过去时词缀 – mbihəbi、– həŋ、– huŋ 表示动作、行为完成了很长一段时间，在具体语言中表现为：满语用词缀 – mbihəbi，锡伯语用 – həŋ、– huŋ 表示。肯定过去时词缀 – mbihə、– həi、– hui 表示主体的动作、行为完成了一段时间，距离现在的时间并不是太久。其中，满语完成过去时词缀常用 – mbihəbi，有时用词缀 – mə 和助动词 bihə 的联合式表示。非常有意思的是，锡伯语过去时词缀 – hə、– həŋ、– həi 侧重于主体对所发生的动作和行为是亲眼看到的、亲身经历的、直接得知的语气。

鄂温克语、鄂伦春语、赫哲语动词类词过去时根据人称和数的不同表现出不同的词缀形式，如下表所示：

表 1 - 3　　　　**鄂温克语、鄂伦春语、赫哲语过去时词缀及使用条件**

时词缀 语种	过去时单数			过去时复数		
	第一人称	第二人称	第三人称	第一人称	第二人称	第三人称
鄂温克语	– su – sʉ	– saʃi – səʃi – soʃi – səʃi	– sa – sə – so – sɵ	– samuŋ – səmuŋ – somuŋ – səmuŋ	– samuŋ – səmuŋ – somuŋ – səmuŋ	– sa – sə – so – sɵ
鄂伦春语	– tʃaw – tʃəw – tʃow – tʃɵw	– tʃaje – tʃəje – tʃoje – tʃɵje	– tʃa – tʃə – tʃo – tʃɵ	– tʃa wun – tʃəwun – tʃowun – tʃɵwun	– tʃasun – tʃəsun – tʃosun – tʃɵsun	– tʃa – tʃə – tʃo – tʃɵ
赫哲语	– həji	– həʃi	– həni	– hiwu	– həso – həsu	– həni

如表 1 - 3 所示，鄂温克语过去时后缀是由 – sa、– sə、– so、– sɵ 与人称后缀共同构成，鄂伦春语过去时后缀是由后缀 – tʃa、– tʃə、– tʃo、– tʃɵ 与人称后缀共同构成，赫哲语过去时后缀是由后缀 – hə 与人称后缀共同构成。鄂温克语、鄂伦春语与赫哲语过去时的第三人称后缀形式没有单数和复数的区别。比如说，鄂伦春语 gidla – tʃaw "（我过去用扎枪）扎"；gidla – tʃaje "（你过去用扎枪）扎"；gidla – tʃawun "（我们过去用扎枪）扎"；gidla – tʃasun "（你们过去用扎枪）扎"；gidla – tʃa "（他或他们过去用扎枪）扎"。

　　3. 将来时词缀

　　满—通古斯诸语将来时词缀是附加在动词类词词根或词干后面，表示将要发生的动作和行为的构形语素。满语、锡伯语将来时词缀 – mbi、– m、– ra、– rə、– ro，与其现在将来时词缀形式相同，同样没有数和人称的区分。其中，锡伯语将来时词缀为 – m，满语动词将来时词缀有 – mbi 或 – ra、– rə、– ro。词缀 – ra、– rə、– ro 主要依据元音和谐律接缀在由不同元音构成的动词类词词根或词干后面。鄂温克语、鄂伦春语、赫哲语将来时词缀不仅有第一、第二、第三人称不同形式，同时还分有单数和复数，如下表所示：

表 1 – 4　　　　鄂温克语、鄂伦春语、赫哲语将来时词缀及使用条件

时词缀 / 语种	将来时单数			将来时复数		
	第一人称	第二人称	第三人称	第一人称	第二人称	第三人称
鄂温克语	– ʤigawi – ʤigəwi – ʤigowi – ʤigɵwi	– ʤigaʃi – ʤigəʃi – ʤigoʃi – ʤigɵʃi	– ʤiga – ʤigə – ʤigo – ʤigɵ	– ʤigamuŋ – ʤigəmuŋ – ʤigomuŋ – ʤigɵmuŋ	– ʤigasuŋ – ʤigəsuŋ – ʤigosuŋ – ʤigɵsuŋ	– ʤiga – ʤigə – ʤigo – ʤigɵ
鄂伦春语	– ʤaw – ʤəw – ʤow – ʤɵw	– ʤaje – ʤəje – ʤoje – ʤɵje	– ʤa – ʤə – ʤo – ʤɵ	– ʤawun – ʤəwʉn – ʤowun – ʤɵwun	– ʤasun – ʤəsʉn – ʤosun – ʤɵsun	– ʤa – ʤə – ʤo – ʤɵ
赫哲语	– ʤiji	– ʤiʃi	– ʤini	– ʤiwu	– ʤisu	– ʤini

如表 1 – 4 所示，鄂温克语将来时由词缀 – ʤiga、– ʤigə、– ʤigo、– ʤigɵ 与人称后缀共同表示，鄂伦春语将来时由词缀 – ʤa、– ʤə、– ʤo、– ʤɵ 与人称后缀共同表示，赫哲语将来时由词缀 – ʤi 与人称后缀共同表示。同时，鄂温克语、鄂伦春语与赫哲语将来时的第三人称后缀形式没有单数和复数的区别。比如说，鄂温克语 gidala – ʤigawi "（我将用扎枪）扎"；gidala – ʤigaʃi "（你将用扎枪）扎"；gidala – ʤigamuŋ "（我们将用扎枪）扎"；gidala – ʤigasuŋ "（你们将用扎枪）扎"；gidala – ʤiga "（他或他们将用扎枪）扎"。

4. 现在将来时词缀

现在将来时词缀指的是附加在动词类词词根或词干后面，表示说话人所陈述的动作行为在时间上正在发生或将要发生的构形语素。满—通古斯诸语动词类词均有现在将来时词缀。其中，满语、锡伯语现在将来时与其将来时词缀形式相同，没有人称和数的区分，前文已有介绍，在此不再赘述。鄂温克语、鄂伦春语、赫哲语现在将来时均具有表示不同人称和数的区别功能。其中，一些现在将来时后缀是由不同人称后缀直接表现出来的。如表 1 – 5 所示。

如表 1 – 5 所示，鄂温克语、鄂伦春语、赫哲语现在将来时词缀大部分

要依据元音和谐律接缀在由不同元音构成的动词类词词根或词干后面。而且，鄂伦春语单复数现在将来时后缀是由不同人称后缀 – raŋ、– rəŋ、– roŋ、– rɵŋ 直接表现出来。在此需要说明的是，赫哲语第一人称单数现在将来时词缀 – mi、– ji、– jə 的使用率很高，相比之下，词缀 – mi 的使用率稍高一些。例如：赫哲语 tulə – mi "（我正在或将要）下钢丝绳套"；tulə – ʃi "（你正在或将要）下钢丝绳套"；tulə – wu "（我们正在或将要）下钢丝绳套"；tulə – su "（你们正在或将要）下钢丝绳套"；tulə – rən "（他或他们正在或将要）下钢丝绳套"。

表 1 – 5　　**鄂温克语、鄂伦春语、赫哲语现在将来时词缀及使用条件**

时词缀 语种	现在将来时单数			现在将来时复数		
	第一人称	第二人称	第三人称	第一人称	第二人称	第三人称
鄂温克语	– me	– nde	– raŋ、– rəŋ – roŋ、– rɵŋ	– muŋ – mʉŋ	– tʃuŋ – tʃʉŋ	– raŋ、– rəŋ – roŋ、– rɵŋ
鄂伦春语	– m	ni – daje – dəje	– ra、– rə – ro、– rɵ – ran、– rən – ron、– rən	– ramun – rəmun – romun – rɵmun	– ratʃun – rətʃun – rotʃun – rɵtʃun	– ra、– rə – ro、– rɵ – ran、– rən – ron、– rən
赫哲语	– mi – ji、– jə	– ʃi	– ran、– rən	– wu	– so、– su	– ran、– rən

（五）式词缀

附加在动词类词词根或词干后面，说明说话人对所叙述的动作、行为以及现实、现象主观态度的构形语素称为动词的式词缀。满—通古斯诸语狩猎词共同具有的式词缀主要有陈述、命令、虚拟、祈求等。其中陈述式是通过动词的过去、现在、将来或现在将来等时态实现的。现只将满—通古斯诸语狩猎词的命令式、虚拟式、祈求式的构形词缀阐述如下。

1. 命令式词缀

附加在动词类词词根或词干后面，表示命令、劝告、祈使等语气的构形语素被称为命令式词缀。鄂温克语、鄂伦春语动词命令式词缀分为单数和复数的第一人称、第二人称、第三人称形式，满语、锡伯语、赫哲语命令式词缀没有人称形式，除了用动词词根或词干表示外，还分别用 – ra、

– rə、– ro、– r、– rki、– kin、– kini 等词缀来表示。其中，– ra、
– rə、– ro、– kini 用于满语，– kin 用于锡伯语，– r、– rki 使用于赫哲
语。满—通古斯诸语命令式词缀在具体语言中的表现如下表所示：

表 1 – 6　　鄂温克语、鄂伦春语、满语、锡伯语、赫哲语命令式词缀及使用条件

时词缀 语种	命令式单数			命令式复数		
	第一人称	第二人称	第三人称	第一人称	第二人称	第三人称
鄂温克语	– gar – gər – gor – gɵr	– h	– giŋ	– gamuŋ – gəmuŋ – gomuŋ – gɵmuŋ	– halduŋ – həlduŋ – holduŋ – hɵlduŋ	– giŋ
鄂伦春语	– gar – gər – gor – gɵr	– k	– gin	– ktamu – ktəmɯ – ktomu – ktɵmɯ	– kaldu – kəldɯ – koldu – kɵldɯ	– gin
满语	以词干表示；– ra、– rə、– ro、– kini					
锡伯语	以词干表示；– kin					
赫哲语	以词干表示；– r、– rki					

如表 1 – 6 所示，鄂温克语、鄂伦春语单复数第一人称命令式词缀以及
鄂伦春语复数第二人称命令式词缀，要依据元音和谐律接缀在由不同元音
构成的动词词根或词干后面。比如说，鄂温克语 sari – gar "我撒网"；sa-
ri – h "你撒网"；sari – gamuŋ "我们撒网"；sari – halduŋ "你们撒网"；
sari – giŋ "他或他们撒网" 等。从动词命令式构形语素是否具有形态来
看，鄂温克语、鄂伦春语的命令式词缀都具有形态变化，而满语、锡伯
语、赫哲语命令式词缀都不具有形态变化。

2. 虚拟式词缀

附加在动词词根或词干后面，表示虚拟、假设意义的构形语素被称之
为虚拟式词缀。鄂温克语、鄂伦春语动词虚拟式词缀分别有单数和复数、
第一人称、第二人称、第三人称形式的不同表现形式。其中，鄂温克语动
词虚拟式词缀由后缀 – kki 跟人称后缀共同构成，鄂伦春语动词虚拟式由
后缀 – ki 与人称后缀共同构成。满语、锡伯语、赫哲语虚拟式词缀没有人

称和数的区别，在动词词根或词干后面直接附加后缀 – ki、– tʂi、– tɕi。其中，– ki 使用于赫哲语，– tʂi 用于满语，– tɕi 用于锡伯语。满—通古斯诸语虚拟式词缀在具体语言中的表现如下表所示：

表 1 – 7　　鄂温克语、鄂伦春语、满语、锡伯语、赫哲语虚拟式词缀及使用条件

时词缀 / 语种	虚拟式单数			虚拟式复数		
	第一人称	第二人称	第三人称	第一人称	第二人称	第三人称
鄂温克语	– kkiwi	– kkiʃi	– kkini	– kkimuŋ – kkimɯŋ	– kkisuŋ – kkisɯŋ	– kkini
鄂伦春语	– kiwi	– kiʃi	– kin	– kimu – kimɯ	– kisu – kisɯ	– kin
满语	– tʂi					
锡伯语	– tɕi					
赫哲语	– ki					

如表 1 – 7 所示，满—通古斯诸语动词虚拟式词缀中，鄂温克语、鄂伦春语的形态变化基本上是一致的，区别之处在于鄂温克语动词虚拟式后缀比鄂伦春语词缀多了一个辅音 – k，单复数第三人称词缀尾部多了一个元音 i。赫哲语动词虚拟式词缀 – ki，与鄂温克语、鄂伦春语动词虚拟式词缀中的组成部分 – kki、– ki 大致相同，区别在于没有人称后缀标记。在这一点上，赫哲语与满语、锡伯语相一致。例如：鄂伦春语 səlbi – kiwi "（我若）划船"；səlbi – kiwi "（你若）划船"；səlbi – kiwi "（我们若）划船"；səlbi – kiwi "（你们若）划船"；səlbi – kiwi "（他或他们若）划船"。

3. 祈求式词缀

附加在动词词根或词干后面，表示说话人对自己或他人进行某一行为和动作的祈请、希望、祝愿、意愿和请求的构形语素被称为祈求式词缀。满—通古斯诸语狩猎词祈求式词缀均具有人称的差别，但不是都具有数的范畴。具体来讲，鄂温克语、鄂伦春语、赫哲语祈求式词缀都具有第一、第二、第三人称的单复数形式，而满语、锡伯语祈求式词缀不分单复数，只有第一、第二、第三人称的不同形式，如表 1 – 8 所示。

由表 1 – 8 可知，鄂温克语动词第二人称祈求式词缀 – ha、– hə、–

ho、- hɵ、- haldune、- həldʉne、- holdune、- hɵldʉne 接缀于由鼻辅音 n、ŋ 结尾的动词词根或词干后面时，辅音 h 一般会发生 k 音变，从而出现了另一组第二人称祈求式词缀 - ka、- kə、- ko、- kɵ、- kaldune、- kəldʉne、- koldune、- kɵldʉne。满语和锡伯语动词祈求式词缀不仅没有单数和复数的区别，而且结构形式和内容在很大程度上具有一致性。相比之下，锡伯语动词祈求式词缀体系比满语更为简单。满语祈求式词缀 - ra、- rə、- ro 要依据元音和谐律接缀在由不同元音构成的动词词根或词干后面。例如：满语 abala - ra "请打猎"。

表 1 - 8　　鄂温克语、鄂伦春语、赫哲语、满语、锡伯语祈求式词缀及使用条件

语种＼时词缀	祈求式单数			祈求式复数		
	第一人称	第二人称	第三人称	第一人称	第二人称	第三人称
鄂温克语	- kte	- ha - hə - ho - hɵ	- gane - gəne - gone - gɵne	- gatmuŋ - gətmuŋ - gotmuŋ - gɵtmuŋ	- haldune - həldʉne - holdune - hɵldʉne	- giŋ
鄂伦春语	- kti	- ka - kə - ko - kɵ	- kini	- ktamun - ktəmʉn - ktomun - ktɵmʉn	- kaldun - kəldʉn - koldun - kɵldʉn	- kini
赫哲语	- jə	- kiʃo - kirə	- kini	- kiwu	- kisu	- kini
满语	- ki - kisembi	- ki、- kini - rao、- rəo - roo	- kini	- ki - kisembi	- ki、- kini - rao、- rəo - roo	- kini
锡伯语	- kiə	- kiə	- kini	- kiə	- kiə	- kini

　　不难看出，满—通古斯诸语狩猎词的构词语素主要用来构造新词，构形语素主要用来扩充词的使用手段以及使用范围。

第二节　满—通古斯诸语狩猎词构词方式

　　构词方式是用同一个词根构成不同新词的方法，又叫构词法。满—通

古斯诸语狩猎词最常用的构词法是派生法和复合法。具体来讲，就是以基本词的词根语素为核心，或在该词根语素后面接缀特定的构词成分派生新词，或按照构词规则与其他词根语素组合成新词。

一 满—通古斯诸语狩猎词派生法

在原有词根或词干上接缀附加成分构成新词的方法叫作派生法①。满—通古斯诸语狩猎词较为常见的是名词、动词、形容词的派生。

（一）名词的派生方法

名词的派生常见的有名词派生名词、动词派生名词、形容词派生名词三种。满—通古斯诸语狩猎词中较为常见的是用名词、动词派生，用形容词派生的相对较少。

1. 名词派生名词

在满—通古斯诸语名词词根或词干后面接缀特定的词缀 – si、– tʂi、– tu、– tʂin、– hi、– tu、– ʃen、– ʧi、– ʧin、– kʃa、– kʃə、– kʃo、– kʃθ、– ttun、– ptɰn、– ptun、– mɲaa、– mɲəə、– mɲoo、– mɲθθ、– kaan、– kəən、– koon、– kθθn 派生出一个与词根名词在语义上有某种关联的狩猎名词。其中，词缀 – si、– tʂi、– tu、– tʂin、– hi、– tu 主要接缀在满语名词词根或词干后面，词缀 – tʂi、– ʂi 主要接缀在锡伯语名词词根或词干后面，词缀 – ʧi 主要接缀在赫哲语名词词根或词干后面，词缀 – ʃen、– ʧi、– ttun 主要接缀在鄂温克语名词词根或词干后面，词缀 – ʧi、– ʧin、– kʃa、– kʃə、– kʃo、– kʃθ、– ptɰn、– ptun、– mɲaa、– mɲəə、– mɲoo、– mɲθθ、– kaan、– kəən、– koon、– kθθn 主要接缀在鄂伦春语名词词根或词干后面。按照派生名词与词根名词的语义关系可以简单分为以下几种：

（1）满语词缀 – si、– tʂan、– tʂin、– tu、– ri 接缀在名词词根或词干后面，构成与该词根名词所表示事物在外形上有某种相似性特征的新名词。例如：

ihan "牛"	+ – si = ihansi	"犀"
mihan "小猪仔"	+ – tʂan = mihantʂan	"野猪仔"
jarha "豹"	+ – tʂin = jarhatʂin	"狨"

① 马学良编：《语言学概论》，华中工学院出版社1981年版，第120页。

məihə "蛇"　　　　　　 + – tu = məihətu　　　　 "鳝鱼"

sika "鬃尾硬毛"　　　 + – ri = sikari　　　　　 "帚貒"

以上例词中，ihansi "犀" 与 ihan "牛" 都是体型较大的哺乳类动物。据史书记载，犀与水牛很相似。古籍《山海经·南次三经》中记载："祷过之山，其下多犀、兕"。郭璞注：犀似水牛①。

mihan "小猪仔" 与 mihantʂan "野猪仔" 分别为猪和野猪的幼崽，均为猪属动物。众所周知，猪是由野猪驯化而来，小猪仔与野猪仔在形体上比较相像。

jarha "豹" 与 jarhatʂin "狡" 身上的花纹相似，据《山海经·西山经》记载："有兽焉，其状如犬而豹文，其角如牛，其名曰狡，其音如吠犬，见则其国在穰。"② 翻译为 "玉山，山中有一种野兽，形状像普通的狗却长着豹子的斑纹，头上的角与牛角相似，名称是狡，发出的声音如同狗叫，在哪个国家出现就会使那个国家五谷丰登"。

məihətu "鳝鱼" 体细长呈蛇形，与 məihə "蛇" 在体形上相近。

sikari "帚貒"，指的是豪猪，《汉书·扬雄传》（下）"挖豪猪"，唐代颜师古注："豪猪亦名帚貒也，自为牝牡者也。"③ 我们知道，豪猪最典型的特征就是背部和尾部长满棘刺，状如簇箭，与 sika "鬃尾硬毛"相像。

（2）在表示动物的名词词根或词干后面按照元音和谐律接缀 – hʃa、– hʃə、– kʃa、– kʃə、– kʃo、– kʃɵ，或直接接缀 – tʂi、– hi、– tʃi 构成表示动物皮毛的名词，有时出现词根或词干末尾辅音 n 的脱落现象，例如：

满　　语：tasha "虎"　　　　　 + – tʂi = tashatʂi　　 "虎皮"

　　　　　 dobi "狐狸"　　　　　 + – hi = dobihi　　　 "狐狸皮"

锡 伯 语：dov "狐狸"　　　　　 + – tʂi = dovtʂi　　　 "狐狸皮"

赫 哲 语：ʃəlisuŋ "猞猁狲"　　 + – tʃi = ʃəlisuŋtʃi　 "猞猁狲皮"

鄂温克语：saha "黑貂"　　　　 + – tʃi = sahatʃi　　 "黑貂皮"

　　　　　 tuulgə "狼"　　　　　 + – hʃə = tuulgəhʃə "狼皮"

---

① 《山海经》，史礼心、李军译注，华夏出版社 2005 年版，第 16 页。

② 《山海经》，方韬译注，中华书局 2012 年版，第 50 页。

③ 班固撰，颜师古注：《汉书·扬雄传》（下）卷八十七，中华书局 1985 年版，第 2558 页。

鄂伦春语: tibʤiki "猞猁"　　　+ –ʧi = tibʤikiʧi　　 "猞猁皮"

gujkə "狼"　　　　+ –kʃə = gujkəkʃə　 "狼皮"

əlbigə "貉"　　　　+ –kʃə = əlbigəkʃə　 "貉皮"

olo "鱼"　　　　　+ –kʃo = olokʃo　　 "鱼皮"

ponto "鹿"　　　　+ –kʃo = pontokʃo　 "鹿皮"

满—通古斯语族语言在动物词根或词干后面接缀特定词缀表示动物的毛皮,从目前搜集到的材料来看,只有鄂温克语和鄂伦春语中还保留由不同元音构成的词缀 –hʃa、–hʃə、–kʃa、–kʃə、–kʃo、–kʃə,依据元音和谐律接缀在由不同元音构成的动物词根或词干后面。不仅如此,鄂温克语、鄂伦春语表示动物皮毛的词缀还有 –ʧi 与其并存,且均具有较高的使用率。

(3)满语词缀 –ku、–kʊ 接缀在名词词根或词干后面,构成与该词根名词所表示事物有某种内在相似性特征的工具名词,例如:nimaʂan "芝麻雕" + –kʊ = nimaʂakʊ "快船"。

nimaʂan "芝麻雕" 是一种飞行速度极快的猛禽,在其后附加表示工具含义的词缀 –kʊ 构成 nimaʂakʊ "快船",二者都具有速度快这一特征。

(4)词缀 –si、–ʂi、–ʃen、–ʧi、–ʧin 接缀在名词词根或词干后面,表示从事某种职业的人,有时名词词根或词干末尾的鼻辅音 n 或 ŋ 会脱落,例如:

满　　语: nimaha "鱼"　　 + –si = nimahasi　　 "渔民"

锡 伯 语: nimha "鱼"　　 + –ʂi = nimhaʂi　　 "渔民"

赫 哲 语: imaha "鱼"　　 + –ʧi = imahaʧi　　 "渔民"

鄂伦春语: olo "鱼"　　　 + –ʧin = oloʧin　　 "渔民"

鄂温克语: oshoŋ "鱼"　　 + –ʃen = oshoʃen　 "渔民"

(5)鄂温克语、鄂伦春语词缀 –ttun、–ptun 接缀在名词词根或词干后面,表示环绕、套在某物上的制品,有时词根或词干末尾鼻辅音 n 脱落,例如:

鄂温克语: əruɡun "大拇指" + –ttun = əruɡuttun "射箭用的骨质

的拇指套"

鄂伦春语: uruɡun "大拇指" + –ptun = əruɡuptun "射箭用的骨质

的拇指套"

(6)鄂伦春语里还有一些表示感情色彩的构词词缀,比如说,词缀

－mɲaa、－mɲəə、－mɲoo、－mɲөө 接缀在名词词根或词干后面，构成具有指大或卑微意义的词，词缀－kaan、－kəən、－koon、－kөөn 接缀在名词词根或形容词词根后面，构成具有指小或有爱抚意义的词，例如：

mөɲөө "猴"	＋ － mɲөө ＝ mөɲөөmɲөө	"大而难看的猴"
ponto "鹿"	＋ － mɲoo ＝ pontomɲoo	"大而难看的鹿"
dəji "鸟"	＋ － kəən ＝ dəjikəən	"小鸟儿"
olo "鱼"	＋ － koon ＝ olokoon	"小鱼儿"

满—通古斯语族语言名词派生名词的表现形式多样，很多构词形式在五种语言中同时具有。比如说，动物皮毛类、从事某种活动的主体类的名词构词形式，虽然在具体语言中的构词词缀有些不同，但是五种语言都同时拥有以上构词方式。另外，还有不少构词形式只出现在个别语言中。具体来讲，满语、鄂伦春语和鄂温克语表现形式更加多样化，其中鄂伦春语、鄂温克语在名词派生名词时，有的构词词缀需按照元音和律接缀在由不同元音构成的名词词根或词干后面。

2. 动词派生名词

满—通古斯诸语狩猎词动词派生名词，主要是在动词词根或词干后面附加词缀－n、－si、－şi、－ʧi、－kʃa、－kʃə、－kʃo、－kʃө、－ki、－lga、－lgə、－ʧin、－r、－wun 构成一个与原动词有着某种语义联系的新名词。其中，词缀－si 主要接缀在满语动词词根或词干后面，词缀－n、－şi 主要接缀在锡伯语动词词根或词干后面，词缀－ʧi、－ki 主要接缀在赫哲语动词词根或词干后面，词缀－lga、－lgə、－ʧin 主要接缀在鄂温克语动词词根或词干后面，词缀－kʃa、－kʃə、－kʃo、－kʃө、－lga、－lgə、－r、－wun 主要接缀在鄂伦春语动词词根或词干后面。尤其需要指出的是，－kʃa、－kʃə、－kʃo、－kʃө、－lga、－lgə 在使用时，需要按照元音和谐律接缀在由不同元音构成的动词词根或词干后面。按照派生名词与动词词根的语义关系可以简单分为以下几种：

（1）一般来讲，词缀－n 接缀在动词词根或词干后面构成名词，表示与动词词根或词干所示动作行为相关的事物。例如：

锡伯语：bəta－"狩猎" ＋ － n ＝ bətən "鱼饵"

满　语：butha－"狩猎"＋ － n ＝ bətən "鱼饵"

　　　　gabta－"射箭"＋ － n ＝ gabtan "射（箭从射出到落地的距离）"

锡伯语例词中，由于元音 a 受前面音节中元音 ə 的影响，顺同化为元音 ə。锡伯语"狩猎"另一说法 butha，与满语形式相同。满语 butha – 接缀在词缀 – n 之后，受前后辅音影响，词首音节元音 u 在语流音变中低化为元音 ə，词尾音节元音 a 受后加辅音 n 的影响高化为元音 ə。

（2）满—通古斯语族语言后缀 – si、– şi、– ʧi、– ʧin，接缀在动词词根或词干后面构成名词，表示从事与动词所表示的动作行为相关活动的人。例如：

满　　语：abala –"打猎" + – si = abalasi　　"猎人"

锡 伯 语：avələ –"打猎" + – şi = əvələşi　　"猎人"

赫 哲 语：buta –"狩猎" + – ʧi = butaʧi　　"猎人"

鄂温克语：bəju –"打猎" + – ʧin = bəjuʧin　　"猎人"

鄂伦春语：bəju –"狩猎" + – ʧin = bəjuʧin　　"猎人"

（3）鄂温克语、鄂伦春语词缀 – lga、– lgə 接缀在动词词根或词干后面构成名词，表示进行某种动作的方法或供人进行某种动作的事物。例如：

鄂温克语：waa"杀" + – lga = waalga"宰杀的方法"

　　　　　　ədəl"渡" + – lgə = ədəllgə"渡口，供人摆渡的地方"

鄂伦春语：waa"杀" + – lga = waalga"宰杀的方法，含有讽刺意味"

（4）在动词词根或词干后面接缀 – kʊ、– r、– wun 构成名词，表示同原词根所表示动作有关的物品或工具名称。例如：

满　　语：şodo –"用笟子捞网中的鱼" + – kʊ = şodokʊ"捞鱼的网笟子"

鄂伦春语：təw –"装"　　　　　　 + – r = təwr"子弹头"

（5）赫哲语中，在表示心理状态的动词词根或词干后面接缀 – ki 构成名词，表示能使人产生动词词根所示心理的事物。例如：lələ –"怕" + – ki = ləluki"狼"。

由上可知，满—通古斯语族语言动词派生名词的词缀形式相对较少，五种语言除了同时具有表示从事与动词所表示的动作行为相关活动的人这一构词词缀外，具体语言中的构词词缀均有不同侧重，甚至鄂温克语、鄂伦春语中的某些构词词缀仍遵循元音和谐律进行接缀构词。

3. 形容词派生名词

从目前搜集到的语料来看，满—通古斯语族语言中，满语形容词派生出名词大多是在形容词词根或词干后面接缀附加成分 – ŋga、– ŋgə，或在形容词后面单独接 niŋgə "者、的"，相当于汉语的 "的" 字结构，例如：hurruŋgə "有壳的" 就是在 huru "甲壳" 这一词根或词干后面接缀后缀 – ŋgə 构成的名词。以上是满语形容词派生名词最能产的派生词缀。除此之外，满语狩猎词形容词派生名词的词缀还有 – tʂi、– gan。例如：

fulɡijan "红" + – tʂi = fulɡijatʂi "伏天短毛皮"

fuahʊn "淡红" + – gan = fularɡan "赤鹩"

fulɡijatʂi "伏天短毛皮" 是在颜色形容词词干 fulɡijan "红" 后面，接缀表示毛皮含义的词缀 – tʂi 构成一个名词，从字面意思上看，是 "红色的毛皮"。由于夏季天气炎热，动物为了降暑，厚重的皮毛会自行脱落露出短绒毛掩映下的红色皮肤。从这个角度来讲，用 "红色的毛皮" 指称 "伏天短毛皮" 一点也不为过。

fularɡan "赤鹩" 是在颜色形容词 fulahʊn "淡红" 后面接缀表示 "具有某种特征的事物" 这一含义的词缀 – gan 构成一个名词，都具有 "红色的" 这一语义特征。

鄂温克语形容词派生名词是在形容词词根或词干后面附加词缀 – ldi 构成派生名词。例如：boro "灰色" + – ldi = boroldi "人参"

相对来讲，满—通古斯语族语言狩猎词中，形容词派生名词的实例较少，而且词缀形式也比较少。较为复杂的是名词派生名词、动词派生名词的情况，既有满—通古斯语族语言共同具有的构词词缀，也有具体语言各具特色的构词词缀，甚至个别语言中某些构词词缀使用时出现了元音和谐现象。

（二）动词的派生方法

1. 名词派生动词

满—通古斯诸语狩猎词中名词派生动词主要是在名词词根或词干后面附加词缀之后，再接缀表示特定语法范畴的动词词尾。众所周知，满—通古斯语族语言的动词词尾具有极其丰富的形态变化，标志着动词时、体、式、态等语法范畴。

满语狩猎词中，动词大多由名词派生。其派生方法有两种：一是在名词词干上直接接缀动词词尾 – mbi 构成原形动词，名词词根音节末尾根据具体情况可增减辅音 n。本部分仅以原形动词的派生为例，进行举例说明。例如：

　　muran "哨鹿围"　　　+ – mbi = murambi "哨鹿"
　　ada "筏子"　　　　　+ – mbi = adambi "排列行围"

　　二是按照元音和谐律在名词词根或词干上分别附加词缀 – la、– lə、– lo、– ta、– tə、– da、– də、– na、– nə、– şa、– şə、– şo、– ra、– rə、– ro，然后接缀动词的时、体、态、式等语法词缀构成动词。词干或词根后面有时会增减辅音 n，构成一个与原名词词干或词根有明显语义联系的动词。其中，词缀 – la、– şa、– lo、– lə、– şə 的能产性最强。例如：

　　aba "围"　　　　　　+ – la = abala – "打围"
　　tubi "鱼罩"　　　　　+ – lə = tubilə – "罩鱼"
　　oşoho "爪"　　　　　+ – lo = oşoholo – "用爪"
　　saha "畋猎"　　　　　+ – da = sahada – "秋狝"
　　nimaha "鱼"　　　　　+ – şa = nimahaşa – "打鱼"
　　guru "兽"　　　　　　+ – şə = guruşə – "捕兽"
　　hokton "鱼漂儿"　　　+ – şo = hoktoşo – "雨后高处行猎"
　　gohon "钩子"　　　　 + – ro = gohoro – "毛稍钩卷"

　　赫哲语狩猎词在名词词根或词干上接缀 – la，派生出与该名词词根或词干相关的动词，例如：aba "围" + – la = abala – "打围"。

　　锡伯语词缀 – lə、– lu 接缀在名词词根后面，派生的动词表示以词根所示事物为工具的动作。例如：

　　kuçi "小刀"　　　　　+ – lə = kuçilə – "用刀戳"
　　idə "熟皮子的硝"　　 + – l = idələ – "熟皮子"
　　ava "围"　　　　　　+ – lə = avalə – "打围"

　　鄂温克语、鄂伦春语词缀 – laa、– ləə、– da、– də 接缀在名词词根或词干后面，再接缀表示时、体、态、式的动词词尾构成动词。其中，词缀 – laa、– ləə 接缀在鄂伦春语名词词根或词干后面构成表示以该词根所指称的事物为工具或施事对象的动作、行为的动词。例如：

　　iŋəktə "稠李子"　　　+ – ləə = iŋəktələə – "采稠李子"

　　词缀 – da、– də 接在鄂温克语、鄂伦春语名词词根或词干后面构成动词表示以名词词根所指称的事物为工具的动作。例如：

　　鄂伦春语：ʤawi "船"　　　　 + – da = ʤawida "划船"

　　　　　　　ʃukə "斧子"　　　　 + – də = ʃukədə "用斧子砍"

　　鄂温克语：ułhułn "绳子"　 + – da = ułhułda "捆"

　2. 动词派生动词

　　满—通古斯诸语狩猎词中，动词派生动词主要是在动词词根或词干后面附加特定词缀之后，再接缀表示特定语法范畴的动词词尾，构成一个与原动词词根或词干有某种语义联系的新动词。

　　满语动词派生动词时，在动词词根或词干上分别缀以 – l、– lu 等词缀，再接缀动词词尾形式，词干或词根后面有时会增减辅音 n，构成一个与原动词有语义关联的派生动词。例如：

　　tabu – "钩上"　　 + – l = tabul – "挂上"

　　ʂo – "刮兽皮"　　 + – lu = ʂolu – "刮干净"

　　赫哲语动词词根或词干分别接缀 – tçi，构成的动词表示原动词所示动作带来的结果状态。例如：wa – "杀" + – tçi = watçi – "打猎、打鱼"。

　　词缀 – gi、– rgi 分别接缀在鄂温克语、鄂伦春语动词词根或词干后面构成与原来动词词根或词干反向的动作。例如：

　　鄂温克语：buta – "去打猎" + – gi = butagi – 　"打猎回来"

　　鄂伦春语：buta – "去打猎" + – rgi = butargi – 　"打猎回来"

　　由以上例词，我们推测，鄂温克语词缀 – gi 是由词缀 – rgi 脱落 r 造成的。

　　满—通古斯语族语言狩猎动词派生动词的情况较少，派生形式也较为单一。

　3. 形容词派生动词

　　满—通古斯语族语言狩猎形容词派生动词的情况并不多见。以目前搜集的资料来看，满语中有直接在形容词词根或词干后面附加表示动词语法范畴的词缀构成动词的实例。以动词的原形形式 – mbi 为例，在满语形容词词根或词干上直接附加动词词缀形式。例如：bologo "射箭射的干净利落" + – mbi = bologombi "弄干净"，这属于形容词派生出的动词。除此之外，分别在鄂温克语、鄂伦春语形容词词根或词干后面接缀 – da、– də 表示具有该性质或与这种性质有关的动作。例如：

　　鄂温克语：mərgəŋ "枪法准的"　　　　　　 + – də = morgəŋdə – "瞄准"

　　　　　　　gibhaŋ "（野兽跑）快的" + – da = gibhaŋda – "快行"

larhin "猎刀刃钝的"　　+ – da = lahinda – "用钝刃猎刀"

鄂伦春语：dəwən "（熊）笨重的" + – də = dəwəndə – "行动缓慢"

sərkin "（小鸟）机灵的"+ – də = sərkində – "动作迅速"

dalbar "（滑雪板）宽大的" + – da = dalbarda – "用宽
大的滑雪板滑雪"

满—通古斯语族语言狩猎词派生动词的情况相比名词的派生来说，较为简单。而且，主要在满语中表现得较为突出，均有动词、名词、形容词派生动词的实例。相比之下，锡伯语、赫哲语、鄂温克语、鄂伦春语中的狩猎动词、名词派生动词的情况较为少见，形容词派生动词的情况几乎不存在。

（三）形容词的派生方法

满—通古斯语族语言狩猎词中，形容词由名词派生的情况居多。

1. 名词派生形容词

满—通古斯语族语言狩猎词中，名词派生形容词多出现在满语、鄂温克语、鄂伦春语中，且派生词缀形式多样。而赫哲语名词派生形容词形式较为单一，锡伯语中没有典型的狩猎名词派生形容词的情况。

满语中，在名词词根或词干上根据元音和谐律分别附加词缀 – ŋga、– ŋgə、– ŋgo 构成与原来名词词根或词干具有某种语义联系的形容词，以辅音 n 结尾的名词派生形容词时，辅音 n 往往会脱落。例如：

oron "驯鹿"　　　　+ – ŋgə = oroŋgə "骑驯鹿的"

əsihə "鳞"　　　　+ – ŋgə = əsihəŋgə "有鳞的"

uihe "角"　　　　+ – ŋgə = uiheŋgə "有角的"

huru "甲壳"　　　+ – ŋgə = huruŋgə "有壳的"

oṣoho "爪"　　　　+ – ŋgo = oṣohoŋgo "有腿的"

鄂温克语中，根据元音和谐律，在可食用名词词根或词干上分别附加词缀 – maan、– məən、– moon 构成喜好食用原来名词所示食物的形容词，例如：

ʃuŋgina "野葱"　+ – maan = ʃuŋginamaan "喜欢吃野葱的"

oʃhon "鱼肉"　　+ – moon = oʃhonmoon "喜欢吃鱼肉的"

uldə "肉"　　　+ – məən = uldəməən "喜欢吃肉的"

鄂伦春语词缀 – maakaan、– məəkəən、– mөөkөөn、– mookoon 按照元音和谐律接缀在由不同元音构成的名词词根或词干后面，表示具有过多的性质。例如：

　　bəjun"犴"　　　　+ – maakaan = bəjunmaakaan"有很多、太多犴的"

　　olo"鱼"　　　　　+ – mookoon = olomookoon"有很多、太多鱼的"

　　ponto"鹿"　　　　+ – mookoon = pontomookoon"有很多、太多鹿的"

　　鄂伦春语词缀 – ʧi 接缀在名词词根或词干后面构成形容词，表示拥有词根所示物品的性质，例如：

　　urə"山"　　　　　+ – ʧi = urəʧi"有山的"

　　oroon"驯鹿"　　　+ – ʧi = oroonʧi"有驯鹿的"

　　按照元音和谐律接缀的词缀 – mnan、– mnən、– mnon 附加在由不同元音构成的名词词根或词干后面，构成表示特殊气味的形容词，例如：

　　olo"鱼"　　　　　+ – mnon = ələmnon"有鱼味的"

　　uldə"肉"　　　　 + – mnən = uldəmnən"有肉味的"

　　词缀 – maan、– məən、– moon 按照元音和谐律附加在由不同元音构成的名词词根或词干后面，构成表示嗜好该物的形容词，例如：

　　iŋəktə"稠李子"+ – məən = iŋəktəməən"爱吃稠李子的"

　　olo"鱼"　　　　　+ – moon = olomoon"爱吃鱼的"

　　另外，鄂伦春语词缀 – man、– mən 按照元音和谐律接缀在数词词根后面构成形容词，表示专指兽类具有该数目角叉的，例如：

　　ilan"三"　　　　　+ – man = ilaman"有三个角叉的"

　　dijin"四"　　　　 + – mən = dijimən"有四个角叉的"

　　由上可知，满—通古斯语族语言狩猎名词中，派生形容词多出现在满语、鄂温克语、鄂伦春语中，相比而言，满语、鄂温克语的名词派生形容词词缀形式较为单一，而鄂伦春语的名词派生形容词词缀形式较为多样。

　　2. 动词派生形容词

　　满语、鄂温克语鄂伦春语狩猎动词词派生形容词是在动词词根或词干后面接缀特定词缀 – hʊn、– ŋa、– ŋə、– ŋo 表示动词词根所示动作的性质。例如：

　　满　　语：şakşalja – "龇着牙笑"+ – hʊn = şakşaljahʊn"露着牙"

　　鄂温克语：bəjʉ – "狩猎"　　　 + – ŋə = bəjʉŋgə"狩猎的"

　　　　　　　goo – "剔肉扒皮"　 + – ŋo = gooŋgo"剔肉扒皮的"

　　　　　　　ərʉ – "刮鱼鳞"　　 + – ŋə = əɐʉŋɐə"刮鱼鳞的"

鄂伦春语：bəjʉ – "狩猎"　　　　　+ – ŋɡə = bəjʉŋɡə "狩猎的"

goo – "剔兽肉扒兽皮"+ – ŋɡo = gooŋɡo "剔兽肉扒兽皮的"

ərʉ – "刮鱼鳞"　　　　+ – ŋɡə = əɡʉŋɡə "刮鱼鳞的"

3. 形容词派生形容词

满—通古斯语族语言狩猎词中，形容词派生形容词是在形容词词根或词干后面接缀特定词缀表示与原形容词词词根具有某种语义关联的性质。该类派生主要集中在满语、锡伯语、鄂伦春语中。其中，以鄂伦春语的表现形式最为丰富。

满语中，在形容词词根或词干后根据元音和谐律分别附加词缀 – ŋga、– ŋgə，或直接接缀词缀 – hʊri 构成与原名词词干或词根具有某种语义联系的形容词，以辅音 n 结尾的名词派生形容词时，辅音 n 脱落。例如：

ilhʊ "笔直"　　　　+ – ŋga = ilhʊŋga "毛顺着"

lakdahʊn "垂着"　　+ – hʊri = lakdahʊri "满满垂下"

鄂伦春语 – mɲaa、– mɲəə、– mɲoo、– mɲөө 接缀在由不同元音构成的形容词词词干或词根后面，构成具有指大或卑微意义的形容词。例如：

əɡdəŋə "大"　　　　+ – mɲəə = əɡdəŋəmɲəə "傻大"

而词缀 – kaan、– kəən、– koon、– kөөn 接缀在鄂伦春语形容词词根或词干后面，构成具有指小或有爱抚意义的词。例如：

ʃiŋarin "黄"　　　　+ – kaan = ʃiŋarinkaan "黄得可爱"

事实上，满—通古斯语族语言狩猎词的派生，词缀部分所表示的附加意义只有附加在某一个词根后面，才获得比较具体和确定的意义。同一附加成分可以分别附加在不同的词根上，例如满语动词词缀 – la，就可以附加在名词的后面，再加上动词词尾，将名词变成了一个与其有着语义联系的动词，例如：

aba "围"　　　　　+ – la = abala – "打围"

otori "春日游猎"　　+ – la = otorila – "春猎"

同一词根可以接缀不同的词缀构成不同的派生词。例如：tatabumbi "使拉弓"就是在 tata – "拉弓"后接缀了表示"被、使"的词缀 – bu 构成的，tatanambi "去拉弓"就是在 tata – "拉弓"后接缀了表示"去"的词缀 – na 构成的。

同一词根还可以同时接缀几个不同的词缀构成不同的派生词。例如：buthaşabumbi "使行狩猎" 就是在 butha "狩猎" 后同时接缀了表示 "被、使" 的词缀 - bu 和表示动词意义的词缀 - şa 加上动词词尾 - mbi 这几个附加成分构成的。

另外，一些词缀除了构成新词外，还具有标明词类的作用。有的词缀专门附加在名词词根或词干后面，有的词缀专门附加在动词词根或词干后面，起到标明词类的作用。例如：鄂温克语词缀 - ʃin 构成名词，- muu、- mʉʉ 构成形容词，- la、- lə 构成动词，等等。

由以上分析可以看出，满语狩猎词汇构词中的派生法应用比较广泛而且灵活，一个词通过接缀不同的附加成分就可以构成不同性质的新词。这就使得满—通古斯诸语词汇快速丰富起来。难怪乎马学良先生会说 "阿尔泰语系语言主要用派生法构词"① 了。

二　满—通古斯诸语狩猎词复合法

把不同的几个词根语素按照一定规则组合起来构成新词的方法叫作复合法。满—通古斯语族语言狩猎词中的复合词，词根语素组合得十分紧密，形成了一个不可分割的整体。各词根语素之间常见的组合关系有联合式、偏正式、支配式以及主谓式等，以下分别进行讨论：

（一）联合式

联合式是由两个地位平等的词根语素结合起来构成新词的方法，构成联合式的构词成分之间的关系是平等并列的，不存在相互依存或限定支配的关系，因此又被称为并列式。例如：

满语 uŋgijəmə gaimbi "拾取" 就是由 tuŋgijəmbi "拾、捡" 和 gaimbi "取、摘" 并列结合起来组合而成的，第一个动词词尾 - mbi 变成 mə，表示两个动作同时进行之意；gurumə fatambi "采摘" 是由 gurumbi "采" 和 fatambi "掐取" 并列组合起来的。

赫哲语 jəjə mafa "老虎" 由 jəjə "爷爷" 与 mafa "老人" 并列组合而成。

（二）偏正式

偏正式是由两个或两个以上地位不平等的词根词素结合而成，一个词

---

① 马学良编：《语言学概论》，华中工学院出版社 1981 年版，第 120 页。

根语素限制或修饰另一个词根语素，也有人称其为修饰结构。一般是前面的词根语素修饰后面的词根语素，即限制语素在前，被限制语素在后。比如说，满语 sahalijan dobi "黑狐" 是由词根语素 sahalijan "黑" 修饰词根语素 dobi "狐狸" 构成的。又如，moŋgo çibin "胡燕" 是由词根语素 moŋgo "蒙古" 来修饰词根语素 çibin "燕子" 构成的。

锡伯语 taləj velgian "野猪"、ʂaŋan nimha "白鱼"，也都是偏正式构词的实例。其中，taləj "野生的" 修饰 velgian "猪" 构成偏正式复合词 taləj velgian "野猪"，ʂaŋan "白色的" 修饰限制 nimha "鱼"，构成偏正式复合词 ʂaŋan nimha "白鱼"。

赫哲语 aiʃin imaha "金鱼" 也是由 aiʃin "金" 修饰 imaha "鱼" 组合而成。

鄂伦春语 ələ putaŋki "渔具"，是由 ələ "鱼" 修饰限制 putaŋki "工具" 构成的。

（三）支配式

两个词根语素一个支配另一个，一个语素表示动作，另一个语素表示被该动作支配的对象。满—通古斯语族语言狩猎词中，支配式复合词是后一个词根语素支配前一个词根语素。需要注意的是，满语中动词词根语素与被动词支配的名词词根语素之间常用宾格词缀 – bə 连接，表示"把……" "将……"，例如：gurgu – bə butambi "捕兽" 就是 gurgu "兽"、宾格词缀 – bə "把" 和 butambi "捕" 按照满语语法宾语在前，动词在后，宾格助词词缀紧跟其后的这一语序组合起来的。但有时，bə 也可省略，例如：gijahʊn maktambi "撒鹰" 就是将 gijahʊn "鹰" 和 maktambi "抛、扔、撒开" 按照满语语序进行结合而成的，除此之外，还有由 uturi "围两头" 与 acambi "合" 组成的 uturi acambi "合围"。而锡伯语、赫哲语、鄂温克语、鄂伦春语则未发现处于支配地位的词根语素与被支配地位的词根语素之间需要连接词的现象。例如，赫哲语的 imaha wahtçim – "打鱼" 就是动词词根语素 wahtçim – "捕捞" 与名词词根语素 imaha "鱼" 构成的支配式复合词。

（四）主谓式

构成主谓式复合词的两个词根语素之间是陈述与被陈述的关系。一般来讲，满—通古斯语族语言的主谓式，是后面的词根语素对前面的词根语素进行描述或陈述。例如：

nijamanijara əhə "骑射不好"

nijamanijara dʐukən "马箭射的平常、骑射差劲"

以上为满语主谓式复合词。其中，nijamanijara 为动名词形式，意为"骑射"，əhə "坏、恶、不好"、dʐukən "差劲"均是用来表述 nijamanijara "骑射"的熟练程度。

满—通古斯诸语狩猎词中，构词方式主要有派生法以及复合法。相对来讲，派生法的能产性较大。满—通古斯诸语狩猎词中大多采用派生法构词，但是也有不少复合法构词的实例。而复合法中，狩猎词主要集中在偏正式和支配式构词，联合式与主谓式构词的实例较少。

小　　结

本章主要对搜集到的满—通古斯诸语狩猎词内部结构进行分析，探讨其构词成分以及构词方式，进而揭示其构词规律。

按照语素在构词中的地位和功能将其分类，首先将满—通古斯诸语狩猎词的构词成分分为构词语素和构形语素。构词语素用来构成词，又分为词根和构词词缀。从音节结构来看，满—通古斯诸语狩猎词的词根多为单音节词根和双音节词根。构词词缀是附加在词根后面的构词语素，不能独立成词。构词词缀既可以改变原词的词汇意义，也可以改变原词的词性。构形语素在于说明词的语法功能，根据其表达的语法意义可分为复数、格、态、级、式、时，和人称等。比较满—通古斯诸语狩猎词各构词成分之间的异同，对正确认识狩猎词乃至满—通古斯诸语词汇的构词规律均有积极意义。

派生法和复合法是满—通古斯诸语狩猎词最常用的构词法。派生法是在词根语素基础上附加不同词缀进行构词的，构成的新词与原词具有某种语义联系，而复合法是由不同的词根语素按照组合规则构成，语素之间结合紧密，有时已失去原构词语素所表示的意义。其中，派生法是满—通古斯语族语言最能产的构词方式，较为常见的是名词、动词、形容词的派生，主要有名词派生名词、动词派生名词、形容词派生名词、名词派生动词、动词派生动词、形容词派生动词、名词派生形容词、动词派生形容词、形容词派生形容词等9种方式。相对而言，名词的派生情况最为复杂，动词、形容词的派生较为简单一些。复合法按照语素间组合关系分为词根语素间联合式、偏正式、支配式以及主谓式。其中，满—通古斯语族语言狩猎词中，复合法构词多采用偏正式和支配式，而联合式与主谓式构成的复合词相对较少。

第二章

满—通古斯诸语狩猎词结构分析

分类可以使复杂的事物简单化，对增进生活的认知、提高效率，起到了非常重要的作用。"人们的思维方式受制于人所生活的社会。由于认识途径或环境条件的不同，词义的分类便有了多种多样的可能性。不同的社会和生活环境产生了种种不同的需要，词的分类是与人们的需要紧密联系在一起的"①。

满—通古斯诸语狩猎词按照不同的分类标准，可以分为不同的类别。本章分别从语音结构类型、构词结构类型、词类结构类型、语义结构类型等角度对其进行全面、系统、科学分类。

第一节　满—通古斯诸语狩猎词语音结构类型

词是语言中最小的能够独立运用的音义结合单位。语音是词的物质外壳。根据成词音节结构的不同，可将满—通古斯诸语狩猎词分为单音词、双音词、三音节词和多音词。

一　单音词

单音词指的是由一个音节构成的词。本节用字母 V 表示元音，字母 C 表示辅音，则构成满—通古斯诸语狩猎词单音词的音节形式主要有 CV、VC、CVC、CVCC 五种。

---

① 王波：《从少数民族语言看词语分类的差异》，《中央民族大学学报》2013 年第 6 期。

（一）CV

满　　语：ha"核网，捉鸽子、野鸡用的小网"；şə"风鹰"；

锡　伯　语：vo"冰兜"

（二）VC

满　　语：un"野猪窝"；or"虎猛起声"

锡　伯　语：at"母鱼"

鄂温克语：oʃ"鹿羔"；

（三）CVC

满　　语：dan"打鸟的套子"；don"一翅落地"；sab"咬住"；pok
"箭碰着声"

锡　伯　语：dan"捕鸟兽的套子，夹子"；dov"狐"；ləf"熊"；vək
"鱼鳔"；şir"小鲤鱼"；vih"角"；toŋ"兽筋细线"；
dʊd"斑雀"

鄂温克语：sat"熊"；boɡ"梅花鹿"；dəl"野马脖鬃"；ɡil"角
根"；sor"皮条"

鄂伦春语：sat"熊"；boɡ"梅花鹿"；dəl"野马脖鬃"；ɡil"角
根"；sor"皮条"

赫　哲　语：ʃir"野马小腿"；sor"皮条"；boŋ"冰穿子"

（四）CVCC

锡　伯　语：şirs"猩猩"；fars"葫芦仔鱼"；fath"兽蹄"

鄂温克语：bərk"弓绳结"；sors"韭菜花"；pənt"鹿茸"；əlk"花
灰鹿"

鄂伦春语：bərk"弓绳结"；sors"韭菜花"；pənt"鹿茸"；əlk"花
灰鹿"

满—通古斯语族语言狩猎词中，单元音形式以 CVC 最多，满—通古斯
语族五种语言狩猎词单音节词都具有这种音节结构形式。VC、CV 次之，
值得注意的是，锡伯语还出现了由复辅音结尾的单音节词，我们认为这种
词是由于双音节词脱落末尾音节或元音形成的。比如说 şirs"猩猩"是脱
落了双音节词 şirsiŋ 末尾音节的 iŋ 形成的；而 fars"葫芦仔鱼"、fath
"兽蹄"则是双音节词 farsa、fatha 分别脱落了词尾元音 a 形成的。另外，
锡伯语还有 VCC 音节结构形式的词，比如 ash"翅膀"。除此之外，阿荣

鄂温克语以及鄂伦春语有关方言里也出现了 CVCC 这一音节形式。

二　双音词

双音词指的是由两个音节构成的词。满—通古斯诸语狩猎词中以双音词为主，音节结构形式多样，主要有 VCV、VCVC、VCCV、VCCVC、CVCV、CVCVC、CVCCV、CVCCVC 等 8 种形式。

（一）VCV

满　　语：aba "畋猎"；ofi "打野鸡的脚套子"；uku "串笼"；ooha "花季鱼"

锡 伯 语：uku "鱼篓（用来捕鱼的一种工具）"；uki "母水獭"；əŋə "鸟嘴"

鄂温克语：itu "飞龙鸟，沙鸡"；uhi "母水獭"；iha "犀牛"

鄂伦春语：ono "公黄羊"；atu "母鱼"；ika "犀牛"

赫 哲 语：uki "母水獭"；iha "犀牛"；uja "白鲩鱼"

（二）VCVC

满　　语：atan "钩尖"；ilən "打兽的套子"；oron "四不像，驯鹿"

锡 伯 语：osoh "兽类趾甲"；ajan "马鹿"；adẓin "鳇鱼"

鄂温克语：adar "鲹鱼"；ajan "花脖鸦"

鄂伦春语：ugur "细鳞梭鱼"；udal "蕨菜"

赫 哲 语：ugər "鱼鳔"；irən "野角鹿"

（三）VCCV

满　　语：absa "用于捕鱼的脚船"；əbtə "寄雏"；asha "翅膀"；əŋə "鸟嘴"

锡 伯 语：isha "松鸡"；irgə "骟羊"；athə "公鱼"

鄂温克语：utʃʃe "天鹅"；isha "白雕"

鄂伦春语：aldʒa "乌鸡胸脯"

赫 哲 语：arda "半岁野猪"；urgu "蛋黄"；alga "白脖子狗"

（四）VCCVC

满　　语：akdun "结实"；əshun "射箭不熟练，生疏"；umhan "鸟蛋"

锡 伯 语：olhum "野鸡"；arsən "芽"；iŋgəl "小体鹦鹉"

鄂温克语：irhis "金钱豹"；olgiŋ "螺"；uŋgal "羽毛"

鄂伦春语：ankan "一岁鹿"；algin "公水獭"；oktʃun "葫芦仔鱼"

赫 哲 语：ankab "一岁鹿"；algin "公水獭"；oktʃun "河鱼"

（五）CVCV

满　　语：fərə "围底"；dʐuki "弓拉的浅"；bəri "弓"；gala "围翼"；sutʂi "兽胎"；gihi "狍皮"

锡 伯 语：boni "猿猴"；toho "一岁驼鹿"；luku "兽毛"

鄂温克语：tugi "凭霄小鸟"；todi "鹦鹉"；jolo "狗鹫"

鄂伦春语：moɲo "猴"；noka "一岁野猪"；guli "黄鹂"

赫 哲 语：tawa "大马哈鱼"；bohu "梅花鹿"；ʃiri "小鲤鱼"

（六）CVCVC

满　　语：bətən "钓鱼食"；kaican "上风呐喊射狍"；hoihan "围场"；karan "远瞭望"；muran "哨鹿围"

锡 伯 语：mavət "公鹿"；fonio "母狍"；dʐəvəl "箭筒"

鄂温克语：guran "公狍"；tasug "虎"；birəŋ "母虎"

鄂伦春语：saran "猿"；biran "寒燕"；kisug "贝"

赫 哲 语：bədər "斑纹"；ankab "一岁鹿"；tahin "野马"

（七）CVCCV

满　　语：sulfa "箭射得自然"；bolgo "射箭动作干净利落"；gurgu "兽"

锡 伯 语：tasha "虎"；bulhə "丹顶鹤"；tʂurhu "鱼子"

鄂温克语：hirsa "沙狐"；hajgu "鳊花鱼"；sorho "两岁野猪"

鄂伦春语：torgo "半岁猪"；koska "河豚"；kadra "鲹鱼"

赫 哲 语：jaksan "丘鹬"；sorhə "两岁野猪"；kosha "河豚"

（八）CVCCVC

满　　语：gabtan "射"；kurtʂin "筋斗鱼"；muktun "盲鼠"

锡 伯 语：dʐuktur "两岁熊"；niomʂən "细鳞鱼"；laktʂan "大头鱼"

鄂温克语：səŋgəl "鱼鳃"；jarhuŋ "白漂鱼"；urtʃi "筋斗鱼"

鄂伦春语：jargan "豹"；satkan "母棕熊"；gabkur "虾"

赫 哲 语：gabkur "虾"；gialtun "白带鱼"；suŋgad "红尾鱼，赤
　　　　　稍"

满—通古斯诸语狩猎词双音词中，VCV、VCVC、CVCCV 音节结构形式在数量上占绝对优势，CVCV、CVCVC、CVCCVC 相对较少，VCCV、VCCVC 最少。

三　三音词

三音词指的是由三个音节构成的词。满—通古斯诸语狩猎词中，三音词的音节结构形式多样，主要有 VCVCV、VCVCVC、VCCVCV、VC-CVCVC、VCVCCV、VCVCCVC、VCCVCVC、VCCVCCV、CVCVCV、CVCVCVC、CVCCVCV、CVCCVCVC、CVCVCCV、CVCCVCCV 等 14 种形式。

（一）VCVCV

满　　　语：itʂitai "右手射"；otori "春日游猎"；uturi "围两头"

锡 伯 语：ihaʂi "犀牛"；isuka "白雕"

鄂温克语：өpөpe "戴胜鸟"；əluhi "松鼠"；uluhi "灰鼠"

鄂伦春语：ajiki "母貂"；utuki "一岁熊"；atuka "公鱼"

赫 哲 语：aretu "动物"；imaha "鱼"；əpəbe "戴胜鸟"

（二）VCVCVC

满　　　语：uduwən "公黑熊"；ənijən "母驼鹿"；amijan "公驼鹿"

锡 伯 语：uduwən "公黑熊"；aidagan "公野猪"；unahan "马驹"

鄂温克语：aretaŋ "动物"；ahadaŋ "老獾"

鄂伦春语：onokon "母黄羊"；ajakum "甲鱼"；unigən "乳牛"

赫 哲 语：ajihum "螃蟹"；amijan "公驼鹿"；uridʒin "灰鹤"

（三）VCCVCV

满　　　语：əlbihə "貉子"；argatu "公獐"；ikdaki "兽尾白毛"

锡 伯 语：aʃʃasu "动物"；argatu "公獐"；ohtono "鼠兔"

鄂温克语：ohtono "鼠兔"；iŋgəhu "小体鹦鹉"；əlbəhi "貉子"

鄂伦春语：oktono "鼹鼠"；ohtono "鼠兔"

赫 哲 语：əlbəhə "貉子"；abtəhə "鲫鱼"；iŋgəhə "小体鹦鹉"

（四）VCCVCVC

满　　　语：untʂəhən "尾"；urgəʂən "一岁鹿"；oŋgoʂon "鲫鱼"

锡 伯 语：arsəlan "狮子"；indahun "狗"；urgəsən "一岁鹿"

鄂温克语：atʃʃalaŋ "狮子"；iggiləŋ "青蛙"

鄂伦春语：artʃalan "狮子"；indʑikan "黄羊羔"；irgilən "青蛙"

赫 哲 语：artʃalan "狮子"；indʑihan "黄羊羔"；ilgilən "青蛙"

（五）VCVCCV

满　　语：iləŋgu "夹子舌"；udʐirhi "狸"

锡 伯 语：iləŋgəi "夹子舌"；udʐirhi "狸"

鄂温克语：uliŋtʃi "鸥鹑"；ajitta "獠牙野猪"；iraldʑi "水纹"

鄂伦春语：əʃihtə "鱼鳞"；ajikta "獠牙野猪"；udʑirki "狸"

赫 哲 语：iləŋgu "夹子舌"；udʑirhi "狸"

（六）VCVCCVC

满　　语：oholdʐon "打野鸡的活套子"；idulhən "苍鹰"；
　　　　　adʐirgan "公狗"

锡 伯 语：adʐirhan "公狗"；adʐirhan "种野马"；idulhən "苍鹰"

鄂温克语：idulhəŋ "苍鹰"；iməskəŋ "水獭崽"

鄂伦春语：ətirgən "熊"；iməskən "水獭崽"

赫 哲 语：oʃankan "鹿羔"；iməskən "水獭崽"；idulhən "苍鹰"

（七）VCCVCCV

满　　语：ərhəldʐi "小木鞍"

锡 伯 语：ərhəldʐi "小木鞍"

鄂温克语：abgaldə "猩猩"；

鄂伦春语：ogsoŋgi "松花鱼"；abgaldə "猩猩"

赫 哲 语：ərhəldʑi "小木鞍"

（八）VCCVCCVC

鄂温克语：aggathaŋ "母獐"

鄂伦春语：argatkan "母獐"

赫 哲 语：argathan "母獐"

（九）CVCVCV

满　　语：nimaha "鱼"；fusəli "鲭鱼"；tʂihətəi "野骡子"

锡 伯 语：mavəta "两岁鹿"；fijadʐu "鹿羔"

鄂温克语：lalagu "蝲蝲蛄"；dʑinoho "两岁鹿"

鄂伦春语：tasaki "虎"；mamuku "野兔"；ʥinoko "两岁鹿"

赫 哲 语：lobodo "三岁狍"；mamuhə "野兔"；kiʥimi "海参"

（十）CVCVCVC

满　　　语：tɕimilan "为了引诱鹿来，用嘴往里倒插着气吹的响笛"；babuhan "顽鹰人使用的一种五指手套"；ganihʊn "鞍子细带"

锡 伯 语：ganihun "鞍子细带"；haʂimol "青蛙"；

鄂温克语：ʃilagaŋ "鱼钩线"；

鄂伦春语：ʃilugaŋ "鱼钩线"

赫 哲 语：kawalan "龟"；kilahun "海鸥"；ganihun "鞍子细带"

（十一）CVCCVCV

满　　　语：hardakʊ "鲤鱼"；nikdaki "狍尾根白毛"；daldahan "垫板"；harhotu "打虎豹的木笼"；saksaha "喜鹊"

锡 伯 语：tʂindaha "白狐狸"；lorbodo "三岁鹿"；suŋgada "红尾鱼，赤稍"

鄂温克语：nekkosa "驼鹿羔"；hatʧʃihu "夹子"；tiʥʥihi "猞猁"

鄂伦春语：gilkuta "白豹"；soŋgiŋko "夹子支棍"；sanʧika "夹子嘴"

赫 哲 语：kapʧiku "夹子"；tontoki "啄木鸟"；tashari "秃鹫"

（十二）CVCCVCVC

满　　　语：burgijən "鞍鞒"；gaŋdz̥ohan "鞍子皮绳"；kandahan "驼鹿"

锡 伯 语：kandahan "驼鹿"；sirhatʂin "黄羊"；gulmahən "兔子"

鄂温克语：bultuguŋ "小公猪"；kandahan "驼鹿"；gʉlmahʉŋ "兔子"

鄂伦春语：kandahan "驼鹿"；bultugun "小公猪"；ʧukʧumun "狗鱼"

赫 哲 语：kandahan "驼鹿"；ʃirhatʃin "黄羊"；gʊlmahun "兔子"

（十三）CVCVCCV

满　　　语：balakta "衣胳膊"；tomorhan "鹰帽子"；hajakta "老野猪"

锡 伯 语：joloktə "啄木鸟斑毛"；karaldzi "乌鸡"；sohurkə "爪
　　　　　　子"

鄂温克语：moroldʒi "鳝鱼"；pisaŋka "虎哨"；namitʃtʃi "去毛皮大
　　　　　　衣"

鄂伦春语：moroldʒi "鳝鱼"；pitʃaŋka "虎哨"；namiktʃi "去毛皮大
　　　　　　衣"

赫 哲 语：dʒawugta "小黄鹰"

另外，有的音节形式只在该语族个别语言的狩猎词中存在，比如说
CVCCVCCV 这一音节形式，目前只发现在赫哲语、鄂温克语、鄂伦春语中
出现。例如：赫哲语 sorgokto "马鬃"，鄂伦春语 sarbaktan "爪子"、鄂
温克语 sabbatta "爪子"，等等。

满—通古斯诸语狩猎词中，VCVCV、CVCVCV 等音节结构形式使用率
最高，VCVCVC、CVCVCVC、CVCCVCV、CVCCVCVC 等音节结构形式使
用率相对较高，VCCVCVC、VCVCCV、VCVCCV、VCVCCVC、VCCVCVC、
CVCVCCV、CVCCVCCV 等音节结构形式使用率相对较低，VCCVCCV 音节
结构形式使用率相对最低。

四　多音词

多音词指的是由四个及四个以上的音节构成的词。满—通古斯诸语狩
猎词中多音词相对来说较少，且在每种语言中的表现形式差异较大，常见
的音节结构形式主要有以下 12 种。

（一）VCVCVCV

满语：unijələ "鹿尾根黄毛"；ohotono "鼹鼠"

（二）VCVCVCVC

满语：amuhʊlan "打围场时嘴里吹的哨子"；aktalijan "褡裢"

（三）VCVCVCCV

满　　语：oʂohoŋgo "有腿的"

鄂温克语：aragaŋka "套绳"

（四）VCCVCVCCV

鄂温克语：osholoŋko "海鸥"

（五）VCVCCVCV

满　　语：alakdaha "跳鼠"

锡 伯 语：alakdaha "跳鼠"

鄂温克语：alakdaha "跳鼠"

鄂伦春语：alakdaha "跳鼠"

赫 哲 语：alakdaha "跳鼠"

（六）VCVCCVCVC

鄂温克语：ajiktalaŋ "老野猪"

鄂伦春语：ajiktalan "老野猪"

（七）CVCVCVCV

满 　语：səsiləhə "夏鹿牝牡分群"；hahʊrakʊ "狗捐子，狗项圈"；masalakʊ "打禽鸟的套子"；funijəhə "毛"；tosihija "鹰网"

鄂温克语：solahitʃi "狐狸皮"

赫 哲 语：sulahitʃi "狐狸皮"；nasakota "小皮口袋"

（八）CVCCVCVCV

满 　语：bəthələku "打鹞鹰的囤子"

鄂温克语：tidʒdʒihitʃi "猞猁狲皮"

鄂伦春语：tibdʒikitʃi "猞猁狲皮"

（九）VCCVCVCCV

鄂温克语：osholoŋko "海鸥"

（十）CVCVCVCCV

鄂伦春语：sulakibtʃi "狐狸皮"

赫 哲 语：ʃəlisuŋtʃi "猞猁狲皮"

（十一）CVCVCVCVCV

满 　语：gʊwasihija "鹭鸶"

（十二）CVCVCCVCVCV

满 　语：dʐalaktalahabi "翎翅残缺"

满—通古斯诸语狩猎词多音词中以四音节为主，四音节以上的多音词主要出现在满语中，锡伯语、鄂温克语、鄂伦春语、赫哲语狩猎词鲜少出现。相对而言，VCVCVCV、VCVCVCVC、VCVCVCCV 等音节结构形式出现的最多，VCCVCVCV、VCVCCVCV、VCVCCVCVC、CVCVCVCV 等音节结构形式出现的相对较多，CVCCVCVCV、CVCCVCVCCV、CVCVCVCCV

等音节结构形式出现的相对较少，CVCVCVCVCV、CVCVCCVCVCV 等音节结构形式出现的最少。

综而观之，满语狩猎词的音节形式最为复杂，这可能与满文这一表音文字的记录功能有关。满文保留了满语里大量较为早期的语音形式。而锡伯语、鄂温克语、鄂伦春语和赫哲语由于没有文字，在语言演变的历史长河中，有些音节形式，尤其是元音在语流音变中脱落了，这也可能是锡伯语、鄂温克语、鄂伦春语、赫哲语四音节以上的多音词形式较少的原因吧。

第二节　满—通古斯诸语狩猎词构词结构类型

词是由语素构成的。语素是语言中最小的音义结合单位。按语素的构词特点，可以将满—通古斯诸语狩猎词分为单纯词、派生词和复合词。

一　单纯词

单纯词是由一个词根语素构成的词。一般而言，单纯词是一个语素，而且只能是词根语素，词缀语素是不能单独构词的。

满　　语：aba "围"；niru "箭"；orho "草"；tasha "虎"；moo "树木"

锡 伯 语：dəhə "挂钩"；uku "鱼笼"；fonio "母狍"；tʂuŋi "水花冠红脖子鸟"

鄂温克语：tuɡi "凭霄小鸟"；uhi "母水獭"；atu "母鱼"；aɡi "野艾草"

鄂伦春语：mur "大鹰"；olo "鱼"；alɡa "野鸡网"；mara "鱼群"；

赫 哲 语：nihtə "野猪"；ila "走兽套子"；ʃiri "鲤鱼"；tana "野韭菜"；jolo "狗鹫"

满—通古斯语族语言狩猎词中的单纯词，从音节结构类型上看，以双音节词为主。从构词上看，单纯词一般是不可分析的。单纯词是满—通古斯语族语言狩猎词的基本单词，它其中的一部分是派生词的词干部分或是复合词的组成部分。

二　派生词

派生词是在词根语素后面接缀各种构词附加成分构成的，以部分单纯词为词干通过附加各种词缀使之产生新含义的构词形式。满—通古斯语族语言中没有前缀，单词因后缀的不同而有所变化。例如：

满　　语：aba – la – "打围"；gabta – bu – "被射"；orho – ŋgo "有草的"；tasha – si "虎皮"；məihə – tu "鳝鱼"

锡 伯 语：ava – lə – "打围"；sahal – tʂa "黑貂皮"；şilu – tşi "猞猁狲皮"

鄂温克语：əruu – də "挖"；tidʒdʒih – itʃi "猞猁狲皮"；muu – ləŋ "提水桶"

鄂伦春语：sodo – ku "鱼兜子"；saka – tʃi "黑貂皮"；muu – lən "提水桶"

赫 哲 语：wa – tɕi – "打猎、打鱼"；sulahi – tʃi "狐狸皮"；mu – lən "提水桶"

派生词是由词根语素和构词词缀构成，同一个词根语素后面可以接缀不同的构词词缀，构成几个与这个词根基本意义有关的派生词。例如：满语动词词根 nijamnija – "射马箭"，可在其后接缀表示名词含义的构词词缀 – n，构成了 nijamnija – 的施事对象 nijamnija – n "马箭"；还可在其后接缀形容词性词缀 – ra，构成形容词 nijamnija – ra "骑射的"；还可在其后分别接缀表示"使动""齐动""去动"含义的词缀 – bu、 – nu、 – na 构成的不同动词 nijamnija – bu – "使射马箭"、nijamnija – nu – "齐射马箭"、nijamnija – na – "去射马箭"。

另外，一个派生词只有一个词根语素，但可以有不止一个词缀语素。例如：锡伯语中，avə – lə –şi "猎人"就是在词根 avə – "围猎"后面接缀了动词词缀 – lə 表示"打猎"，然后又接缀了表示与该活动有关的人的名词词缀 –şi 构成的。

三　复合词

复合词是由两个或两个以上的词根语素根据不同的组合关系复合而成的，具有新的语义。例如：

满　　语：moo i hasi "柿子"；nijamanijara əhə "骑射不好"；

indahʊn sinda –"放狗"

锡 伯 语：ilan vih goho"三齿甩钩"；ambu goho"大掠钩"；bihan ihan"野牛"

鄂温克语：wataŋga gida"带钩扎枪"；honnoriŋ todi"八哥"；dolbi nor"小箭"

鄂伦春语：nama gida"短扎枪"；wataŋga gida"带钩扎枪"；kara jargaŋ"黑豹"

赫 哲 语：imaha wahtçim –"打鱼"；morin wakʃən"青蛙"；jəjə mafa"虎"

满—通古斯语族语言狩猎词中复合词有并列式、偏生式、支配式和主谓式，如赫哲语 jəjə mafa"虎"是由 jəjə"爷爷"与 mafa"老人"通过并列关系构成的复合词，锡伯语的 bihan ihan"野牛"是由 bihan"野"修饰 ihan"牛"构成的偏正式复合词，满语中的 nijamanijara ehe"骑射不好"用 ehe"不好"陈述 nijamanijara"骑射"状态构成的主谓式复合词；indahʊn sinda –"放狗"是由 indahʊn"狗"与 sinda –"放"构成的支配式复合词。

满—通古斯诸语狩猎词中，相对来讲，复合词远不及单纯词、派生词的数量多，其中，单纯词最多。这可能跟满—通古斯诸民族早期经历较长时期的狩猎生产、生活实践活动有关。经济基础决定上层建筑，与狩猎生产有关的单纯词作为基本词汇被大量使用，成为语言构筑体系中最坚实的砖瓦，随着交际的需要，更多地通过派生方式和复合方式加以组装，进一步丰富语言的词汇系统。

第三节　满—通古斯诸语狩猎词词类结构类型

词是语言系统中的建筑材料，可以通过一定的语法规则用于句子。按照词类性质及其在句子中的功能和用法的不同，可以将满—通古斯语族语言狩猎词分为名词、动词、形容词等实词、摹拟词等虚词。实词主要用来表示人和事物及其行为、动作、变化、性质等概念，具有完全确切的词汇意义，可以单独充当句子成分，有数、格、时、态、式等语法范畴，也可以附加多种附加成分，能够充当句子结构的成分，可以接缀

构词附加成分构成新词。虚词一般不表示实在的意义，它们的基本用途
是表示语法关系。

一 名词

名词主要是指表示人、事物、地点或抽象概念的名称，满—通古斯诸
语狩猎词的名词主要是指表示从事狩猎生产生活等实践活动的人、狩猎对
象、狩猎工具、狩猎方式的词。例如：

满　　语：nimahasi "渔民"；urgəʂən "一岁鹿"；uku "鱼笼"；
　　　　　gabtan "射"；otori "春猎"

锡 伯 语：haihua "鳊花鱼"；suvar "采挖草根木具"；gurəguʂən
　　　　　"狩猎"；nimhaʂi "渔民"

鄂温克语：amas "桦皮桶"；morgoŋ "泥鳅鱼"；saha "秋猎"

鄂伦春语：bər "弓"；korgol "野鸡"；kojkan "冬猎"；sakatʃi "黑
　　　　　貂皮"

赫 哲 语：imahatʃi "渔民"；tawa "大马哈鱼"；butha "狩猎"；
　　　　　adila "网"

这类词在句子中主要作主语、宾语。进入句子时，要在其后附加构形
语素，表示人称、数、格等语法概念。例如：

满　　语：oron – sa（复数）"许多驯鹿"；imaha – bə（宾格）"把
　　　　　鱼"；uku – ni（属格）"用鱼篓"

锡 伯 语：olhum – ji（属格）"野鸡的"；bəri – v（宾格）"把弓"；
　　　　　gurgə – d（与格）"对野兽"；oron – s（复数）"许多驯
　　　　　鹿"

鄂温克语：mohʃo – ʃol（复数）"许多鲤鱼"；orooŋ – ba（宾格）
　　　　　"把驯鹿"；olo – i（属格）"鱼的"；təmgən – du "给骆
　　　　　驼"（与格）

鄂伦春语：olo – ʃol（属格）"许多鱼"；dəjiləə – l（复数）"许多小
　　　　　鸟"；oroon – ma "把驯鹿"（宾格）

赫 哲 语：bəri – wə（宾格）"把弓"；bəri – dʒi "用弓"（工具格）；
　　　　　oroon – du（与位格）"在驯鹿上，给驯鹿"

二　动词

动词是用来表示人或事物的动作、行为、变化的词。满—通古斯诸语狩猎词的动词主要是指表示与狩猎生产、生活实践活动的相关动作行为，动物行为、动作以及植物生长、状态等，在其后可附加构形词缀，表示时、态、体等语法概念，用于句子。以动词的词根形式为例：

满　　语：ana－"推围"；dasa－"整围"；daŋdalila－"下拦河网"；səŋ－"鱼上饵"；ubile－"罩鱼"；tondʑi－"击水赶鱼"；tabu－"支打牲器"；tolə－"下网套"

锡伯语：oŋkulu－"吃草"；bolk tatə－"连根拔"；guru－"摘野菜"；dʑorda－"野马大步走"；tavə－"扣弦上弓"；loo－"狼嚎"

鄂温克语：tʉrʉ－"下钢丝绳套"；gidala－"扎枪扎"；ʃeʧʧagna－"鸟叫"；loho－"挂"；əmhəŋdə－"钓"；ʃidərlə－"野马绊住"；waa－"杀"；mʉli－"摘野果"；səndə－"打中"

鄂伦春语：gɵgɵ－"猎犬吠"；tuurəə－"野鸡啼鸣"；ir－"结果"

赫哲语：bihan fuli－"打猎"；tob ənhə－"正中"；fətə－"挖"；wa－"杀"；niofu－"摘"；tuŋi－"拾"；dʑafa－"捉"；hadi－"割"；haʃi－"围赶"；gabta－"刺鱼"

下面以满语为例，简单介绍动词词根语素后面附加构形语素，表示时、态、体等语法概念的几种形式。

（一）动词的一般形式

在动词词根语素后面直接接缀词尾形式－mbi构成动词的一般形式，这一形式又被称为动词的原形形式或基本形式。例如：

hoktoşo－mbi"雨后高处行猎"；hʉji－mbi"哄虎"；wada－mbi"狗嗅寻牲"；dari－mbi"兽擦人过"；harhʉda－mbi"搅水呛鱼"

（二）动词的使动、被动态形式

在动词词根后面接缀使动态、被动态构形语素－bu，再接缀动词词尾形式构成动词的使动、被动形式，例如：

hari－bu－mbi"兽被围住"；hʉji－bu－mbi"使哄虎"；adan－du

– mbi "齐排列行围"

（三）动词的过去时形式

在动词词根语素后面附加表示过去时间含义的构形语素 – ha，– habi，– hobi构成动词的过去时形式，例如：

daribu – ha "些微擦着"；abtukʊla – ha "中非致命处"；gala – ha "放箭手动"；goi – ha "中了"

oihorila – habi "伤轻不得"；waina – habi "歪斜了"；ta – habi "打住了"；oiholo – hobi "打住又脱落"

（四）动词的否定式形式

在动词词根语素后面附加表示否定语气的构形语素 – rakʊ、– hakʊ 构成的。其中，构形语素 – rakʊ 接缀在现在时将来时，而 – hakʊ 表示过去时。例如：

baha – rakʊ "不得"

dẓabdu – hakʊ "误了，指骑射时没来得及放马箭"

三 形容词

形容词用来描写或修饰名词或代词，表示人或事物的性质、特征或动作、行为、变化的状态，常用作定语，也可作表语、补语或状语。满—通古斯诸语狩猎词的形容词主要是指表示从事狩猎生产生活实践活动中人的偏好及状态，狩猎生产工具、对象、方式的特征，等等。例如：

满　　语：bolgo "箭射的干净利落"；orhoŋgo "有草的"；huruŋgə "有壳的"；oʂohoŋgo "有腿的"；əsihəŋgə "有鳞的"；uihəŋgə "有角的"

锡 伯 语：tʂohur "花斑的"；datʂun "猎刀锐利的"；mohur "钝迟的"；dz̥əjinə "有刃的"

鄂温克语：mumuri "钝"；aminaŋ "公的"；əminəŋ "母的"；iinihiŋ "活的"；moktor "秃尾的"；sʊgʊrləŋ "尖"；səbbiŋ "锋利的"

鄂伦春语：ʃiləmin "皮实的"；naribkun "细长的"；tʃookor "花斑的"

赫 哲 语：mohur "秃头的"；ilgahi "花纹的"；turgun "锐利的"；

amina "公的"；əminən "母"

满—通古斯诸语形容词词根语素还可以在其后接缀 – kan、– kən、– kon、– kun、– ʃila、– ʃilə、– han、– hən、– tʃara、– tʃərə、– tʃərə 表示 "略微" "稍微" 含义的构形语素构成形容词的比较级形式。例如：

满　　语：amba – kan "略大"；tarhʋ – kan "略肥"；komso – kon "略少"；udzᶻjə – kən "稍重"

锡 伯 语：hodu – kun "略快"；osho – kun "略快"；ma – kən "稍粗的"；am – kən "稍大的"

鄂温克语：baragʉ – ʃila "稍粗的"；tuggə – ʃilə "稍快的"；gʉdda – han "较高的"；niʃuhu – hən "较小的"

鄂伦春语：ŋʉnʉm – tʃara "较长的"；əlkə – tʃərə "较慢的"；gərə – tʃərə "较远的"；joldo – tʃoro "较瘦的"

赫 哲 语：turha – kən "略瘦"；sagdi – kən "较大"；malhun – kun "较多；todo – kun "较直"

以上是满—通古斯诸语狩猎词的实词分类。

四　摹拟词

在满—通古斯诸语虚词类中，有一类词能用来表示摹拟人或事物的各种声音和形态，我们将之称作摹拟词。满—通古斯诸语狩猎词中的摹拟词多用来摹拟动物的声音及其状貌、射猎的声音及其状貌，打围的情形等。根据摹拟词所表示的意义和性质，满—通古斯诸语狩猎词中的摹拟词又可以分为摹声词和摹形词。

（一）摹声词

摹声词又称象声词或拟声词，摹拟人或事物发出的各种声音的词。[①]满—通古斯诸语狩猎词中的摹声词多用来形容动物发出的各种声音及射猎的声音，例如：

满　　语：tʂaŋ səmə "弹硬弓弦声，形容弹硬弓时发出的声音"；gui gui "赶兽声"；tab səmə "弦落垫声，形容弓弦落在弓垫子上的声音"；gijar gijar "猴叫声"；hijoŋ səmə "箭去有力声"；ahʋri hʋjari "吓伏卧兽声"；mijar mijar "獐狍

---

①　季永海、刘景宪、屈六生：《满语语法》，中央民族大学出版社 2001 年版，第 277 页。

鹿羔疾叫声"

锡 伯 语：mu mu "野牛叫声"；çyl cal "口哨声"；kaltaŋ kaltaŋ "撞击声"；tuŋ tuŋ "心跳声"

鄂温克语：ʤiʤiʤaʤa "鸟叫声"；gag gag "母野鸡叫小鸡声"；həhhu həhhu "布谷鸟声"

鄂伦春语：tʃultʃar tʃultʃar "鸟叫声"；pərr "大鸟起飞的声音"；war war "青蛙叫声"；dəwur dəwur "中等形体野兽的脚步声"

赫 哲 语：mu mu "野牛叫声"；waŋ waŋ "猎狗叫声"；gəgək gəgək "野鸡叫声"；ja ja "野鸭叫声"；har har "熊生气声"；pu tur putur "野马蹄声"；kuwur kuwur "野猪吃柞树籽儿声"

（二）摹形词

摹形词又称象形词或拟态词，摹拟人或事物的各种形态的词。[①] 满—通古斯诸语狩猎词汇摹形词主要描摹射猎打围的状貌以及动物的情状。例如：

满　　语：çib səmə "箭急貌"；hib səmə "深入状"；sob səmə "正中着"；sab "咬住"；ter səmə "整齐貌，形容人马整齐的样子"；ter tar səmə "整齐貌，形容整齐"；tʂab səmə "整齐貌"；lib səmə "刺入状"；far səmə "人马众多"；kabkib "众犬撕咬"；kijab səmə "团聚貌，形容行动急速的样子"

锡 伯 语：putur putur "簌簌"；sək sim "突然"；tʂov sim "整齐貌"；kutuŋ sim "咕咚地"；luk sim "形容密"；kus sim "形容沉重地倒下"

鄂温克语：ʃippur "野兽头摇晃的样子"；taŋŋa "野兽仰面地"；halt mult "野兽匆匆忙忙逃跑的样子"；gilan gilan "鱼鳞一闪一闪地"；løøndə øøndə "驯鹿晃晃悠悠的样子"

鄂伦春语：tʃəŋmur tʃəŋmur "狩猎时蹑手蹑脚地"；ʃimøør ʃimøør "狩猎时悄悄地"

---

① 季永海、刘景宪、屈六生：《满语语法》，中央民族大学出版社 2001 年版，第 278 页。

赫 哲 语：sao sao "形容鱼甩尾"；kəktər fultər "形容凹凸不平"

综上，满—通古斯诸语狩猎词中，名词、动词在数量上占绝对优势，而形容词相对较少。尤其需要指出的是，满—通古斯诸语狩猎词中还有一类摹拟词，描写动物状貌、声响以及狩猎生产场景情形出神入化，大量充斥其间，不失为其一大特色。

第四节　满—通古斯诸语狩猎词语义结构类型

所谓的语义结构类型是指按照语义与语义之间的联系对词分出的类。一种语言的词汇不是简单列举出孤立的词项，而是在语义上相互联系的，它可以根据某些概念划分为若干小组或者 "场"，这些 "场" 以意义相近为基础把词结合到一起。我们可以根据狩猎词汇中各词之间的语义联系对其进行大致的分类。

首先，根据攫取对象的不同，我们将其分为狩猎词汇、捕捞词汇和采集词汇三个大类。其次，每个大类中，又可以按照攫取过程将其分为狩猎对象、狩猎工具、狩猎方式等中类。最后，各中类再按照内部的语义联系继续分出各个小类。据此，我们把满—通古斯诸语狩猎词分为三大类。

一　狩猎词语

（一）狩猎对象

1. 野兽类

（1）种类

除了表提到的鹿、熊、野猪、狍子之外，满—通古斯诸语狩猎对象还有虎、狐狸、狼、猞猁、貉子、獐子、黄羊等，在此我们并未全部列出。

表 2 - 1　　满语、锡伯语、鄂温克语、鄂伦春语、赫哲语野兽名称词

词义	满语	锡伯语	鄂温克语	鄂伦春语	赫哲语
鹿	buhu	bohu	boŋ/kumakaŋ/orooŋ	kumaka	kumaka
熊	ləfu	ləf	ətirgəŋ/ətəggəŋ	ətirgən	mafkə

词义	满语	锡伯语	鄂温克语	鄂伦春语	赫哲语
野猪	hamgiari	taləj velgian	torohi	toroki	niktə
狍子	gijao/gio	giu/gio	giwsən/giisəŋ	giwʧən	giwʧən

（2）年龄

表2-2中的例词涉及了鹿、熊、野猪、狍子，除此之外的关于兽类不同年龄的说法还有很多，只是在满—通古斯语族各语言中有所不同。相比之下，这些词出现在鄂温克语、鄂伦春语中较多，出现在满语、锡伯语中的较少。

表2-2　　　满语、锡伯语、鄂温克语、鄂伦春语、赫哲语野兽年龄类词

词义	满语	锡伯语	鄂温克语	鄂伦春语	赫哲语
一岁鹿	urgə şən	urgəsən	ankanahaŋ	ankan	ankab
两岁鹿	şoloŋo mafuta	mavəta	ʤinoho	ʤinoko	ʤinoho
三岁鹿	lorbodo	lorbodo	wənnəne	wənnər	lobodo
一岁驼鹿	toho	toho	tooho	tooko	toho
两岁驼鹿	anami	anami	anami	anami	anami
一岁熊	kʊwatiki	kuatik	ʉtʉhi	ʉtʉki	hutiki
两岁熊	dz̩ukturi	dz̩uktur	ʤukt/ojogon	ʤukti/ojogon	ʤukti
出生几个月的野猪	şurgan	surhan	sugga	surga	surhan
一岁野猪	nuhən	nuhən	noha	noka	nohan
两岁野猪	şorha	sorhə	sorho	sorka	sorhə
两岁狍	dz̩ursan gio	dz̩ursan	ʤusaŋ	ʤusan	ʤusan
三岁狍	lorbodo	lorbodo	wənnənə	wənnər	lobodo

（3）性别

除了表2-3提到的有关描述鹿、驯鹿、熊、野猪、狍子性别的词语，满—通古斯诸语中还有不少其他兽类性别方面的词语，比如黄羊、狐狸等。其中有些词多出现满语支语言中，在通古斯语支语言中出现得较少。反之，还有一些词多出现在通古斯语支语言中，在满语支语言中鲜少出现。

表 2 - 3　　满语、锡伯语、鄂温克语、鄂伦春语、赫哲语野兽性别类词

词义	满语	锡伯语	鄂温克语	鄂伦春语	赫哲语
公鹿	mafuta	mavət	mabu	mabu	guran
母鹿	dʐolo	dʐolo	mabuhaŋ	mabukan	gurahan
母驼鹿	ənijən	ənian	ənian	ənijən	ənian
公驼鹿	amijan	amian	amijan	amijan	amijan
公棕熊	sati	sati	sat	sat	sati
母棕熊	nari	nari	sathaŋ	satkan	satigan
公黑熊	uduwən	uduwən	ətʉɡən	ətʉɡən	ətuɡən
母黑熊	dʐaira	dʐari	sari/matuɡaŋ	sari/matuɡaŋ	sari/matuɡa
公野猪	aidaɡan	aidaɡan	ajdaɡaŋ	ajdan	ajdan
母野猪	sakda	sakda	sakda	sakda	sakda
公狍	ɡuran	ɡuran	ɡuraŋ	ɡuran	ɡuran
母狍	fonio	fonio	onijo	onijo	oŋo

2. 禽鸟类

表 2 - 4 中的例词是出现在满—通古斯诸语具有代表性的共有词。其实，满—通古斯语族语言中关于禽鸟的称谓十分丰富，这是因为满—通古斯人长期生活在深林、草原，与禽鸟接触得比较多。只是通古斯语支语言与满语支语言的很多词语的语音形式差异较大，不像上例中那样具有较为严整的对应关系。而且，通古斯语支语言和满语支语言之间的不同叫法，有的跟阿尔泰语系的突厥语族、蒙古语族等语言有着较深层次的联系，这一问题还可以继续讨论。

表 2 - 4　　满语、锡伯语、鄂温克语、鄂伦春语、赫哲语禽鸟类词

词义	满语	锡伯语	鄂温克语	鄂伦春语	赫哲语
乌鸡	karaldʐa	karaldʐi	garasu/təɡələŋ	garasu/təɡələn	garasu/hoji
飞龙鸟	dʐolo	dʐolo	mabuhaŋ	mabukan	gurahan
苍鹰	idulhən	idulhən	idʉlhəŋ	idʉlkən	idulhən
海青	ʂoŋkon	ʂoŋkon	ʃoŋhor	ʃoŋkor	ʃoŋkor
野鸡	ulhʊma	olhum	hoɡɡol/ɡorɡol/ dʐəɡe ʃiikkaŋ	korɡol	olɡum

词义	满语	锡伯语	鄂温克语	鄂伦春语	赫哲语
雁	nioŋnijaha	nyŋniah	nonnohi	ŋunnaki	nunnhi/dawɡaska
雀	tʂətʂikə	tʂətʂkə	tʃinəh	tʃinəkə	tʃinihə
老鹰	gijahʊn/jəjin	gehʊn/jəjin	gihiŋ/gikiŋ/mʉri	jeekin/iɡətʃən	jeehən/heetʃən
灰鹤	kʊrtʂan	kurtʂan	toɡlo	toɡlor	harhira
鹳	wəidzun	vəidzən	uridʑi	uridʑin/uridʑi	uridʑin
鹌鹑	muʂu	muʂu	bədənə	tʃʉtʃuki	tʃʉtʃuhi
戴胜鸟	indahʊn/ indahon tʂətʂikə	indahun/ indahun tʂətʂiɡə	øpøpe	øpøpe/øpøøpe	əpəbe
斑鸠	bijantʂiol	bijantʂiul	honnoriŋ todi	tuulɡe	tuulɡe

（二）狩猎工具

满—通古斯语族语言中狩猎工具词语异常丰富，在此只列举了五种语言中语音结构形式相同或相近的共有词。

1. 弓

表2-5提到的实例中，只罗列了满—通古斯语族语言中保存较好的关于弓的称谓及部件词语，这些词语是诸语的共有词，且语音形式较为一致。

表2-5　　满语、锡伯语、鄂温克语、鄂伦春语、赫哲语弓类词

词义	满语	锡伯语	鄂温克语	鄂伦春语	赫哲语
弓	bəri	bəri	bəri/bər	bər	bəri
弓弩子	taŋgikʊ/taŋikʊ	taŋgiku/taŋiku	taaŋgu	taaŋgiku	taaŋgihu
弓别	misa	misa	misa	misa	misa
弓弦	uli	uli	uli	uli	uli
弓脑	bokson	bokson	boksoŋ	bokson	bokson
弓梢	iɡən	iɡən	iɡən	iɡən	iɡən
弓垫子	təbhə	təvhə	təbhə	təbkə	təbhə
弓套	bəridobon	bəriji dovton	toɡoŋ	toɡon	bərini dobon
弓罩	otʂika	otʂika	otʃiha	otʃika	otʃiha

2. 箭

从表2-6可以看出，满—通古斯诸语有关箭这一早期狩猎工具的称谓相当丰富，包括种类和部件，甚至结构特征与功能作用的描述也较为全面地说明早期狩猎活动中，箭发挥着其他狩猎工具无法替代的作用。

表2-6　　**满语、锡伯语、鄂温克语、鄂伦春语、赫哲语箭类词**

词义	满语	锡伯语	鄂温克语	鄂伦春语	赫哲语
箭	niru	nyrə	niru/nor	niru/luki	niru/luki
小箭	dolbi niru	dolbi nyrə	dolbi nor	dolbi luki	dolbi luki
大箭	kəifu	kəivu	hiwʉ	kiwʉ	kifu
长箭	madʐan	madʐan	madʒaŋ	madʒan	madʒan
快箭	kalbikʊ	kalbiku	halbihu/halgi	kalbiku/kalgi	kalbiku/halgi
水箭	dzˌəsəri	dzˌəsəri	ʤəsər	ʤəsər	ʤəsəri
火箭	tʃuniru	tua nyrə	toŋ nor	togluki	tooluki
哨箭	dzˌan	dzˌan	ʤan	ʤan	ʤan
带哨箭	dzˌaŋga/dzˌaŋa	dzˌaŋga/dzˌaŋa	ʤaŋga	ʤaŋga	ʤaŋga
无哨箭	sudu	sudu	sudu	sudu	sudu
梅针箭	sirdan	şirdan	ʃidda	ʃirda	ʃirda
角头箭	dzˌoro	dzˌor	ʤor	ʤor	ʤor
扁头箭	ganada	ganada	ganda	ganda	ganda
箭头铁刃	orgi	orgi	orgi/oggi	orgi	orgi
箭头铁脊	kuhən	kuhən	hʉgʉ	kʉgʉ	hugu
箭羽	dəthə	dəthə	dəkta	dəkta	dəthə
箭匣	kobdon	kobdon	hobdo	kobdo	hobdon
箭筒	dzˌəbələ	dzˌəvəl	ʤəwəl	ʤəwəl	ʤəbəl
箭罩	jaki	jaki	jagi	jagi	jagi

3. 扎枪

扎枪与弓箭相比，满—通古斯语族语言中有关称谓相对简单一些。不过，我们所看到的一些关于鄂温克语、鄂伦春语、赫哲语的调研资料中，有不少关于扎枪部件的词语，例如枪头就因石头、木头、骨头、铁器等制作材料的不同而叫法不同。因为这些叫法很难在满语支语言中找到，所以也没有在这里列举关于扎枪部件的词语。而且，朝克研究员的田野调研记录中也明确写到，满—通古斯语族语言中与此相关的有些词语已经丢失了。

表 2 - 7   满语、锡伯语、鄂温克语、鄂伦春语、赫哲语扎枪类词

词义	满语	锡伯语	鄂温克语	鄂伦春语	赫哲语
扎枪	gida	gida	gida	gida	gida
短扎枪	nama gida	nama gida	nama gida	nama gida	nama gida
带钩扎枪	wataŋga gida /wataŋa gida	wataŋa gida	wataŋga gida	wataŋga gida	wataŋga gida

4. 枪

枪在满—通古斯语族语言中，是外来的狩猎工具词。但是与用枪狩猎相关的一些词，例如枪套子等名词术语，是通古斯人丰富和发展了与枪相关的狩猎词汇。在这里还应说明的是，通古斯语支语言中有关枪方面的专有名词，有的还包含了从俄罗斯借来的成分。

表 2 - 8   满语、锡伯语、鄂温克语、鄂伦春语、赫哲语枪类词

词义	满语	锡伯语	鄂温克语	鄂伦春语	赫哲语
枪	mijaot ʂan	mijaot ʂun	miisaŋ	miwtʃan	miawtʃiaŋ
猎枪	hijant ʂi	hiant ʂi	hijaŋka	kijaŋka	kijaŋtʃi
瞄准器眼	səndz̨i	səndz̨i	səndʑi	səndʑi	səndʑi
枪冲条	t ʂirgəku	t ʂirgəku	tʃirgəhu	tʃirgəku	tʃirgəku
枪机子	həŋkiləku	həŋkiləku	həŋkiləŋ	kəŋkilən	həŋkiləhu
枪套	homhon	homhon	homhoŋ	komkon	homkon
子弹	muhalijan	muhalin	muhaleŋ/mooleŋ	mukalen/moolen	muhalian

（三）狩猎方式

1. 种类

正如上面提到的那样，满—通古斯语族诸民族一年四季都在狩猎。而且，他们的狩猎活动主要集中在秋末与冬季。因此，与此相关的词也较为丰富。相关词汇见表 2 - 9。

2. 过程

正如表 2 - 10 所示，狩猎过程主要涉及了动词。事实上，在狩猎活动

中经常使用到的动词，在其他与此相关的生产活动中也在使用。其实，根据我们掌握的资料，狩猎词中还有专门用于狩猎生产的词，例如瞄准、打中等。而且，相较之下，这样的词在通古斯语支语言中的使用多于满语支语言。

表2-9　**满语、锡伯语、鄂温克语、鄂伦春语、赫哲语狩猎方式类词**

词义	满语	锡伯语	鄂温克语	鄂伦春语	赫哲语
狩猎	gurgu ʂən	gurəgu ʂən	bəjʉ	bəjun	bəjun/bəjʉ
冬猎	hoihan	hoihan	hojhan	kojkan	hojhan
秋猎	saha/aba	saha/ava	saha/aw	saka/ab	saha/aba
狩猎	butha	butha	butha	butha	butha
打猎	abala –	avalə –	bəjʉ	bəjʉ	abala –
下钢丝绳套	tulə –	tulu –	tʉrʉ –	tʉrʉ –	tulə –

表2-10　**满语、锡伯语、鄂温克语、鄂伦春语、赫哲语狩猎过程类词**

词义	满语	锡伯语	鄂温克语	鄂伦春语	赫哲语
瞄准	səndz̧ilə –	səndz̧ilə –	səndz̧ilə – / mərgəŋdə –	səndz̧ilə – / mərgəndə –	səndz̧ilə –
射	gabta –	gavtə –	gappa –	garpa –	gabta – /karfu –
打偏	kəltərə –	kəltərə –	həltərə –	kəltərə –	həltərə –
打中	goi –	gœ	naat – /əndə –	naw –	naɡab – /nambu –
捆绑	huthu –	hutə –	bohi – /hʉkkʉ –	boki –	bohi –
围堵、围赶	hasi – / haŋgabu –	ha ʂi –	haʃi –	kaʃi –	haʃi –
扣弦上弓	tabu –	tavə –	tabu – /jakʧi –	tabu – /jakʧi –	tabu – /jakʧi –
杀	wa –	wa –	waa –	waa –	wa –
动作缓慢	bəbər ʂə –	bəbur ʂə –	bəbəldʒə –	bəbudʒə –	bəbudʒə –
动作笨拙	mot ʂodo –	mot ʂudə –	moŋkido –	moŋkido –	motʃudo –
乱扑乱打	abura –	vdərə –	apu –	apu –	afu –

二　捕捞词语

（一）捕捞对象

有关鱼的种类以及部位称谓词语在满—通古斯语族语言中富集，这同满—通古斯诸民族早期从事的捕捞生产有着密切的内在联系。根据资料分析，满—通古斯诸语中的捕捞对象主要有河鱼类和海鱼类两种类型。

1. 河鱼类

表 2-11 列举的是，满—通古斯语族语言在语音结构、语义结构方面相当一致的部分河鱼种类、性别与部位称谓。当然除此之外，也有语音结构、语义结构方面存在异同的河鱼名称，在此并未进行列举。

表 2-11　　满语、锡伯语、鄂温克语、鄂伦春语、赫哲语河鱼类词

词义	满语	锡伯语	鄂温克语	鄂伦春语	赫哲语
鲤鱼	mudʐuhu	murgu/hardak	mərgə/gilbahe	murgʉ	murgu/hartəku
小鲤鱼	siri	ʂir	ʃili/kəəlben	ʃili/kəəlben	ʃiri
鲶鱼	duwara	duvar	daahi	daaki	daahi/ʃifan
鲫鱼	oŋgo ʂon	oŋo ʂon	həltəhʉ	kəltək	abtəhə
狗鱼	gəo ʂɛn	gu ʂɛn	suuruldu	tʃuktʃumun	gutʃən/ʃifan
鳊花鱼	haihuwa	haihua	hajgu	kajgu	hajgu/hajgutʃi
鲭鱼	fusəli	fusəli	ʉsʉl	ʉsəl	usul
鳑鱼	takʉ	takə	tahu	takun/taku	takun/takan
公鱼	atuha	athə	atuha	atuka	atuha
母鱼	atu	at	atu	atu	atu
鱼鳔	fuka	vək	ugar	ugar	ugər
鱼鳍	fəthə	səŋəl	səli	səlir/sərbə	səŋəl
前鳍	ut ʂika	ut ʂkə	utʃiha	utʃika	utʃikə
后鳍	fəthə	fəthə	əthə	ətkə	fəthə
鱼鳃	səŋgələ	səŋgəl/səŋəl	səŋgəl/mərə	səŋkər/ʃarna	səŋgəl
鱼刺	haga	hagə	haga	kaga	hagə

2. 海鱼类

从严格意义上说，海鱼称谓应该更为丰富。因为早期满—通古斯诸民族均有在沿海生活的历史以及海上捕捞、捕猎的生产过程。那么，在这里我们只是根据能找到的满—通古斯语族语言里现有的海上猎物名称，来分析与它们相关的名词术语。其实，在通古斯语族语言中，包括海鱼在内的海上捕捞对象称谓十分丰富，甚至有关海鱼不同的年龄也有其不同的叫法。比如说有关龟的称谓就有很多种。从这个角度讲，通古斯语族语言里

海鱼类的称谓词比满语支语言更丰富。

表2-12 满语、锡伯语、鄂温克语、鄂伦春语、赫哲语海鱼类词

词义	满语	锡伯语	鄂温克语	鄂伦春语	赫哲语
海马	malta	malta	arma	arma	malta
河豚	kosha	kosha	hosha	koska	kosha
海参	kidzimi	kidzim	hidʒim	kidʒim	kidʒimi
鲨鱼	dulannimaha	şajy	dəpʉ	dəpʉ	dəpu
螃蟹	katuri	katuri	samura/hatʃʧohe	samur/kabʧoke	ʧamur/ʧanu
鳖/甲鱼	aihʊma	aihum	ajahu	ajakum	ajihum
龟	əihʊmə	əihum	gawal/məgdəŋ	kawal	kawalan
蚌	tahʊra	tahʊr	tahira/hisʉhʉ	takira	takira
海螺	burən	burən	burən/pʉrə	burən/pʉrə	burən
螺	hʊja	huja	ʧuhər/olgiŋ	ʧuker	ʧukektə
贝	fijaha	fijaha	hisug/əhʉ	kisug	kisug
虾	sampa	sampa	gabkur/sabbe	gabkur	ɢabkur

（二）捕捞工具

1. 网具

根据我们掌握的资料，满—通古斯语族语言捕捞工具中，网具的共有词并不多。但是，各语言中语音结构、语义结构不一致的网具词语却有很多，在此我们并未进行列举。

表2-13 满语、锡伯语、鄂温克语、鄂伦春语、赫哲语捕捞工具类词

词义	满语	锡伯语	鄂温克语	鄂伦春语	赫哲语
网	asu	as	alagaŋ	alaga/aalga	alaga/adila/aku
兜网	daihan	daihan	dajha	dajka	dajihan
抄网	şodokʊ	şodoku	sodohu	sodoku	sodoku
网边	hərgin	hərgin	hərgiŋ	kərgin	hərgin
网边绳	hə şən	həsən	həʧəŋ	kəʧən	həsən

2. 钓具

根据上面的例句，可以清楚看出，钓具的种类在满—通古斯诸语中相

对齐全,钓具结构特征、结构性能方面的词语比较少。这和前面的分析一样,其中有些词语在满语支语言中出现,有些在通古斯语支语言中出现。而且随着捕捞生产地位不断弱化,捕捞生产相关的词语也越来越少。

表 2 – 14　　满语、锡伯语、鄂温克语、鄂伦春语、赫哲语钓具类词

词义	满语	锡伯语	鄂温克语	鄂伦春语	赫哲语
鱼钩	goho/dəhə	goho	əmɣəhə	əmkən	uməkən
小鱼钩	adzˌigə goho	adzˌig goho	əmhəʧəŋ	əmkəʧən	uməkəʧən
鲣鱼钩	adzˌin goho	adzˌin goho	ərəhə	ərəkən	kərəʧkə
三齿甩钩	ilanweihəi goho	ilanvih goho	ilagar	jagar	jakar
大掠钩	amba goho	ambu goho	əlkuŋ	əlkun	əlku
倒须钩	watan	vatan	wata	wata	watan
挂钩	dəhə	dəhə	dəgə	dəgə	dəgə
抄罗子	asu	asu	asu	asu	awʧu
鲤鱼钩	mudzˌuhui goho	murguji goho	duŋgu	duŋgu	duŋgu tunku
拎钩	gohon	gohon	goholoŋ	gokoloŋko	goholoku
鱼漂子	hokton/tˌʂabihan	hokton	hoktoŋ	kokton	hokton
鱼钩线	sidzˌin	ʂidzˌin	ʃilagaŋ	ʃilugaŋ	ʃidzˌin
钓鱼竿	wəlmijəku	vəlmiku	majiŋ/naji	majin/naji	majin/najin

3. 打鱼用到的船只

表 2 – 15 的例词充分说明,满—通古斯语族语言捕捞生产使用的船只种类比较多,具有浓重的早期文化特征,像桦皮船、独木舟、木筏子都是他们早期进行水上捕猎的主要工具,都为他们的渔猎生产发挥了重要作用,甚至通古斯人至今还使用着木筏子、桦皮船进行渔猎生产。因此,在通古斯语族语言中,至今仍保留着水上渔猎使用的船只的名称、部件、附属性工具等词语。

(三) 捕捞方式

以上我们只是列举了满—通古斯语族语言在语音结构、语义结构较为一致的捕捞方式词语。除此之外,满—通古斯语族具体语言中还出现了大量的语音结构、语义结构不一致的捕捞方式词语。在此,我们并没有列举。

表 2 – 15　　　满语、锡伯语、鄂温克语、鄂伦春语、赫哲语船只类词

词义	满语	锡伯语	鄂温克语	鄂伦春语	赫哲语
船	dz̑ahʊdai	dz̢hudi	ʤewe/porohor	ʤewe/porkoor/ moŋgo/moŋko	ʤewe/təmtəkən/ tikakə
渡船	kobuŋgo dz̑ahʊdai	dz̢hudi	porohor	porkoor	təmtəkən
桦皮船	tolhon wəihu	vəihu	moŋko	moŋgo/moŋko	umərtʃən
独木船	wəihu	vəihu	hotoŋko/moŋgo	kotoŋko/mogo	otoŋki
划船	məlbiku dz̑ahʊdai	məlbiku dz̢hudi	səligʉŋ	səligʉn	wəihu
帆船	kotoli dz̑ahʊdai	kotoli dz̢hudi	ʤewe	ʤawi	ʤawi
快艇、 快船	dz̑aha	vəihu	gulban	gulban	gulban
舟	dz̑ahʊdai/wəihu	vəihə	ʤewe	ʤawi	ʤawi
木筏	ada	ada	Sal	sal	ada
船棚子	əlbəku	əlbəku	bʉkkʉl	bʉrkʉl	dalu
船舵	tuwant ʂihijakʊ	duəs	hirwʉŋ	kirwʉn	hirwun
船桨	səlbi	səlbi	səlbiŋ/səlbiŋkə	səlbin	səlbin/kiawli
船滑轮	ʂurdəbuku	surdəkə	əggiŋkə	ərgiŋkə	surdəkə
船底	fərə	vəihui fər	ərə/ər/alam	ərə/alam	ərən
船头	hoŋko	hoŋkə	hoŋgo	koŋgo	hoŋko
船艄	hudə	hud	hʉd	kʉd	hud
船舷	taltan	taltan	talta	talta	taltan
篙子	ʂuruku	ʂuruku	suruhu	suruku	suruku
桨桩	ʂan	ʂan	ʃaŋ	ʃan	ʃan
划子	səlbikʊ	səlbiku	səlihʉ	səlikʉ	səlbihu
桅木	siltan	ʂiltan	ʃiron/solo	ʃiron	ʃiltan/ʤəŋkən
帆	kotoli	kotoli	ədiwʉŋki	ədiwʉŋki	kotolo

表 2 – 16　　满语、锡伯语、鄂温克语、鄂伦春语、赫哲语捕捞方式类词

词义	满语	锡伯语	鄂温克语	鄂伦春语	赫哲语
撒网	sara –	sari –	sara –	sari –	sari –
挂	lakija –	liəkə –	loho –	loko –	loho –
钩	goholo –	goholo –	goholo –	goholo –	goholo –

词义	满语	锡伯语	鄂温克语	鄂伦春语	赫哲语
钩上/别上	tabu –	tavu –	tabu – /tawuha –	tabu – /tabuka –	tabu –
钩住	bərgələ – /dəhələ –	bərgələ – /dəhələ –	bərgələ – /ʃidə –	bərgələ –	bərgələ –
用脚钩	taksija –	tah ʂa –	taʃi –	taʃi –	taʃi –
钓	wəlmijə –	vəlmi –	əmhəŋdə –	əməkəndə –	uməkətʃə –
划船	səlbi –	səlbi –	səlbi – /səli –	səlbi – /səli –	səlbi – /giawli –

三　采集词语

　　采集词语主要包括与采集对象、采集工具、采集方式等相关的词语。众所周知，采集活动是早期狩猎生产活动中必不可少的内容。在早期，满—通古斯民族及其先民在狩猎生产的同时，还要在森林里采集野菜、野果、药材等生活资料，待狩猎结束后一同带回。

（一）采集对象

1. 食物采集

表2-17　**满语、锡伯语、鄂温克语、鄂伦春语、赫哲语食物采集对象类词**

词义	满语	锡伯语	鄂温克语	鄂伦春语	赫哲语
酸枣	sorotu	ʂoroto	sorto/ʃawag	sorto	sorito/dʒə
山丁子	uli	uli	ᵾlir	ᵾliktə/mᵾliktə	uliktə
稠李子	jəŋgə	jəŋgə/ɛŋə	iŋəttə	iŋəktə	iŋəktə
香榧	fiʃa	fiʃa	iʃa	iʃka	fiʃan
野菜	bigani sogi	bigani ʂogə	soogga	soorgi	solgi
沙葱	əŋgulə/əŋulə	əŋgulə/əŋulə	əŋgul	əŋgᵾl	əŋgul
蕨菜	fuktala	fuktala	udal	udal	uktala
柳蒿芽	əmpi	əmpi	hᵾmbil	kᵾmpil/kᵾmbil	umpil
野葱	uŋgina/suŋina	suŋgin/suŋin	suŋgin	suŋgin	suŋgina/suduli
野韭菜	tana	tana	haleer	kaleer	tana/səŋkulə
细野葱	uŋgə/uŋə	uŋg/uŋə	maŋgir	maŋgir	maŋgir
野蒜	haisanda	haisanda	sanda	sanda	suanda
蘑菇	sənt ʂə	sənt ʂə	mɵɵgə	mɵɵgə	mogo

词义	满语	锡伯语	鄂温克语	鄂伦春语	赫哲语
榛蘑	dʐisiha sənt ʂə	dʐi ʂiha sənt ʂə	ʤisatta	ʤisakta	ʤisakta
榆蘑	hailan sənt ʂə	helin sənt ʂə	heelasuŋ mɵɵgɵ	kajlasun mɵɵgɵ	hailən mogo
木耳	sant ʂa	sant ʂa	bohotta	bukakta	buhakta/moʃan

以上只列举了我们所掌握的满—通古斯诸语食物采集中比较重要的野菜、野果、菌类词语。事实上，在他们早期的狩猎生产过程中，森林中的野菜、野果、菌类种类十分丰富，以上例词只是其中的一小部分。而且，比较重要的食物采集词语至今在满—通古斯诸语中仍在使用，例如稠李子、山丁子等。在此尤其需要说明的是，在通古斯语支语言中，这些词语的使用率远超满语支语言的使用率。

2. 药材采集

表2－18　满语、锡伯语、鄂温克语、鄂伦春语、赫哲语药用采集对象类词

词义	满语	锡伯语	鄂温克语	鄂伦春语	赫哲语
人参	orhoda	orhoda	orhudə/orgude	orkudə	orhoda
艾草	suiha	ʂyha	sujha	sujka	suiha
野艾草	ʂanjan	sanjan	agi	agi	agi

药材采集也是满—通古斯诸民族早期狩猎生产生活中的重要内容。早期他们患病都靠自己采集草药进行治疗。所以，有关草药的名称还是很多的，以上只列举了个别共有词。

3. 生产采集

表2－19　满语、锡伯语、鄂温克语、鄂伦春语、赫哲语生产采集对象类词

词义	满语	锡伯语	鄂温克语	鄂伦春语	赫哲语
靰鞡草	fojo	fojo	hajakta/ajakta	ajakta	hajakta/haikta
桦树皮	alan/tolhon	alan	tal	tal	talakun
柳条	burga	bərha	burgaŋ/boggoŋ	burgan	burgan

生产资料的采集主要关系到木料、桦树皮、草料的生产活动。在这

里，只列举了搜集到的具有代表性的仍在使用的木料、桦树皮、草料的词。

（二）采集工具

满—通古斯诸民族采集工具不但种类丰富，而且还对有些工具的部件进行专名，说明了该类工具的使用率比较高。从以上例词还可以看出，满—通古斯诸民族采集工具中，很大一部分词在后来的使用范围不断扩大，甚至在其他与此相关的生产生活中也在使用。

表2-20　满语、锡伯语、鄂温克语、鄂伦春语、赫哲语采集工具类词

词义	满语	锡伯语	鄂温克语	鄂伦春语	赫哲语
斧子	suhə	suho	sᵾhᵾ/suhə	sᵾkə	suhə
剜刀	uhʊkʊ	uhkə	ᵾhᵾhᵾ	ᵾkᵾkᵾ	uhukə
弯刀	gijakda	giakdə	gikda	gikda	gikda
采挖草根木具	subari	suvar	suwar	suwar	suwar
刀	huwəsi/kusi	kuʃi	ᵾʃɛŋ	ᵾskən/koto	kuʃi/koto
刀尖	dubə	duvə	ilgən/sᵾgᵾr	ilgən/sᵾgᵾr	iligən
刀把	fəsin	fəʃin	əʃi	əʃi	əʃin
刀鞘	homhon	homhən	homogoŋ	komogoŋ/ənəkin	homogon/korimki
棍子	mukʃan	muksan	dagasuŋ	mᵾkərin	mo
棒	maitu	maitu	dəŋtʃi/gasu	dəŋtʃi/gasu	bans/gasu
柳编箱	ʃulhʊ	sulhu	sᵾlhᵾ	sᵾlkᵾ	sulhu
柳编筐篓	polori	polori	olori/bural	olori/bural	polər
篓子	losha/saksu	losha/barə	losha	loska	loshan
整木圆形无把容器	sihan	ʃihan	oŋgol	koŋkildʒi	sahan
桦皮桶	absa	avəs	amas	amas	amas
敞口桦皮桶	daŋsaha	daŋsah	salha	salkan	daŋsah
桶提梁	babun	bəvun	bawur	babur	babur
桶把手	səndʒi	səndʒi	səŋdʒi	səndʒi	səndʒi
桶箍	wəren	vəren	ərɛ	ərɛn	ərɛn
筐子	ʃoro	sorə	səəltʃɛ	tʃəeltʃə	soro

续表

词义	满语	锡伯语	鄂温克语	鄂伦春语	赫哲语
提筐	saisaha	saisahə	sasaha/sasha	saisaka	sasakə
大筐子	kudə	kudə	hudə	kʉdə	hudə
荆条篓子	saksu	saksu	saksa	saksa	saksə
筐筥	polori	polor	polor	polor	polor
小筐筥	nionioru	ninor	polohoŋ	polor	n̩on̩or
桦皮篓	kait ʂa	kait ʂa	hasa	kasa	hajsa
皮口袋	sukʊfulhʊ	sokəfolh	uthuŋ	məŋgər	nasafuluku
小皮口袋	dẓumaŋgi / dẓumaŋi	dẓuman / dẓumaŋi	ʉrʉŋku	ʉrʉku	uruŋku / nasakota

（三）采集方式

满—通古斯诸语采集词语，我们只列举了和他们早期采集生产活动密切相关的一部分动词。在我们看来，这些动词早期主要用于采集生产生活，后来其中的一些动词被广泛使用于与采集生产生活相关的方方面面，使它们的使用范围、使用形式以及内容都产生了很大的变化。不过，有的词语至今仍只适用于采集生产生活。

表2-21　满语、锡伯语、鄂温克语、鄂伦春语、赫哲语采集方式类词

词义	满语	锡伯语	鄂温克语	鄂伦春语	赫哲语
采	guru –	gurə –	urə –	urə –	gurə –
捧	oholijo –	oholu –	homila –	komla –	ohujlə –
夹	kabt ʂi – / hafira –	kavt ʂi – / havira –	hatʃtʃi –	kabtʃi –	kabtʃi – / sabkila –
掐	huhʊra – / t ʂijalə –	hahuru –	hahuri –	kahuri –	hahuri –
拔	isi –	tatə –	sogo –	tagdi –	tata –
摘选	sili – /sondẓo – / tukijə –	sili – /sondẓi –	ʃili – /soŋgo –	ʃili – /soŋgo –	ʃili – /soŋdẓo –
捡	tuŋgijə – /tuŋiə –	tuŋgi – /tuŋi –	tuŋkə –	təmku –	tuŋkə –
拾	tomso – /tuŋgijə –	tiŋi –	tewe –	tiwa –	tuŋə –

续表

词义	满语	锡伯语	鄂温克语	鄂伦春语	赫哲语
连根拔	bolokon tata –	bolk tatə –	boltat –	boltat –	boltat –
摘（花）	fata –	fatə –	wata –	wata –	fatə –
摘（野菜）	guru – /tata –	guru –	mira – /mara –	mara –	mira –
摘（野果）	guri –	guri –	muli –	muli – /muru –	muli – /muru –
摘（帽子）	su –	suo –	suga –	sugu –	su –

需要说明的是，我们是根据搜集到的词进行语义结构类型分类。在此只展示了满—通古斯诸语狩猎词中的共有词部分。在以上类别中，总体来看，满—通古斯诸语狩猎对象词语最多。具体来说，狩猎对象词语占绝对优势，其次是捕捞对象词语，采集对象词语居末。狩猎工具词语也有很多，相对来说，狩猎工具词语、捕捞对象词语较多，采集工具词语较少，且有些采集工具是狩猎工具或家用工具代替。我们还发现，有些狩猎生产方式词词语只在个别语言中出现，例如满语中各种狩猎使用的网套工具，在其他四种语言中已经消失了。再比如说，赫哲语、鄂温克语、鄂伦春语里的"大马哈鱼"，却在满语、锡伯语中找不到对应的说法。另外，还有一些词语不止一种说法，例如"小鲤鱼"在鄂温克语、鄂伦春语里叫作ʃili 或 kəəlben，像这样的词在满—通古斯诸语狩猎词中还有很多，在此不再赘述。

小　　结

本章按照不同的分类标准对满—通古斯语族语言狩猎词进行了分类。首先，依据成词单音节结构的不同，将满—通古斯语族语言狩猎词分为单音节词、双音节词、三音节词、多音节词等语音结构类型。其次，按照语素的构词特点，将满—通古斯语族语言狩猎词分为单纯词、派生词、复合词等构词结构类型。再次，根据词类性质及其在句子中的功能和用法的不同，将满—通古斯语族语言狩猎词分为名词、动词、形容词、摹拟词等词类结构类型。最后，依照各词之间的语义联系，先将满—通古斯语族语言分为狩猎词汇、捕捞词汇和采集词汇三大类，在每个大类中按照获取过程分为对象、工作、方式等语义结构类型。如下所示：

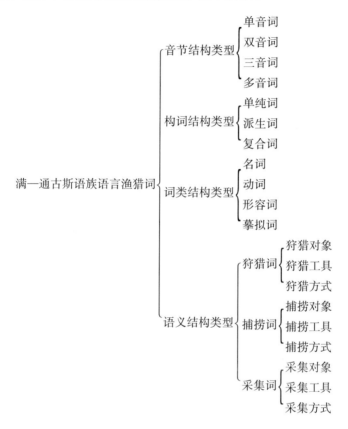

　　各类别词的使用情况如下：从音节结构类型来看，满—通古斯诸语狩猎词双音节词和三音节词占优势，单音词和多音节相对较少。从构词结构类型来看，派生词最多，单纯词和复合词次之。这是由满—通古斯派生构词法强大生命力决定的。从词类结构类型来看，名词、动词最多，形容词与摹拟词相对较少。名词多为狩猎对象词语和狩猎工具词语，还有少量的狩猎方式词语。动词多为狩猎对象的动作行为和狩猎方式词语。形容词主要用来描写狩猎对象的性质特征，摹拟词多用来摹拟狩猎对象状貌声响及狩猎生产场景。单从狩猎词来看，狩猎对象词以及狩猎工具词相对较多，狩猎方式词较少。从语义结构类型来看，狩猎词最多，捕捞词次之，采集词相对最少。

第三章

满—通古斯诸语狩猎词的特点

　　经济基础决定上层建筑。满—通古斯诸民族早期经历了较长时期的狩猎生活，使得满—通古斯语族语言中存在大量的关于狩猎生产、生活实践活动的词语。满—通古斯诸语异常丰富的狩猎词，是满—通古斯诸语词汇中较有特色的一类词。本章节在满—通古斯诸语狩猎词分类梳理的基础上，探讨其呈现出的结构特点。

第一节　满—通古斯诸语特色鲜明的狩猎词

　　满—通古斯诸语狩猎词，有大量的描写动物肢体类、状貌类词以及狩猎场景摹拟词，同时出现灵活多样的同义词、多义词和同音词现象，不仅具有较强的构词能力，而且词尾变化丰富。

一　独具特色的动物肢体类、状貌类词及狩猎场景摹拟词

（一）描写动物肢体类、状貌类的摹拟词

　　满—通古斯诸民族及其先民长时间跟野兽、禽鸟打交道，不仅做到对狩猎对象进行专物专名，而且对狩猎对象的身体部位、形态、动作等也实现了专名。比如说，满语中关于描写野兽类肢体部件以及动作状态的词就有 19 个，禽鸟肢体部件及动作状态词多达 50 个，鱼虾类肢体部件及动作状态的词有 24 个。满—通古斯诸语共有的描写动物肢体类、状貌类的狩猎词有 64 个。例如：

表 3 - 1　**满语、锡伯语、鄂温克语、鄂伦春语、赫哲语动物肢体、状貌共有词**

词义	满语	锡伯语	鄂温克语	鄂伦春语	赫哲语
甲壳	huru	kur	hʉr	kʉrə	hurə
獠牙	arɡan	arhən	sojo	sojo	sojo
尾鬃硬毛	sika	ʂika	saha/ʃiɡasu	saka/ʃilɡasu	saha/ʃiɡasu
蹄心	uman	uman	umo	umo	umon
蹄掌	wijahan	viaha	weha	weka	wiha
尾巴	unt ʂəhən	unt ʂihən	iggi	irgi	ilgi
野马印子	doron	doron	doron	doron	doron
角	uihə	vih	iigi	iigə	iigə/ɡujan
角根	ɡili	ɡili	ɡil	ɡil	ɡili
鹿茸	funtu	funtu	pəntʉ	pəntʉ	funtu
兽类下颏	baldaha	baldah	baldah	baldak	baldah
兽类欻皮	t ʂabi	t ʂavi	sawi	tʃabi	tʃabi
兽蹄	fatha	fath	taha/uruun	taka/uruun	fatha
爪子	wasiha	sohurkə	sabbatta	sarbaktan	fatha
兽类指甲	o ʂoho	osoh	uʃiha	uʃika	uʃiha
翅膀	asha	ash	aʃigə/dəttəle	aʃaki/dəbtilə	aʃiki/dəksə
毛	funijəhə	funih	iŋatta	iŋakta	yhtə
厚毛	luku	luku	luku/luhu	luku	luku
短毛	nirɡa	nirɡa	noɡɡa	norɡa	nirɡa
卷毛	hoshori	hoshor	bodʒdʒigir	bordʒigir	orɡol
绒毛	noŋɡari	noŋɡar	noŋɡar	noŋɡar	noŋɡar
毛梢	solmin	solmin	solmi	solmi	solmin
皮	sukʊ	sokə	nanda	nana	nasa
皮毛	furdəhə	furdəh	ʉrdəh	ʉrdək	furdəh
狍皮	ɡihi	ɡihi	ɡihi	ɡilatʃi	ɡihi
貂皮	səkət ʂi	sərt ʂi	bolɡa	bolɡa	bolɡa
黑貂皮	sahalt ʂa	sahalt ʂa	sahatʃi	sakatʃi	sahaltʃa
猞猁狲皮	silut ʂi	ʂilut ʂi	tidʒdʒihitʃi	tibdʒikitʃi	ʃəlisuŋtʃi

词义	满语	锡伯语	鄂温克语	鄂伦春语	赫哲语
狐狸皮	dobit ʂi	hont ʂi	dohitʃi/solahitʃi	dokitʃi/sulakibtʃi	dobit ʂi/sulahitʃi
去毛皮	ilɡin	ilɡin	ilɡiŋ	ilɡin	ilɡin
去毛鹿皮	buhi	buhi	buhi	buki	buhi
股子皮	sarin	sarin	sarin	sarin	sarin
皮条	u ʂə	u ʂə	sor	sor	Sor
兽类乳房	dələn	dələn	dələŋ	dələn	dələn
胎盘	təbku	təbku	təbkə	təbkə	təbku
胚内血块	balakta	balaktə	balatta	balakta	balaktə
兽胎	sut ʂi	sut ʂi	sutʃi	sutʃi	sutʃi
鸟蛋	umhan	umhan	umtto	umukta	omukto
蛋壳硬皮	t ʂotho	t ʂoth	tʃotho	tʃotko	tʃothon
蛋壳嫩皮	numriha	numrih	numur	numuri	numurhan
蛋清	ʂoho	ʂoho	soho/ʃilɡi	soko/ʃilɡi	sohə/ʃilɡi
蛋黄	joho	joho	uuggu	uurgu	urgu
羽毛	fuŋɡla	fuŋɡal/fuŋal	uŋɡal	uŋɡal/iŋakta	fuŋɡal/fufuktə
尾羽	ɡindat ʂan	ɡindat ʂan	ɡindah	ɡindaka	ɡindahan
氄毛	nuŋɡari	nuŋɡar	noŋɡar/nooŋɡar	noŋɡar	nuŋɡar
鸟嘴	əŋɡə	əŋɡə/əŋə	toŋɡo/toŋko/toŋkoŋko	toŋki	toŋɡi
嗉囊	koŋɡolo	koŋɡol/koŋol	nuŋɡar/nooŋɡar	noŋɡar	nuŋɡar
鸟鸡胸脯	aladʐan	aldʐan	aldʒan	aldʒa	aldʒan
斑纹	bədəri	bədər	bədəri	bədəri	bədər
兽尾白毛	ikdaki	ikdaki	hikdaha	kikdaka	hikdaka
驼峰	bohoto	bohtə	bohto	bokto	bohtə

除了表 3 - 1 中提到的共有词，满语中还有描写兽类禽鸟肢体以及动作状貌词：wəihə "牙"；uihənŋə "有角的"；fatha "蹄"；unijələ "鹿尾根黄毛"；kidaki "麂尾根白毛"；suçiləhəbi "兽怀胎"；kəmin "骨血糖"；horon ɡiraŋɡi "虎威骨"；təbku "胎胞"；balakta "衣肮�"；dələn "奶

崽子”；nəsi “蹄爪缝”；səŋgələ “冠子”；guŋgulu “凤头”；fusuri guŋgulu “芙蓉冠”；gugulu “顶毛”；ashaŋga “有翅的”；duthə “翅翎”；nioŋdu “翅大翎”；həhə dəthə “翅次翎”；jəntu “穿翅”；ʂoogə “翅稍小硬翎”；kitala “翎管”；ədun dasihikʊ “撩风”；orho ʂoforkʊ “撩草”；əntʂəhən “尾”；gindatʂan “盖尾”；fijələn “嘴丫黄”；koŋgolo “嗉子”；alajan “蹼子”；tashʊ “嗉底”；hurəo “鸟脊背”；soiho “鸟尾椿”；fuŋsan “臊疙瘩”；koikon “臊尖”；takija “鸟膝”；sira “腿梃”；akjin “距”；wasiha “爪”；fatha “掌”；fərgə “后蹬”；ʂoʂon “鹰条”；ʂoʂo – “鹰打条”；wasihala – “爪刨地”；oʂoholo – “用爪”；oʂohoŋgo “有腿的”；adʐa – “撇粪”；soilo – “飞腾”：fijələ – “鹰飘起”；kali – “鹰飘去”；mukdu – “云起”；dasihi – “鹰击物”；fori – “打桩”；uruləhə “雉肥难飞”；aksaha “鸟惊飞”；fijirə – “擦地飞”；ləsu – “擦地慢飞”；habta habtala – “抿翅疾飞” 等等。

描写鱼虾类肢体以及动作状貌的词有：əsihə “鳞”；əsihəŋgə “有鳞的”；səŋgələ “腮”；utʂika “前鳍”；fəthə “后鳍”；haga “鱼刺”；usata “鱼白”；nomin “鱼油、田鸡油”；huru “壳、盖”；huruŋgə “有壳的”；tahʊra notho “蛤蜊壳”；fuhu “虾瘼癞”；hafirakʊ “螃蟹夹子”；buli – “水面吞食”；kabari “鱼发泡”；gʊdu – “鱼摆子”；godu – “鱼跃”；godundu – “齐跃”；godunu – “齐跃”；murula – “鱼成群”；fatar səmə “活跳”；ʂariʂa – “鱼翻白”；gʊbada – “乱蹦乱跳”；patar pitir “鱼跰声” 等等。

这些关于动物肢体类、动作姿态类词语是满族及其先民长期观察与认知的结果。由于打猎面临的危险重重，满族及其先民必须谨慎观察周围的事物。因此，满语词汇里集聚了大量关于狩猎对象微观描写的词语。实际上，这种细致入微描写狩猎对象的词在满—通古斯诸语狩猎词中大量存在，只是满语依托满文的记录功能，保存的程度最好罢了。

（二）狩猎场景摹拟词

满—通古斯诸语狩猎词中还有一批特色鲜明的摹拟词。满—通古斯诸语词汇中的摹拟词多用来描摹动物的声音及其状貌、射猎的声音及其状貌，打围的情形等。

满—通古斯诸语狩猎词中的摹声词多用来形容动物发出的各种声音及射猎的声音，例如：

满　　语：tʂaŋ səmə "弹硬弓弦声，形容弹硬弓时发出的声音"；tab səmə "弦落垫声，形容弓弦落在弓垫子上的声音"；hijoŋ səmə "箭去有力声"；ahʊri hʊjari "吓伏卧兽声"；hijor səmə "箭翎声"；hijob səmə "骲头坠地声"；sab səmə "箭擦过声"；sab sib səmə "众箭声"；kas səmə "箭略擦着声"；tas səmə "箭擦着声"；tas tis səmə "箭擦蹭着声"；hab səmə "正中声"；gijob səmə "近中声"；tʂu "嗾狗声，逐猎犬声"；kur "虎兽相据声"；or "虎猛叫声"；fosok "兽猛起声"；asak "兽猛起声"；gui gui "赶兽声"；gijar gijar "猴叫声"；mijar mijar "獐狍鹿羔疾叫声"

锡伯语：mu mu "野牛叫声"；çyl cal "口哨声"；kaltaŋ kaltaŋ "撞击声"

鄂温克语：ʤiʤiʤaʤa "鸟叫声"；gag gag "野鸡叫小鸡声"；həhhu həhhu "布谷鸟声"

鄂伦春语：tʃultʃar tʃultʃar "鸟叫声"；pərr "大鸟起飞的声音"；war war "青蛙叫声"；dəwur dəwur "中等形体野兽的脚步声"；putur patr "表示林间野兽群惊跑的声音"

赫哲语：mu mu "野牛叫声"；waŋ waŋ "猎犬叫声"；gəgək gəgək "野鸡叫声"；ja ja "野鸭叫声"；har har "熊生气声"；putur putur "野马蹄声"；kuwur kuwur "野猪吃柞树籽儿声"

除此之外，满—通古斯诸语狩猎词中，还有大量关于描摹射猎打围状貌、动物情状的摹形词。例如：

满　　语：çib səmə "箭急貌"；hib səmə "深入状"；sob səmə "正中着"；sab "咬住"；tər səmə "整齐貌，形容人马整齐的样子"；tər tar səmə "整齐貌，形容整齐"；tʂab səmə "整齐貌"；lib səmə "刺入状"；far səmə "人马众多"；kabkib "众犬撕咬"；kijab səmə "团聚貌，形容行动急速的样子"

锡伯语：putur putur "簌簌"；sək sim "突然"；kus sim "形容沉重地倒下"；kutuŋ sim "咕咚地"；tʂov sim "整齐貌"；

　　　　　　　luk sim "形容密"

鄂温克语：halt muɫt "野兽匆忙逃跑的样子"；løøndə øøndə "驯鹿
　　　　　　　晃晃悠悠的样子"；gilan gilan "鱼鳞一闪一闪地"

鄂伦春语：gulur galar "形容野猪瞪圆眼珠子看人的样子"；ləkur
　　　　　　　ləkur "形容肥大体重的熊的体形"；tʃokur tʃokur "形容小
　　　　　　　松鼠小步快跑的样子"

赫　哲　语：sao sao "形容鱼甩尾"；kəktər fultər "形容冰面凹凸不
　　　　　　　平"

　　描写动物肢体类、状貌类以及描摹狩猎现场情形的摹拟词大量存在于
满—通古斯诸语狩猎词汇当中，不失为其一大特色。

二　丰富多样的同义词

　　同义词包括近义词和等义词。满—通古斯诸民族及其先民狩猎经济较
为发达，在狩猎词中留下了大量的近义词，还有一定数量的等义词。

（一）近义词

　　近义词是从不同角度反映相同事物从而形成意义基本相同，使用范围
不完全相同的词①。

　　满语狩猎词中这样的词有很多。例如：abala - "打围，打猎"—
buta - "打牲，捕兽，打鱼，采集"—gurguşə - "狩猎，捕猎野兽"就
是一组关于"打猎"的近义词。abala - 侧重于打围，buta - 侧重于打牲，
gurguşə - 侧重于捕猎野兽。

　　有些近义词是因施事对象不同而呈现出语义侧重点的不同。例如：

　　jalakʋ "鸟媒子"：用来引诱鸟雀的诱饵

　　bolin "鸟媒子"：用来引诱猎物的诱饵，即将鸟雀当成诱饵

　　只从汉语意思角度看不出 jalakʋ 和 bolin 二者之间的区别，但从《新
满汉词典》中得到的解释可以看出一个是诱饵，用来引诱鸟雀食用的，另
一个是将鸟雀当成诱饵，吸引其他食肉动物的注意。

　　还有一些近义词基本语义相同，只是语义侧重面有些微的不同，
例如：

　　fəjilən "打雀鸟套子"：用马尾做的打鸟的套子

----

①　马学良编：《语言学概论》，华中工学院出版社 1981 年版，第 102 页。

hʊrka "打雀鸟套子"：用马鬃做的打鸟的套子

以上词例，从制作材料对其进行辨析便可看出二者语义上的差异。fəjilən 是用马尾制作的打雀鸟套子，而 hʊrka 则是用马鬃制作的打雀鸟套子。

鄂温克语、鄂伦春语中，叉大鱼的鱼叉是均用 asar 表示，叉小鱼的鱼叉也都用 swər 表示。鄂温克语中，粗鱼钩用 goho əlcy，细鱼钩用 əmhən əlcy，鄂伦春语里，gokon əwky 表示用粗一点的铁丝制成的鱼钩，əmkən əwky 表示用细一点的铁丝制成的鱼钩。

类似的近义词在满—通古斯诸语狩猎词汇中还很多，在此不再赘述。

（二）等义词

满—通古斯诸语狩猎词中存在不少意义完全相同，可以互换使用的等义词，例如：

满　　语：dzolo/ənijən "母鹿"；tʂalan /dzaja/tolohon wəihu "桦皮船"；sahada/wamə abala – "秋狍"；kamə abala – /hoihala – "冬狩"；tər səmə/tər tar səmə/tʂab səmə "整齐貌"；gabtandu – /gabtanu – "齐射"；ohotono/buha "鼹鼠"

锡 伯 语：gehʊn/jəjin "老鹰"；ərh/vaksən "蛙"；saha/ava "秋猎"；koki/mahu "蝌蚪"；murgu/hardak "鲤鱼"；fitʂ aku/murku "哨子，虎哨"；iləŋəi/lənə "夹子舌"；losha/barə "篓子"

鄂温克语：gʉskə/tʉʉggə "狼"；dʒukt /ojogon "两岁熊"；abkur/sabbe "虾"；gawal/məgdəŋ "蚌"；samura/hatʃʃohe "螃蟹"；ujasa/morgoŋ "泥鳅鱼"；hukkan/hugga "马尾套子"；asuŋ/uhu "兔网"

鄂伦春语：naʃi/tʉʉr "棕熊"；jabsa/gilgan "白鲹鱼"；ʃili/kəəlben "小鲤鱼"；səŋkər/ʃarna "鱼鳃"；imaka/olo "鱼"；ajigan/garpaku "箭靶子"；bətə/məkən "鱼饵"；majin/naji "钓鱼竿"；ila/ʉʃiŋki "走兽套子"；toʃika/toron "鹰网"

赫 哲 语：gurgə/bujan "野兽"；sari/matuga "母黑熊"；oroon/tolki "四不像"；lakatʃan/koŋtʃu "大头鱼"；farsa/tenfu

"葫芦仔鱼"；ʤəlu/sakana"鳟鱼"；oniga/ʧafa"鱼秧子"；homoɡon/korimki"刀鞘"；labi/dalda"箭档子"；duŋgu/tunku"鲤鱼钩"

有些等义词是由语法手段促成的，例如满语中的 gabtandu –"齐射"—gabtanu –"齐射"。满语的相互态有两种表示方法：一种是在词根后面加上词缀"du –"，如果词根不是以辅音 n 结尾的要先加上辅音 n，再加动词词尾；另一种是在词根和动词词尾间加上 nu –。满语狩猎词汇中还有很多这样的词，例如：abalandu –"一齐打围"—abalanu –"一齐打围"。

有些等义词是由于古今叫法不一，同时存留于语言中并同时使用造成的，例如：满语中的 sahada –"秋狝"—wamə abala –"秋狝"、kamə abala –"冬狩"—hoihala –"冬狩"，赵阿平教授就认为 sahada –、oihala – 为旧语，wamə abala –、kamə abala – 为新语。类似的词还有春蒐和夏苗：otorila –"春蒐"为旧语，sonjomə abala –"春蒐"为新语；ulun ɡida –"夏苗"为旧语，usin i jalin abala –"夏苗"为新语。[1]

有些词由于年代久远，已不能断定是何种原因促成的了。推测起来可能有以下几种原因：一种可能是根据同一事物的不同状貌特征侧重点命名的，一种可能是语言内部的调整，如语义范围的变化、语音流变等。这个问题有待进一步探讨，在此暂不赘述。

三　灵活多用的多义词和同音词

满—通古斯诸语狩猎词汇中的词很多都不只有一个义项，按其各个义项之间有无密切的语义联系可分为多义词和同音词。下面仅以满语为例，对其语义义项间的联系加以说明。

（一）多义词

我们将各义项之间有着密切语义联系的词称为多义词。在此，以满语为例，探讨满—通古斯诸语狩猎词多义词的语义关系类型。按照各个义项之间的语义联系可将满语多义词的语义关系类型分为连锁型、辐射型和交叉型。

---

[1]　赵阿平：《满族语言与历史文化》，民族出版社 2008 年版，第 76—77 页。

1. 连锁型：

连锁型语义关系类型就是由一个词的本义引申出一个引申义，接着由这个引申义再引申出另一个引申义，以此类推，后一个义项均由前一个义项引申而来所形成的连锁结构。

如 şurdəmbi 在《御制清文鉴》中的意义是"转迷卧兽"（将其标示为①，以下简称为①。下同），《新满汉大辞典》中 şurdəmbi 有以下四个义项：旋转（②）；环绕、围绕（③）；轮、轮流、轮回（④）；画圈儿（⑤）。由于《御制清文鉴》成书较早，"转迷卧兽"又为表现满族社会早期狩猎经济的词语，所以笔者认为"转迷卧兽"为 şurdəmbi 的本义，只是由于满族社会的发展进步，狩猎经济退居其次以致渐次隐退，这个与之有着密切关联的义项也随之消失了。由"转迷卧兽"的方式"转"引申出"旋转"这一义项，又由"旋转"这一动作引申出这一动作的发出者"轮"，而"轮"引申出其动作"轮流、轮回"，最后由"轮、轮流、轮回"引申出"画圈儿"。通过以上语义分析，不难得出连锁型的语义关系类型为：

图 3 - 1　连锁型语义关系

2. 辐射型：

辐射型语义关系类型指的是由多义词的基本义引申出几个不同的义项，这些义项都与基本义发生语义上的联系，并围绕着基本义发散引申的一种语义结构。

如 bologo 在《御制清文鉴》中的意思是"干净"；《新满汉大辞典》中的 bologo 有以下七个义项：①清、清洁、干净、纯净；②廉洁；③寂静；④声音清脆；⑤射箭动作干净利落；⑥绥靖；⑦淳（封谥用语）。由于《御制清文鉴》成书较早，且只有一个义项，其释义"干净"正对应《新满汉大辞典》中义项①，因此可判断 bologo 的基本义为干净。义项②廉洁是由义项①干净引申出来的，指在品德上的清洁、干净；义项③寂静是指四周环境很纯净，没有嘈杂之音，也是由干净引申出来的；义项④声音清脆指声音很纯净，清脆悦耳，亦是由干净引申出来的；义项⑤射箭动作干净利落，也是由干净引申出来的；义项⑥绥靖意为保持地方上平静，也是由干净引申出来的；义项⑦淳是封谥用语，意为淳朴、朴实，亦是由干净引申出来的。由以上分析可知辐射型语义关系类型为：

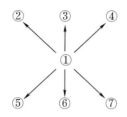

图3-2　辐射型语义关系

3. 交叉型：

交叉型语义关系类型是指多义词的连锁型和辐射型两种语义关系类型同时出现，相互交织。由于语义引申的复杂性，因此这种语义结构为多义词语义引申中最为常见。

如 gala 在《新满汉大辞典》中有以下五个义项：①手；②胳膊；③半庹；④拳；⑤翼。在《御制清文鉴》中有两个义项，一个是手，一个是围翼。由于人们认识事物首先从认识自身开始，所以 gala 的基本义应为手，义项②胳膊和手密切相关，是由义项①手引申而来的；庹是一种计量单位，两臂自然张开为一庹，一只胳膊的距离为半庹，因此义项③是由义项②胳膊引申出来的；义项④拳是一种捕鹌鹑的计量单位，由义项①手引申出来的；义项⑤翼是一种组织形式，八旗分左右两翼，每翼为四旗，行围狩猎、行军布阵、驻防安营、旗地坐落都按翼进行，是由义项①手引申出来的。由以上分析可知的交叉型语义关系类型为：

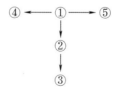

图3-3　交叉型语义关系

（二）同音词

由多个义项构成、但各义项之间无明显语义联系的词我们称之为同音词。如狩猎词 siŋgijambi 在《新满汉大辞典》中有两个义项：①掖箭，插箭；②身体感到麻木、酸疼。义项②与义项①没有明显的语义联系，因此为同音词。

多义词和同音词存在的情况非常复杂，有时候会出现交叉的情况。如狩猎词 tatambi 在《御制清文鉴》的义项只有"拉弓"这一个意思。在《新满汉大辞典》中有九个义项：①拉；②扯、扯开；③绞缢；④睁眼；⑤抽（签）；⑥夺；⑦住、住宿、歇宿、住下；⑧驻扎；⑨说。可知义项①拉为 tatambi 的基本义。由义项①拉引申出②扯、扯开，义项②又引申出③绞缢，④睁眼，⑤抽（签），⑥夺。而义项⑦住、住宿、歇宿、住下引申出义项⑧驻扎，与前六个义项为同音关系，义项⑨说与前八个义项均无语义联系，亦为同音关系。综上分析，tatambi 的语义关系类型为：

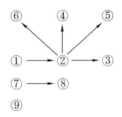

图 3 - 4　同音词的语义关系

四　强大的构词能力

满—通古斯诸语狩猎词在早期先民日常生活使用中占据较大比重，属于基本词汇，具有较强的能产性，具体表现为狩猎词拥有很强的构词能力。

这种强大的构词功能首先表现为同一词根可以接缀不同的附加成分构成不同的派生词。例如：满语动词词根 gabta -"射"，若是加上名词后缀 - n 就构成了射箭的名词形式 gabtan；若是直接接缀动词词尾 - mbi 就构成了"射"的动词原形 gabtambi；若是在其后加上表示使动态的词缀 - bu"使"，再加上动词词尾 - mbi 就构成了它的使动态 gabtabumbi"使射"；若是在其后加上表示"来"的方向态词缀 - dẓi，- dẓi 会使 gabta -增加一个辅音 n，再加上动词词尾 - mbi 就构成了"射"的方向态 gabtandẓimbi"来射"；若是在它后面先接缀相互态词缀 - nu，再加上动词词尾 - mbi 就构成了射的相互态 gabtanumbi"一起射"：再如名词 oşoho"爪指"，可作为词根加上后缀 - lo 再加上动词词尾 - mbi 构成了动词 oʂoholombi "用爪"，也可以直接在它后面加上形容词词缀 - ŋgo 构成形容词 oʂohoŋgo "有腿的"。

再如，鄂伦春语中 muu "水" 这一词根语素，在其后分别附加不同的构词词缀，派生出一组与"水"这个基本意义有关联的词。例如：

muu - ʧi	有水的	muu - rin	有水的
muu - ləə -	取水	muu - dəə -	涨水
muu - kturə	多水的		

另外，鄂伦春语中 muu "水" 这一词根语素，在其后还可同时附加不同的构词词缀，派生出与"水"有语义联系的词。

muu - li - ŋki　桦皮桶、水桶、取水容器

muu - ləə - ʧin　挑水的人

以上例词中，muu - li - ŋki 首先在词根语素 muu "水" 之后附加动词词缀 - li 构成动词 muu - li，之后在其后附加词缀 - ŋki，表示与动词词根所表动作有关的物品。muu - ləə - ʧin 是在词根语素 muu "水" 之后附加动词词缀 - ləə 构成动词 muu - ləə "挑水"，然后在其后附加词缀 - ʧin 表示从事某种活动的人。

这种强大的构词功能还表现为同一附加成分可以分别附加在不同的词根或词干后面，比如说，满语动词词尾 - mbi 就可以附加在名词的后面，或先加上后缀，使名词变成了一个语义上有联系的动词，如：aba "围"—abalambi "打围"，- la 为动词后缀，附加在名词后面构成动词。

再比如说，鄂伦春语词缀 - ʧi 接缀在动物词后面，构成动物皮毛词。例如：

gila - ʧi	狍皮	saka - ʧi	黑貂皮
tibdʒiki - ʧi	猞猁狲皮	doki - ʧi	狐狸皮
sulakib - ʧi	狐狸皮		

由此可以看出，满—通古斯诸语狩猎词的构词功能是十分强大的。

五　多变结构特征的词尾形式

满—通古斯诸语狩猎词形态变化丰富，词尾因语言使用环境的不同出现相应的变化，从而呈现出多变结构特征。比如说，名词类词有数、格等形态变化形式，动词类词有时、体、态、式等形态变化形式，形容词有级形态变化形式。这些形态变化形式更多地出现在句子中，但是早期辞典

《五体清文鉴》显示，满语狩猎词中，尤其是满语动词的不同形态变化形式以特定词义留存了下来。这也是早期满—通古斯诸民族狩猎生活的有力见证。下面，仅以《五体清文鉴》中满语狩猎动词为例，探析动词词尾的多变结构特征。

（一）词尾为原形形式

满语动词的原形形式是在动词词根或词干后面直接接缀动词词尾 – mbi，表示现在时、将来时、现在将来时的语法意义。例如：ana – mbi "推围"、dasa – mbi "整围"、daŋdalila – mbi "下拦河网"、səŋ – mbi "鱼上饵"、dali – mbi "赶兽使回"、gidala – mbi "枪扎"、siŋgija – mbi "掖箭"、tubilə – mbi "罩鱼"、hoktoşo – mbi "雨后高处行猎"、huji – mbi "哄虎"、wada – mbi "狗嗅寻牲"、dari – mbi "兽擦人过"、harhuda – mbi "搅水呛鱼"、tondzi – mbi "击水赶鱼"、tabu – mbi "支打牲器"、tolə – mbi "下网套"，等等。

另外，满语动词的使动态、被动态、互动态等都是通过在动词词干之后接缀后缀构成的，现在时、将来时、现在将来时的词尾形式没有因此而有所变化，仍用原形形式。例如：hari – bu – mbi "兽被围住"、hudzi – bu – mbi "使哄虎"、adan – du – mbi "齐排列行围"等。

词缀 – bu 既表示被动态，又表示使动态，有"被……"，"使……"之意。词缀 – du 表示互动态，有"相互""彼此"之意，有时翻译成"齐……"。

（二）词尾为过去时形式

满语动词的过去时分为三种：一般过去时、肯定过去时和曾经过去时。一般过去时指行为动作、行为刚刚结束，表示方法是依据元音和谐律在动词词干或词干上接缀 – ka、– ha、– ko、– ho、– kə、– hə；肯定过去时指行为动作结束了一段时间，但不是很久，表示方法是依据元音和谐律在动词词根或词干上接缀 – kabi、– həbi、– hobi；曾经过去时指行为动作是很久以前结束的，表示方法是在依据元音和谐律在动词过去式后接缀 – bihə、– bihəbi，这种形式没有在《五体清文鉴》中出现，在此不做举例分析。下面请看其他的两种形式：

1. 一般过去时

daribu – ha "些微擦着"　　　　　　abtukula – ha "中非致命处"

gala – ha "放箭手动"　　　　　　　　goi – ha "中了"

biohala – ha "打住又脱落"　　　　　dosi – ka "裹了，射中的意思"

malara – ka "张了，指骑射时，马突然离开箭道向外跑开、闪开"

2. 肯定过去时

oihorila – habi "伤轻不得"　　　　　waina – habi "歪斜了"

ta – habi "打住了"　　　　　　　　　boiholo – hobi "打住又脱落"

（三）动词的否定式

满语动词的否定式是在动词词干后接缀 – rakʊ 或动词过去时后接缀 – kʊ，表示未发生或不发生的动作行为。例如：

baha – rakʊ 不得

dʐabdu – hakʊ 误了，指骑射时没来得及放马箭

（四）副动词形式

满语副动词是动词的一种特殊形式，或兼有副词和动词两种功能，或只做动词，或只做副词修饰后边的动词。《五体清文鉴》中的狩猎动词出现了以下 5 种副动词形式，分别是并列副动词、顺序副动词、伴随副动词、连续副动词，直至副动词。

1. 并列副动词

并列副动词是在动词词根或词干后边接缀附加成分 – mə，表示与后边的动词同时发生或者修饰后面的动词。《五体清文鉴》中狩猎动词的并列副动词有两种形式：独立出现的副动词和出现在词组里的副动词，出现在词组里的副动词主要修饰后面的动词。例如：

（1）独立出现的副动词

kalumi – mə "箭透皮"　　　　　　　kaŋgara – mə "射着皮毛"

（2）词组里的副动词

ʂusə – mə tatambi "从下抽箭"　　　bono – məgabtambi "往下射"

so – məgabtambi "乱射"　　　　　　sondʐo – mə abalambi "春蒐"

ka – mə abalambi "冬狩"　　　　　　burgoʂa – mə nijamnijambi "争射"

对以上例词，选取几个以做分析：ʂusəmə tatambi "从下抽箭" 是 ʂusəmbi "从下边抽" 变成副动词形式 ʂusəmə 来修饰 tatambi "抽箭"，bono – mə gabtambi "往下射" 是 bonombi "往下" 变成副动词形式 bonomə 修饰 gabtambi "射"，so – mə gabtambi "乱射" 是 sombi "乱

射"变成副动词形式 somə 来修饰 gabtambi"射"。

2. 顺序副动词

顺序副动词的表示方式是在动词词根或词干后面附加词缀 – fi，表示动作依次发生。例如：

gai – fi　niajamijambi"绕马脖子射"

gaimbi 有按着、沿着的意思，– fi 表示按顺序，指两个动作、行为按先后次序依次发生，gai – fi niajamijambi 应该是弓箭先沿着马脖子过去，然后再射马箭。

3. 伴随副动词

伴随副动词的表示方式是在动词现在将来时形式之后附加词缀 – lamə，表示一个行为动作伴随另一行为、动作发生。例如：

norgi – lamə"箭铁半边蹭着"

damdʐa – lamə"箭穿横担，指射中野兽时，箭穿透而没有飞出去，可见箭头又可见箭尾"

4. 连续副动词

连续副动词的表示方式是根据元音和谐律在动词词根或词干后附加词缀 – hai、– həi、– hoi，表示动作行为连续不断。例如：

hada – hai"一直带着箭"

5. 直至副动词

直至副动词是根据元音和谐律在动词词根或词干后附加词缀 – tala、– tələ、– tolo，有"直至、直到"之意。例如：

damdʐa – tala"箭穿透横担"

（五）形动词形式

满语形动词兼有动词和形容词的特征，现在将来时形动词是在动词词根或词干后面加上词缀 – ra 构成的。《五体清文鉴》中的形动词形式主要出现在词组里，做形容词来用，修饰后面的词。例如：

baha – ra soŋko"不得的踪迹"

nijamnija – ra mahala"马箭靶子，射马箭使用的靶子"

（六）动名词形式

满语动名词兼有动词和名词的特征，现在将来时的动名词是依据元音和谐律在动词词根或词干后面加上附加成分 – ra、– rə、– ro 构成的，例如：

　　nijamanija – ra əhə "骑射不好"

　　nijamanija – ra dʐukən "马箭射的平常、骑射差劲"

　　其中，əhə "坏"、dʐukən "差劲" 是用来描述或陈述 nijamanijara "马箭" 射的结果的。

　　由以上举例中不难看出，满语狩猎动词的词尾变化是非常丰富的。

第二节　满—通古斯诸语狩猎词语音
对应现象及其规律

　　满—通古斯诸语狩猎词中有着异常丰富的共有词，这些共有词存在较为明显的语音对应现象。我们通过研究发现，该语族语言狩猎词在语音上具有明显的对应规律。本节试对满—通古斯诸语狩猎词的辅音对应现象及规律、元音对应现象及规律分别展开全面、科学探讨分析。

一　满—通古斯诸语狩猎词辅音对应现象及其规律

　　满—通古斯诸语狩猎词极其复杂的语音对应现象中，辅音的对应现象更为突出、更为复杂、更为严谨，主要体现在对应辅音所处的语音环境的多变性、多样性和特殊性上。比如说，零辅音 ø[①] 与舌尖中浊鼻音 n、唇齿清擦音 f、舌面中浊半元音 j、双唇浊半元音 w、舌面后不送气清塞音 g、舌面后送气清塞音 k 对应，舌尖中浊鼻音 n 与舌面前浊鼻音 ɲ、舌面后清擦音 h 与舌面后清塞音 k 的对应，唇齿清擦音 f 与唇齿浊擦音 v、双唇送气清塞音 p、双唇不送气清塞音 b、双唇浊半元音 w 的对应，舌尖后送气清塞擦音 tʂ 与舌尖前清擦音 s、舌尖后清擦音 ʂ、舌叶送气清塞擦音 ʧ、舌叶清擦音 ʃ 对应，舌尖后不送气清塞擦音 dʐ 与舌叶不送气清塞擦音 ʤ 对应，双唇浊半元音 w 与双唇不送气清塞音 b、唇齿浊擦音 v、唇齿清擦音 f 对应，舌尖中送气清塞音 t 与舌尖中不送气清塞音 d、舌尖后不送气清塞擦音 dʐ、舌叶不送气清塞擦音 ʤ 对应，舌面后不送气清塞音 g 与舌尖中浊颤音 r、舌面后送气清塞音 k、舌面后清擦音 h、舌面后浊鼻音 ŋ 对应等

---

　　① 本书用符号 ø 同时表示零辅音、零元音，行文中在 ø 前标注零辅音或零元音以示区别。

就充分显示出辅音对应现象的复杂性和特殊性。下面对以上辅音对应现象逐一进行分析和阐述。

（一）零辅音 ø 与舌尖中浊鼻音 n、唇齿清擦音 f、舌面中浊半元音 j、双唇浊半元音 w、舌面后不送气清塞音 g、舌面后送气清塞音 k 对应现象及其规律

满—通古斯诸语狩猎词中，零辅音 ø 与舌尖中浊鼻音 n、唇齿清擦音 f、舌面中浊半元音 j、双唇浊半元音 w、舌面后不送气清塞音 g、舌面后送气清塞音 k 的对应现象较为明显，且具有其独特的语音环境。

1. 零辅音 ø 与舌尖中浊鼻音 n 的对应现象及其规律

满—通古斯诸语狩猎词中，零辅音 ø 与舌尖中浊鼻音 n 的对应现象较为复杂，主要发生在满语、锡伯语、赫哲语与鄂温克语、鄂伦春语的词尾。例如：

表 3 - 2　　**满语、锡伯语、鄂温克语、鄂伦春语、赫哲语零辅音 ø 与辅音 n 对应现象**

词义	满语	锡伯语	鄂温克语	鄂伦春语	赫哲语
野马	tahi	tahi	tahin	takin	tahin
公黄羊	onon	onon	ono	ono	onon
獐羔	margan	margan	magga	margan	margan
毛梢	solmin	solmin	solmi	solmi	solmin

以上例词中，鄂温克语、鄂伦春语、赫哲语词尾零辅音 ø 与满语、锡伯语词尾鼻音 n 发生了对应关系。这种对应关系一般发生在短元音 a、o、i 之后。另外，满—通古斯诸语狩猎词中该对应现象也有发生在词首的情况，主要出现在鄂温克语、鄂伦春语与满语、锡伯语之间，例如：

表 3 - 3　　**满语、锡伯语、鄂温克语、鄂伦春语、赫哲语零辅音 ø 与词首辅音对应现象**

词义	满语	锡伯语	鄂温克语	鄂伦春语	赫哲语
鱼	nimaha	nimha	imaha	imak	imaha

以上例词中，鄂温克语、鄂伦春语、赫哲语词首零辅音 ø 与满语词首、锡伯语词首鼻音 n 均在短元音 i 前发生了对应关系。

2. 零辅音 ø 与唇齿清擦音 f 的对应现象及其规律

满—通古斯诸语狩猎词零辅音 ø 与唇齿清擦音 f 对应现象，主要出现在满语、锡伯语、赫哲语与鄂温克语、鄂伦春语之间。例如：

表 3 - 4　　**满语、锡伯语、赫哲语、鄂温克语、鄂伦春语零辅音 ø 与辅音 f 对应现象**

词义	满语	锡伯语	鄂温克语	鄂伦春语	赫哲语
葫芦仔鱼	farsa	fars	arsa	arsa	farsa
皮毛	furdəhə	furdəh	ʊrdəh	ʊrdək	furdəh
卷曲	futurə –	futuru –	ʊtʊrʊ –	ʊtʊrʊ –	futuru –
后鳍	fəthə	fəthə	əthə	ətkə	fəthə

上例中，唇齿清擦音 f 与零辅音 ø 的对应现象均发生在词首，主要出现在满语、锡伯语、赫哲语短元音 a、ə、u 之前，以及鄂温克语、鄂伦春语 a、ə、ʊ 的前面。依据满—通古斯诸语乃至阿尔泰语系语言语音变化规律，在满语支语言内被保存下来的词首辅音 f，在通古斯语支语言里普遍被脱落，由此造成词首辅音 f 与零辅音 ø 的对应现象。毋庸置疑，以上音变现象均符合阿尔泰语系首辅音 f ＞ ø 的语音演变规律。

3. 零辅音 ø 与舌面中浊半元音 j、双唇浊半元音 w 的对应现象及其规律

根据资料，满—通古斯诸语狩猎词零辅音 ø 与舌面中浊半元音 j、双唇浊半元音 w 之间的对应现象较为复杂。一般情况下，多为锡伯语零辅音 ø 与满语舌面中浊半元音 j、双唇浊半元音 w 之间出现对应现象，例如：

表 3 - 5　　　　　　**满语、锡伯语零辅音与 j、w 对应现象**

词义	满语	锡伯语
一岁熊	kʊwatiki	uatik
母獐	fonijo	fonio

锡伯语零辅音 ø 同满语半元音 j、w 在词中产生对应关系时，分别出现在词中短元音 i、u 或 ʊ 的后面。显而易见，这种对应现象的出现是由锡伯语半元音 j、w 脱落造成的。在此需要说明的是，半元音 j、w 脱落时，

由于受语音流变的影响，有时也将紧跟其后的元音脱落，即脱落了一个音节 ja、wa。另外，满—通古斯诸语狩猎词零辅音 ø 与舌面中浊半元音 j、双唇浊半元音 w 的对应现象还同时发生在五种语言之间。具体来讲，锡伯语零辅音 ø 同满语、鄂温克语、鄂伦春语、赫哲语半元音 j、w 产生了对应现象。例如：

表 3 - 6　　锡伯语零辅音 ø 与满语、鄂温克语、鄂伦春语、赫哲语 j、w 对应现象

词义	满语	锡伯语	鄂温克语	鄂伦春语	赫哲语
公驼鹿	amijan	amian	amijan	amijan	amijan

以上对应现象主要出现在短元音 i 或 u 与 a 之间。另外，锡伯语、鄂温克语、赫哲语零辅音 ø 与满语、鄂伦春语半元音 j 在短元音 i 与 ə 之间产生了对应关系。例如：

表 3 - 7　　锡伯语、鄂温克语、赫哲语零辅音 ø 与满语、鄂伦春语辅音 j 对应现象

词义	满语	锡伯语	鄂温克语	鄂伦春语	赫哲语
母驼鹿	ənijən	əniən	əniən	neijnə	əniən

4. 零辅音 ø 与舌面后不送气清塞音 g 的对应现象及其规律

零辅音 ø 与舌面后不送气清塞音 g 的对应现象出现在满—通古斯诸语狩猎词的词首，例如：

表 3 - 8　满语、锡伯语、赫哲语零辅音 ø 与鄂温克语、鄂伦春语辅音 g 对应现象

词义	满语	锡伯语	鄂温克语	鄂伦春语	赫哲语
采	guru –	gurə –	urə –	urə –	gurə –

以上例词中，该对应现象主要发生在鄂温克语、鄂伦春语、赫哲语与满语、锡伯语 u 元音之前。

5. 零辅音 ø 与舌面后清塞 k 的对应现象及其规律

在满—通古斯诸语狩猎词中，零辅音 ø 与舌面后送气清塞音 k 的对应现象主要发生在鄂温克语、鄂伦春语与满语、锡伯语、赫哲语的词首，

例如：

表 3 - 9　　　　　　鄂温克语、鄂伦春语零辅音 ø 与满语、锡伯语、
赫哲语辅音 k 对应现象

词义	满语	锡伯语	鄂温克语	鄂伦春语	赫哲语
筋斗鱼	kurtʂin	kurtʂin	urtʃi	urtʃin	kurtʃin

以上词例中，鄂温克语、鄂伦春语词首零辅音 ø 与满语、锡伯语、赫哲语辅音 k 的对应现象出现在短元音 u 之前。

满—通古斯诸语狩猎词中，零辅音 ø 与舌尖中浊鼻音 n、唇齿清擦音 f、舌面中浊半元音 j、双唇浊半元音 w、舌面后不送气清塞音 g、舌面后送气清塞音 k 的对应现象，多出现在词首，出现在词中、词尾的实例较少。一般发生在词首音节短元音 a、o、ə、i、u、ʉ 之前。相对来讲，发生在元音 u 之前的对应现象最多。

（二）舌尖中浊鼻音 n 与舌面前浊鼻音 ɳ、舌面后浊鼻音 ŋ 的对应现象及其规律

1. 舌尖中浊鼻音 n 与舌面前浊鼻音 ɳ 的对应现象及其规律

满—通古斯诸语狩猎词中，这一语音对应现象主要发生在满语、锡伯语和赫哲语之间。一般来讲，满语、锡伯语舌尖中浊鼻音 n 与赫哲语舌面前浊鼻音 ɳ 在元音 i 前产生对应关系。例如：

表 3 - 10　　　　满语、锡伯语辅音 n 与赫哲语辅音 ɳ 对应现象

词义	满语	锡伯语	赫哲语
驼鹿羔	nijahotʂa	niahotʂa	ɳarhosa
母狍	fonio	fonio	oɳo

事实上，满语舌面中浊半元音 j 在锡伯语中往往会脱落，nijahotʂa 变成 niahotʂa。依据辅音演变原理，鼻辅音 n 位于元音 i 前时，受后续元音影响要产生 ɳ 音变，赫哲语则变为 ɳarhosa。从这个角度分析，赫哲语舌面前浊鼻音 ɳ，可能是由舌尖中鼻音 n 演化而来的。

2. 舌尖中鼻音 n 与舌面后浊鼻音 ŋ 的对应现象及其规律

这一语音对应现象一般发生在满—通古斯诸语狩猎词的词尾，满语、

锡伯语、鄂伦春语、赫哲语舌尖中鼻音 n 与鄂温克语的舌面后浊鼻音 ŋ 产生了对应关系。例如：

表 3 - 11　　　　　满语、锡伯语、鄂伦春语、赫哲语辅音 n

与鄂温克语辅音 ŋ 对应现象

词义	满语	锡伯语	鄂温克语	鄂伦春语	赫哲语
母虎	birən	birən	birəŋ	birən	birən
黑熊	modzịhijan	modzịhijan	modʑihəŋ	modʑikin	modʑihin
驯鹿	oron	oron	orooŋ	oroon	oroon
驼鹿	kandahan	kandahan	handahaŋ	kandahan	kandahan
公狍	guran	guran	guraŋ	guran	guran
老獾	ahadan	ahdan	ahadaŋ	akdan	ahadan

以上例词中，满—通古斯诸语狩猎词中鼻辅音 n 与 ŋ 的对应现象主要出现在元音 a、o、ə 的后面。其中，相比之下，以元音 a 之后的情况居多，o 次之，ə 的情况较少。

满—通古斯诸语狩猎词中，舌尖中浊鼻音 n 与舌面前浊鼻音 ɲ 的对应现象出现在词首、词中，而舌面后浊鼻音 ŋ 的对应现象出现在词尾，一般发生在词首音节短元音 a、o、ə、i 之前。相对来讲，发生在元音 i 之前的对应现象最多。

（三）舌尖前清擦音 s、舌尖后清擦音 ʂ 与舌叶清擦音 ʃ 的对应现象及其规律

满—通古斯语族语言狩猎词中，舌尖前清擦音 s、舌尖后清擦音 ʂ 与舌叶清擦音 ʃ 的对应现象较为复杂，不仅有舌尖前清擦音 s 与舌尖后清擦音 ʂ 的对应现象，也有舌尖后清擦音 ʂ 与舌叶清擦音 ʃ 的对应现象，还有舌尖前清擦音 s、舌尖后清擦音 ʂ 与舌叶清擦音 ʃ 的对应现象。既有发生在五种语言之间的情况，也有只发生在个别语言中的情况。

1. 舌尖前清擦音 s 与舌尖后清擦音 ʂ 的对应现象及其规律

满—通古斯诸语狩猎词舌尖前清擦音 s 与舌尖后清擦音 ʂ 对应现象大多发生在满语与锡伯语之间，一般出现在词首，也有出现在词中的情况。例如：

表 3 - 12　　　　　　　满语、锡伯语辅音 s 与辅音ş对应现象

词义	满语	锡伯语
兽类指甲	o şoho	osoh
猞猁狲皮	silut şi	şilut şi
柳编箱	şulhʊ	sulhu

以上例词均发生在满语和锡伯语中。第一组例词发生在词中两个元音 o 的中间，其他例词均发生在词首，分别位于元音 i、u 的前面。另外，辅音 s 与辅音ş对应现象还有发生在满—通古斯语族五种语言之间的情况，例如：

表 3 - 13　锡伯语、鄂温克语、鄂伦春语、赫哲语辅音 s 与满语辅音 ş对应现象

词义	满语	锡伯语	鄂温克语	鄂伦春语	赫哲语
鹦	şoron	soron	soron	soron	soron

以上例词中，满语词首辅音 s 与锡伯语、鄂温克语、鄂伦春语、赫哲语词首辅音ş在元音 o 前发生了对应关系。

2. 舌尖后塞擦音ş与舌叶清擦音 ∫ 的对应现象及其规律

满—通古斯诸语狩猎词中，舌尖后清擦音ş与舌叶清擦音 ∫ 的对应现象主要发生在词首，例如：

表 3 - 14　满语、锡伯语辅音 ş与鄂温克语、鄂伦春语、赫哲语辅音 ∫ 对应现象

词义	满语	锡伯语	鄂温克语	鄂伦春语	赫哲语
海青	şoŋkon	şoŋkon	∫oŋhor	∫oŋkor	∫oŋkor

以上例词中，满语、锡伯语辅音ş与鄂温克语、鄂伦春语、赫哲语辅音 ∫ 在短元音 o 前产生了对应关系。

3. 舌尖前擦音 s、舌尖后清擦音ş与舌叶清擦音 ∫ 的对应现象及其规律

满—通古斯诸语狩猎词中，舌尖前清擦音 s、舌尖后清擦音ş与舌叶清擦音 ∫ 的对应现象较为复杂，既有发生在词首的情况，也有发生在词中的情况。例如：

表 3 – 15　　　满语辅音 s、锡伯语辅音 ʂ与鄂温克语、鄂伦春语、
赫哲语辅音 ʃ对应现象

词义	满语	锡伯语	鄂温克语	鄂伦春语	赫哲语
棕熊	nasin	na ʂin	naʃi	naʃi	naʃin
狍子	sirga	ʂirga	ʃirga	ʃirga	ʃirga

以上例词中，满语辅音 s、锡伯语辅音ʂ与鄂温克语、鄂伦春语、赫哲语辅音 ʃ产生了对应现象。该对应现象出现在词中，位于短元音 i 之前。

满—通古斯诸语狩猎词中，舌尖前清擦音 s、舌尖后清擦音ʂ与舌叶清擦音 ʃ 的对应现象也有发生在个别语言中的情况，例如：

表 3 – 16　　　满语辅音 s、锡伯语辅音 ʂ与赫哲语辅音 ʃ对应现象

词义	满语	锡伯语	赫哲语
猞猁	silun	ʂilun	ʃəlisuŋ

以上例词中，满语词首辅音 s、锡伯语词首辅音ʂ与赫哲语词首辅音 ʃ在短元音 i 之前产生了对应现象。

满—通古斯诸语狩猎词中，舌尖前清擦音 s、舌尖后清擦音ʂ与舌叶清擦音 ʃ的对应现象在词首、词中均有出现，相对来讲，发生在词首的情况较多。一般发生在词首音节短元音 a、o、ə、i、u 之前。相对来讲，发生在元音 i、o 之前的对应现象较多。

（四）舌面后清擦音 h 与舌面后清塞音 k 的对应现象及其规律

满—通古斯诸语狩猎词中，舌面后清擦音 h 与舌面后清塞音 k 的对应现象极其常见，所处的语音环境也最复杂。有的对应现象发生在词首，例如：

表 3 – 17　　　满语、锡伯语、鄂温克语、赫哲语辅音 h 与鄂伦春语 k 对应现象

词义	满语	锡伯语	鄂温克语	鄂伦春语	赫哲语
青鼬	harsa	harsa	harsa	karsa	harsa

以上例词中，满语、锡伯语、鄂温克语辅音 h 与鄂伦春语、赫哲语辅音 k 在短元音 a 的前面发生了对应现象。另外，舌面后清擦音 h 与舌面后

清塞音 k 在词首对应的现象还发生在满语、锡伯语、鄂伦春语、赫哲语与鄂温克语之间。例如：

表 3 – 18　　**鄂温克语辅音 h 与满语、锡伯语、鄂伦春语、赫哲语辅音 k 对应现象**

词义	满语	锡伯语	鄂温克语	鄂伦春语	赫哲语
河豚	kosha	kosha	hosha	koska	kosha
沙狐	kirsa	kirs	hirsa	kiras	kirsa

由以上例词可知，满语、锡伯语、鄂伦春语、赫哲语词首辅音 h 与鄂温克语词首辅音 k 在短元音 o 的前面发生了对应现象。不仅如此，还有大量词例显示，满—通古斯诸语狩猎词舌面后清擦音 h 与舌面后清塞音 k 的对应现象发生在词中。例如：

表 3 – 19　　**满语、锡伯语、鄂伦春语、赫哲语辅音 h 与鄂温克语辅音 k 对应现象**

词义	满语	锡伯语	鄂温克语	鄂伦春语	赫哲语
狸	udẓirhi	udẓirhi	uʤirhi	uʤirki	uʤirhi
貉子	əlbihə	əlbəh	əlbəhi	əlbəkə	əlbəhə
一岁驼鹿	toho	toho	tooho	tooko	toho
鼹鼠	ohotono	ohtono	ohtono	oktono	ohtono

以上词例表明，满语、锡伯语、鄂温克语、赫哲语辅音 h 与鄂伦春语辅音 k 在词中发生了对应关系，而且这种对应关系发生时，分别处于短元音 i、ə、o，长元音 oo 或零元音 ø 的前面或后面。除此之外，满—通古斯诸语狩猎词中，这一对应现象还发生在满语、锡伯语、鄂温克语、鄂伦春语与赫哲语之间，例如：

表 3 – 20　　**满语、锡伯语、鄂温克语、鄂伦春语辅音 h 与赫哲语辅音 k 对应现象**

词义	满语	锡伯语	鄂温克语	鄂伦春语	赫哲语
跳鼠	alakdaha	alakdaha	alakdaha	alakdaha	alakdaka

上例中，满语、锡伯语、鄂温克语、鄂伦春语舌面后清擦音 h 与赫哲语舌面后清塞音 k 在词中短元音 a 与 a 之间产生了对应关系。

满—通古斯诸语狩猎词中，舌面后清擦音 h 与舌面后清塞音 k 的对应现象在词首、词中均有出现，相对来讲，发生在词首的情况较多。一般发生在词首音节短元音 a、o、ə、i 之前。相对来讲，发生在元音 a、i、o 之前的对应现象较多。

（五）唇齿清擦音 f 与唇齿浊擦音 v、双唇清塞音 p、双唇不送气清塞音 b、双唇浊半元音 w 的对应现象及其规律

满—通古斯诸语狩猎词中，唇齿音与双唇音的对应现象较为复杂，不仅有唇齿音的清浊对应，还有唇齿音与双唇音的对应关系。下面分别进行分析与阐述：

1. 唇齿清擦音 f 与唇齿浊擦音 v 的对应现象及其规律

满—通古斯诸语狩猎词中唇齿清擦音 f 与唇齿浊擦音 v 的对应现象主要发生在满语和锡伯语之间，既有发生在词首又有发生在词中的情况，而且，发生在词中时，还伴随音变现象发生，例如：

表 3 - 21   满语辅音 f 与锡伯语辅音 v 对应现象

词义	满语	锡伯语
冰兜	fo	vo
公鹿	mafuta	mavət

以上例词中，满语词首辅音 f 与锡伯语辅音 v 在短元音 o、u、ə 前发生了对应现象。具体来讲，元音 o 前的对应现象发生在词首，u、ə 前的对应现象发生在词中。

2. 唇齿清擦音 f 与双唇清塞音 p 的对应现象及其规律

满—通古斯诸语狩猎词唇齿清擦音 f 与双唇送气清塞音 p 对应现象，一般在词首和词中都有出现，大多发生在短元音 a、u、i、ə、ʉ 的前后。该对应现象一般出现在满语、锡伯语、赫哲语与鄂温克语、鄂伦春语之间。例如：

表 3 - 22   满语、锡伯语、赫哲语辅音 f 与鄂温克语、鄂伦春语辅音 p 对应现象

词义	满语	锡伯语	鄂温克语	鄂伦春语	赫哲语
吹口哨	fit ʂa –	fit ʂa –	pisahula –	pitʃakula –	fitʃakula –
鹿茸	funtu	funtu	pəntʉ	pəntʉ	funtu

以上词例中，满语、锡伯语、赫哲语辅音 f 与鄂温克语、鄂伦春语辅音 p 分别在词首音节短元音 i、u 的前面产生了对应现象。另外，满—通古斯诸语狩猎词中，该对应现象也有发生在满语、锡伯语与鄂温克语、鄂伦春语、赫哲语词首的情况，例如：

表 3 - 23　　　**满语、锡伯语、词首辅音 f 与鄂温克语、鄂伦春语、赫哲语词首辅音 p 对应现象**

词义	满语	锡伯语	鄂温克语	鄂伦春语	赫哲语
矮小的	fakat ʂa	fakt ʂa	paktʃa	paktʃa	pakatʃa

该词例中，满语、锡伯语唇齿清擦音 f 与鄂温克语、鄂伦春语、赫哲语双唇送气清塞音 p 是在短元音 a 的前面产生了对应现象。事实上，满—通古斯语族语言狩猎词唇齿清擦音 f 与双唇送气清塞音 p 的对应现象，也有发生在词中的实例，例如：

表 3 - 24　　　**满语、锡伯语词中辅音 f 与鄂温克语、鄂伦春语、赫哲语辅音 p 对应现象**

词义	满语	锡伯语	鄂温克语	鄂伦春语	赫哲语
海豹	ləfu	ləfu	ləpʉ	ləpʉ	ləpʉ

以上词例中，满语、锡伯语辅音 f 与鄂温克语、鄂伦春语、赫哲语辅音 p 产生了对应关系，该对应辅音分别位于元音 ə 与 u 或 ʉ 的中间。

3. 唇齿浊辅音 v 与双唇不送气清塞音 b 的对应现象及其规律

满—通古斯诸语狩猎词唇齿浊辅音 v 与双唇不送气清塞音 b 这一对应现象主要发生在满语和锡伯语的词中，例如：

表 3 - 25　　　**满语辅音 b 与锡伯语辅音 v 对应现象**

词义	满语	锡伯语
狐狸	dobi	dov
刀尖	dubə	duvə
弓垫子	təbhə	təvhə

以上例词中，满语词中辅音 b 与锡伯语词中辅音 v 分别发生在短元音 u、ə、a 的后面，短元音 i、ə、零辅音 ø 的前面。另外，满—通古斯诸语狩猎词中，唇齿浊辅音 v 与双唇不送气清塞音 b 的对应现象也有发生在五种语言之间的实例。例如：

表 3 - 26   **满语、鄂温克语、鄂伦春语、赫哲语辅音 b 与锡伯语辅音 v 对应现象**

词义	满语	锡伯语	鄂温克语	鄂伦春语	赫哲语
扣弦上弓	tabu –	tavə –	tabu	tabu –	tabu –

该例词中，满语、鄂温克语、鄂伦春语、赫哲语词中辅音 b 在短元音 a 与 u 的中间与锡伯语词中辅音 v 分别在元音 a 与 u 或 ə 的中间产生了对应关系。

满—通古斯诸语狩猎词中，唇齿清擦音 f、唇齿浊擦音 v、双唇清塞音 p、双唇不送气清塞音 b、双唇浊半元音 w 之间的对应现象在词首、词中均有出现，一般发生在词首音节短元音 a、o、ə、i、u、ʉ 之前。相对来讲，发生在元音 a、u、o 之前的对应现象较多。

（六）舌尖后送气清塞擦音 tʂ 与舌尖前清擦音 s、舌叶送气清塞擦音 ʧ、舌叶清擦音 ʃ 的对应现象及其分析

1. 舌尖后送气清塞擦音 tʂ 与舌叶送气清塞擦音 ʧ 的对应现象及其规律

满—通古斯诸语狩猎词中，舌尖后送气清塞擦音 tʂ 与舌叶送气清塞擦音 ʧ 的对应现象较为复杂。其中，满语、锡伯语辅音 tʂ 与鄂温克语、鄂伦春语、赫哲语辅音 ʧ 的对应现象在词首或词中发生的情况最多。例如：

表 3 - 27   **满语、锡伯语辅音 tʂ 与鄂温克语、鄂伦春语、赫哲语辅音 ʧ 对应现象**

词义	满语	锡伯语	鄂温克语	鄂伦春语	赫哲语
白狐狸	t ʂindaha	t ʂindaha	ʧindaha	ʧindakan	ʧindahan
白 兔	t ʂindahan	t ʂindahan	ʧindaha	ʧindaka	ʧindahan
野猪崽	mihat ʂan	miht ʂan	mikʧa	mikʧa	mihʧa

以上实例中，满语、锡伯语辅音 tʂ 与鄂温克语、鄂伦春语、赫哲语辅音 ʧ 分别在短元音 i、a 的前面发生对应现象。另外，满—通古斯诸语狩猎

词中，该对应现象还出现在满语、锡伯语、赫哲语与鄂温克语、鄂伦春语之间。例如：

表 3 - 28　**满语、锡伯语、赫哲语辅音 tʂ 与鄂温克语、鄂伦春语辅音 ʧ 对应现象**

词义	满语	锡伯语	鄂温克语	鄂伦春语	赫哲语
野骡子	tʂihətəi	tʂihtəi	ʧiktʉ	ʧiktʉ	tʂihti

以上词例中，满语、锡伯语、赫哲语词首舌尖后送气清塞擦音 tʂ 与鄂温克语、鄂伦春语词首舌叶送气清塞擦音 ʧ 在短元音 i 的前面发生了对应关系。事实上，满—通古斯诸语狩猎词中，满语、锡伯语词首舌尖后送气清塞擦音 tʂ 与赫哲语词首舌叶送气清塞擦音 ʧ 也出现了对应现象。例如：

表 3 - 29　　**满语、锡伯语辅音 tʂ 与赫哲语辅音 ʧ 对应现象**

词义	满语	锡伯语	赫哲语
朱顶红	tʂalihun	tʂalihun	ʧalihuŋ

该词例中，满语、锡伯语词首辅音 tʂ 与赫哲语词首辅音 ʧ 在短元音 a 的前面产生了对应关系。

2. 舌尖后送气清塞擦音 tʂ 与舌尖前清擦音 s 的对应现象及分析

满—通古斯诸语狩猎词中，满语、锡伯语舌尖后送气清塞擦音 tʂ 与鄂温克语、鄂伦春语、赫哲语舌尖前清擦音 s 在词中出现了对应现象。例如：

表 3 - 30　**满语、锡伯语辅音 tʂ 与鄂温克语、鄂伦春语、赫哲语辅音 s 对应现象**

词义	满语	锡伯语	鄂温克语	鄂伦春语	赫哲语
桦皮篓	kaitʂa	kaitʂa	hasa	kasa	hajsa

以上词例中，满语、锡伯语词中辅音 tʂ 与鄂温克语、鄂伦春语、赫哲语词中辅音 s 在元音 a 前发生对应关系。

3. 舌尖后送气清塞擦音 tʂ 与舌叶清擦音 ʃ 的对应现象及其规律

满—通古斯诸语狩猎词中，该对应现象主要出现在满语、锡伯语与赫哲语之间，例如：

表 3-31　　　　　　　满语、锡伯语辅音 tʂ 与赫哲语辅音 ʃ 对应现象

词义	满语	锡伯语	赫哲语
獾崽	jandatʂi	jandatʂi	jandaʃi

该词例中，满语、锡伯语舌尖后送气清塞擦音 tʂ 与赫哲语舌叶清擦音 ʃ 在短元音 i 之前发生了对应关系。

满—通古斯诸语狩猎词中，舌尖后送气清塞擦音 tʂ、舌尖前清擦音 s、舌叶送气清塞擦音 ʧ、舌叶清擦音 ʃ 之间的对应现象在词首、词中均有出现。相对来讲，发生在词中的对应现象较多。而且，该对应现象主要发生在词首音节短元音 a、i 之前。

（七）舌尖后不送气清塞擦音 dʐ 与舌叶不送气清塞擦音 ʤ 的对应现象及其规律

满—通古斯诸语狩猎词中，这一对应现象主要发生在满语、锡伯语与鄂温克语、鄂伦春语、赫哲语之间，例如：

表 3-32　　　　　满语、锡伯语辅音 dʐ 与鄂温克语、鄂伦春语、
赫哲语辅音 ʤ 对应现象

词义	满语	锡伯语	鄂温克语	鄂伦春语	赫哲语
狸	udʐirhi	udʐirhi	uʤirhi	uʤirki	uʤirhi
两岁熊	dʐukturi	dʐuktur	ʤukt	ʤukti	ʤukti
黑熊	modʐihijan	modʐihijan	moʤihəŋ	moʤikin	moʤihin
海参	kidʐimi	kidʐim	hiʤim	kiʤim	kiʤimi

以上例词中，满语、锡伯语词首舌尖后不送气清塞擦音 dʐ 与鄂温克语、鄂伦春语、赫哲语词首舌叶不送气清塞擦音 ʤ 在元音 u 之前产生了对应现象。另外，满语、锡伯语词中辅音 dʐ 与鄂温克语、鄂伦春语、赫哲语词中辅音 ʤ 是在元音 i 之前产生的对应现象。

满—通古斯诸语狩猎词中，舌尖后不送气清塞擦音 dʐ 与舌叶不送气清塞擦音 ʤ 的对应现象，在词首、词中都有出现，相比而言，词中的出现率更高。一般发生在词首音节短元音 i、u 之前。相对来讲，发生在元音 i 之前的对应现象最多。

（八）双唇浊半元音 w 与双唇不送气清塞音 b、唇齿浊擦音 v、唇齿清擦音 f 的对应现象及其规律

满—通古斯诸语狩猎词中，双唇浊半元音 w 与双唇不送气清塞音 b 的对应现象主要出现在鄂温克语、鄂伦春语、赫哲语与满语、锡伯语的词中，例如：

表 3 - 33　鄂温克语、鄂伦春语、赫哲语辅音 w 与满语、锡伯语辅音 b 对应现象

词义	满语	锡伯语	鄂温克语	鄂伦春语	赫哲语
鼯鼠	dobi	dobi	dowi	dobi	dowi

该对应实例中，鄂温克语、鄂伦春语、赫哲语半元音 w 与满语、锡伯语辅音 b 在短元音 o 与 i 之间。另外，满—通古斯诸语狩猎词中，双唇浊半元音 w 与唇齿浊擦音 v 的对应现象较为复杂，既有发生在五种语言中的情况，也有发生在个别语言中的情况。例如：

表 3 - 34　满语、鄂温克语、鄂伦春语、赫哲语辅音 w 与锡伯语辅音 v 对应现象

词义	满语	锡伯语	鄂温克语	鄂伦春语	赫哲语
鱼鹰	suwan	suvan	suwan	suwan	suwan

以上是发生在满—通古斯语族五种语言中的对应实例，具体来讲，即满语、鄂温克语、鄂伦春语、赫哲语半元音 w 与锡伯语辅音 v 分别位于词中短元音 u、a 之间产生了对应关系。

另外，鄂温克语、鄂伦春语、赫哲语双唇浊半元音 w 与锡伯语唇齿浊擦音 v、满语唇齿清擦音 f 产生了对应关系，例如：

表 3 - 35　鄂温克语、鄂伦春语、赫哲语辅音 w 与锡伯语辅音 v、满语辅音 f 对应现象

词义	满语	锡伯语	鄂温克语	鄂伦春语	赫哲语
方口鲚头鱼	dafaha	davahə	dawah	dawak	dawah

以上实例中，该对应现象出现在词中元音 a 与 a 之间。实际上，满—通古斯诸语狩猎词中，还有满语双唇浊半元音 w 与锡伯语唇齿浊擦音 v 对应的大量实例，例如：

表3－36　　　　　　　　　满语辅音 w 与锡伯语辅音 v 对应现象

词义	满语	锡伯语
桶箍	wərən	vəren
钓	wəlmijə－	vəlmi－
鹳	wəidʐun	vəidʐen
鲇鱼	duwara	duvar

以上实例中，该对应现象位于词首或词中，词中的对应现象发生在元音 u 与 a 之间，词首的对应现象分别发生在复元音 əi 与单元音 a、ə 之前。

满—通古斯诸语狩猎词中，双唇浊半元音 w、双唇不送气清塞音 b、唇齿浊擦音 v、唇齿清擦音 f 之间的对应现象，一般发生在词首或词中，位于短元音 a、o、ə、i、u 之前。

（九）舌尖中送气清塞音 t 与舌尖中不送气清塞音 d、舌尖后不送气清塞擦音 dʐ、舌叶不送气清塞擦音 ʤ 的对应现象及其规律

1. 舌尖中送气清塞音 t 与舌尖中不送气清塞音 d 的对应现象及其规律

满—通古斯诸语狩猎词中，满语、锡伯语词首舌尖中送气清塞音 t 与鄂温克语、鄂伦春语、赫哲语舌尖中不送气清塞音 d 产生对应现象，例如：

表3－37　满语、锡伯语辅音 t 与鄂温克语、鄂伦春语、赫哲语辅音 d 对应现象

词义	满语	锡伯语	鄂温克语	鄂伦春语	赫哲语
栖息	tomo－	tomu－	doomu－	doomu－	domu－

以上词例中，满语、锡伯语词首辅音 t 与鄂温克语、鄂伦春语词首辅音 d，以及赫哲语词首辅音 d 分别在短元音 o 或长元音 oo 的前面发生了对应关系。

2. 舌尖中送气清塞音 t 与舌叶不送气清塞擦音 ʤ、舌尖后不送气清塞擦音 dʐ 的对应现象及其规律

满—通古斯诸语狩猎词中，舌尖中送气清塞音 t 与舌叶不送气清塞擦音 ʤ、舌尖后不送气清塞擦音 dʐ 的对应情况较为复杂。一般来讲，鄂温克语、鄂伦春语辅音 t、满语、锡伯语辅音 dʐ 与赫哲语辅音 ʤ 的对应现象通常出现在词首，例如：

表3-38　**鄂温克语、鄂伦春语辅音 t 与赫哲语 dẓ，满语、锡伯语 ʤ 对应现象**

词义	满语	锡伯语	鄂温克语	鄂伦春语	赫哲语
蟒蛇	dẓabdẓan	dẓabdẓin	tabʤi	tabʤin	ʤabʤin

以上例词的词首音节中，鄂温克语、鄂伦春语词首辅音 t，满语、锡伯语词首辅音 dẓ 与赫哲语词首辅音 ʤ 在短元音 a 的前面出现了对应现象。

另外，满—通古斯诸语狩猎词中，满语、锡伯语、赫哲语舌尖中送气清塞音 t 与鄂温克语、鄂伦春语词首舌叶不送气清塞擦音 ʤ 产生对应关系，例如：

表3-39　**满语、锡伯语、赫哲语辅音 t 与鄂温克语、鄂伦春语辅音 ʤ 对应现象**

词义	满语	锡伯语	鄂温克语	鄂伦春语	赫哲语
重嘴鱼	tubəhə	tubəhə	ʤuwəhe	ʤuwəkə	tubəhə

以上词例中，满语、锡伯语、赫哲语词首辅音 t 与鄂温克语、鄂伦春语词首辅音 ʤ 在短元音 u 或 ʉ 前出现了对应现象。

满—通古斯诸语狩猎词中，舌尖中送气清塞音 t 与舌尖中不送气清塞音 d、舌尖后不送气清塞擦音 dẓ、舌叶不送气清塞擦音 ʤ 之间的对应现象，大多出现在词首，也有出现在词中的实例，一般发生在词首音节短元音 a、o 或长元音 oo 的前后。相对来讲，发生在元音 a 前后的对应现象最多。

（十）舌面后不送气清塞音 g 与舌尖中浊颤音 r、舌面后送气清塞音 k、舌面后清擦音 h、舌面后浊鼻音 ŋ 的对应现象及其规律

1. 舌面后不送气清塞音 g 与舌尖中浊颤音 r 的对应现象及其规律

满—通古斯诸语狩猎词中，鄂温克语舌面后不送气清塞音 g 与满语、锡伯语、鄂伦春语、赫哲语舌尖中浊颤音 r 的对应现象主要出现在词中，例如：

表3-40　**鄂温克语辅音 g 与满语、锡伯语、鄂伦春语、赫哲语辅音 r 对应现象**

词义	满语	锡伯语	鄂温克语	鄂伦春语	赫哲语
狍子	sirga	ʂirga	ʃigga	ʃirga	ʃirga

　　以上词例中，该对应现象主要出现在短元音 i 与辅音 g 之间，我们认为，鄂温克语元音 i 之后的辅音 g 是受其后出现的 g 辅音的逆同化影响的结果。

　　2. 舌面后不送气清塞音 g 与舌面后送气清塞音 k 的对应现象及其规律

　　满—通古斯诸语狩猎词中，舌面后不送气清塞音 g 与舌面后送气清塞音 k 对应现象较为复杂。其中，鄂温克语、鄂伦春语、赫哲语辅音 g 与满语、赫哲语辅音 k 在词中出现了对应现象，例如：

表 3 - 41　　鄂温克语、鄂伦春语、赫哲语辅音 g 与满语、赫哲语辅音 k 对应现象

词义	满语	锡伯语	鄂温克语	鄂伦春语	赫哲语
箭罩	jaki	jaki	jagi	jagi	jagi
细鳞梭鱼	ukuri	ukuri	ugur	ugur	uguri

　　由上可知，鄂温克语、鄂伦春语、赫哲语辅音 g 与满语、锡伯语辅音 k 在短元音 a 与 i 之间、u 与 u 之间发生了对应关系。另外，发生在词首的这一对应现象，也有出现在锡伯语、鄂温克语、鄂伦春语与满语、赫哲语之间的实例，例如：

表 3 - 42　　锡伯语、鄂温克语、鄂伦春语辅音 g 与满语、赫哲语辅音 k 对应现象

词义	满语	锡伯语	鄂温克语	鄂伦春语	赫哲语
布谷鸟	kəkuhə	gukku	gəkkʉ	gəkkʉ	kəku

　　该词例中，锡伯语、鄂温克语、鄂伦春语词首辅音 g 与满语、赫哲语词首辅音 k 分别在短元音 u 或 ə 前产生了对应关系。除此之外，满—通古斯诸语狩猎词中，鄂温克语、鄂伦春语舌面后不送气清塞音 g 与满语、锡伯语、赫哲语舌面后送气清塞音 k 在词首也出现了对应现象。例如：

表 3 - 43　　鄂温克语、鄂伦春语辅音 g 与满语、锡伯语、赫哲语辅音 k 对应现象

词义	满语	锡伯语	鄂温克语	鄂伦春语	赫哲语
鸥	kilahuɲ	kilahun	gilawuŋ	gilagun	kilahun

　　该实例表明，鄂温克语、鄂伦春语词首辅音 g 与满语、锡伯语、赫哲

语词首辅音 k 在短元音 i 之前发生了对应关系。不仅如此，满—通古斯诸语狩猎词中，还有鄂温克语、鄂伦春语、赫哲语舌面后不送气清塞音 g 与满语、锡伯语舌面后送气清塞音 k 在词首发生对应关系的实例。例如：

表3-44 **鄂温克语、鄂伦春语、赫哲语辅音 g 与满语、锡伯语辅音 k 对应现象**

词义	满语	锡伯语	鄂温克语	鄂伦春语	赫哲语
青鸦	karahi	karahi	garahi	garaki	garahi

以上实例表明，鄂温克语、鄂伦春语、赫哲语辅音 g 与满语、锡伯语辅音 k 在短元音 a 之前发生了对应关系。

3. 舌面后不送气清塞音 g 与舌面后清擦音 h 的对应现象及其规律

满—通古斯诸语狩猎词中，满语、鄂温克语、鄂伦春语、赫哲语舌面后不送气清塞音 g 与锡伯语舌面后清擦音 h 在词中出现了对应现象，例如：

表3-45 **鄂温克语、鄂伦春语、赫哲语辅音 g 与满语、锡伯语辅音 h 对应现象**

词义	满语	锡伯语	鄂温克语	鄂伦春语	赫哲语
挂钩	dəhə	dəhə	dəgə	dəgə	dəgə

以上词例表明，满语、鄂温克语、鄂伦春语、赫哲语辅音 g 与锡伯语辅音 h 在短元音 ə 与 ə 之间出现了对应现象。

4. 舌面后不送气清塞音 g 与舌面后浊鼻音 ŋ 的对应现象及其规律

满—通古斯诸语狩猎词中，鄂温克语、鄂伦春语、赫哲语舌面后不送气清塞音 g 与满语、锡伯语舌面后浊鼻音 ŋ 在词中发生对应关系，例如：

表3-46 **鄂温克语、鄂伦春语、赫哲语辅音 g 与满语、锡伯语辅音 ŋ 对应现象**

词义	满语	锡伯语	鄂温克语	鄂伦春语	赫哲语
松花鱼	foŋsoŋi	foŋsoŋi	ogsoŋi	ogsoŋi	ogsoŋi

该实例中，鄂温克语、鄂伦春语、赫哲语辅音 g 与满语、锡伯语辅音 ŋ 在短元音 o 的后面产生了对应关系。

满—通古斯诸语狩猎词中，舌面后不送气清塞音 g、舌尖中浊颤音 r、舌面后送气清塞音 k、舌面后清擦音 h、舌面后浊鼻音 ŋ 之间的对应现象，均出现在词首，一般发生在词首音节短元音 a、o、ə、i、u、ʉ 之前。相对来讲，发生在元音 u 之前的对应现象最多。

综上，满—通古斯诸语狩猎词中，处于多样性和特殊性语音环境下的辅音对应现象呈现出了更加复杂的特征。在此需要说明的是，本部分中的语音对应实例，有相当一部分同时出现了其他辅音、元音对应现象，因后文均有专门对其进行探析，故在此不再对其进行阐述。

二　满—通古斯诸语狩猎词元音对应现象及其规律

我们的资料显示，满—通古斯诸语狩猎词同时也出现了元音对应现象，虽然不及辅音对应现象复杂，但也呈现出一定的规律性。满—通古斯诸语狩猎词元音对应现象主要有：元音 a 与零元音 ø、短元音 o、ə、i 以及舌后长元音 aa 的对应；元音 o 与零元音 ø、短元音 u、ə、i 以及长元音 oo 的对应；元音 ə 与零元音 ø、短元音 o、u、ʉ、i 以及长元音 əə 的对应；元音 u 与零元音 ø、短元音 ʊ、ʉ、o 的对应；元音 i 与零元音 ø 的对应。具体分析与阐述如下：

（一）后低展唇元音 a 的对应现象及其规律

满—通古斯诸语狩猎词中，后低展唇元音 a 的对应现象包括后低展唇元音 a 与零元音 ø 对应，后低展唇元音 a 与短元音 o、ə、i 以及后低展唇元音 a 与长元音 aa 的对应。

1. 后低展唇元音 a 与零元音 ø 的对应现象及其规律

通常情况下，这一语音对应现象主要出现在满语与锡伯语、鄂温克语、鄂伦春语、赫哲语的词中或词尾。例如：

表 3-47　　满语元音 a 与锡伯语、鄂温克语、鄂伦春语、
赫哲语零元音 ø 对应现象

词义	满语	锡伯语	鄂温克语	鄂伦春语	赫哲语
兽类下颏	baldaha	baldah	baldah	baldak	baldah

以上词例中，满语词尾后低展唇元音 a 与锡伯语、鄂温克语、鄂伦春语、赫哲语零元音 ø 在辅音 h 的后面产生了对应现象。我们认为此类现象的产生是满—通古斯诸语共有词的词中或词尾元音 a 在锡伯语、鄂温克语、鄂伦春语、赫哲语等语言中脱落造成的。

2. 后低展唇元音 a 与长元音 aa 的对应现象及其规律

满—通古斯诸语狩猎词中，满语、锡伯语、赫哲语后低展唇元音 a 与鄂温克语、鄂伦春语长元音 aa 在词中出现了对应现象，例如：

表 3 - 48　　满语、锡伯语、赫哲语元音 a 与鄂温克语、鄂伦春语
长元音 aa 对应现象

词义	满语	锡伯语	鄂温克语	鄂伦春语	赫哲语
乌鸦	gaha	gahə	gaaha	gaaki	gahi

以上实例中，满语、锡伯语、赫哲语后低展唇元音 a 与鄂温克语、鄂伦春语长元音 aa 分别在辅音 g 与 h 或 k 之间产生了对应现象。另外，满语、锡伯语、鄂伦春语、赫哲语后低展唇元音 a 与鄂温克语的长元音 aa 之间产生语音对应关系。例如：

表 3 - 49　　满语、锡伯语、鄂伦春语、赫哲语元音 a 与鄂温克语
长元音 aa 对应现象

词义	满语	锡伯语	鄂温克语	鄂伦春语	赫哲语
乌鸦叫	gari -	gari -	gaari -	gari -	gari -

该实例中，满语、锡伯语、鄂伦春语、赫哲语词中元音 a 与鄂温克语长元音 aa 在辅音 g 与 r 之间出现了对应关系。

3. 后低展唇元音 a 与后中高圆唇元音 o、央中展唇元音 ə、前高展唇元音 i 的对应现象及其规律

满—通古斯诸语狩猎词中，满语、锡伯语后低展唇元音 a 与鄂温克语、鄂伦春语、赫哲语后中高圆唇元音 o 产生对应关系，例如：

表 3 - 50　　满语、锡伯语元音 a 与鄂温克语、鄂伦春语、赫哲语元音 o 对应现象

词义	满语	锡伯语	鄂温克语	鄂伦春语	赫哲语
蹄心	uman	uman	umo	umo	umon

上例中，满语、锡伯语词中元音 a 与鄂温克语、鄂伦春语、赫哲语词中元音 o 分别在辅音 m 与 n 或零辅音 ø 之间出现了对应现象。

满—通古斯诸语狩猎词中，鄂温克语、鄂伦春语、赫哲语后低展唇元音 a 与满语、锡伯语央中展唇元音 ə 产生对应关系。例如：

表3-51　**鄂温克语、鄂伦春语、赫哲语元音 a 与满语、锡伯语元音 ə 对应现象**

词义	满语	锡伯语	鄂温克语	鄂伦春语	赫哲语
一岁野猪	nuhən	nuhən	noha	noka	nohan

如上所示，鄂温克语、鄂伦春语、赫哲语后低展唇元音 a 与满语、锡伯语元音 ə 分别在辅音 h 或 k 与零辅音 ø 或 n 之间产生了对应关系。另外，满语、鄂温克语、鄂伦春语词末元音 a 与锡伯语、赫哲语词末元音 ə 在辅音 t 的后面产生了对应关系。例如：

表3-52　**满语、鄂温克语、鄂伦春语元音 a 与锡伯语、赫哲语元音 ə 对应现象**

词义	满语	锡伯语	鄂温克语	鄂伦春语	赫哲语
胚内血块	balakta	balaktə	balata	balakta	balaktə

满—通古斯诸语狩猎词中，鄂温克语、鄂伦春语、赫哲语后低展唇元音 a 与满语、锡伯语前高展唇元音 i 在词首辅音 b 之后出现了对应关系，例如：

表3-53　**鄂温克语、鄂伦春语、赫哲语元音 a 与满语、锡伯语元音 i 对应现象**

词义	满语	锡伯语	鄂温克语	鄂伦春语	赫哲语
尾鬃硬毛	sika	şika	sah	saka	saha

该实例中，鄂温克语、鄂伦春语、赫哲语元音 a 与满语、锡伯语元音 i 分别在词首辅音 s 或 ş 之后产生对应关系。

满—通古斯诸语狩猎词中，后低展唇元音 a 与零元音 ø、短元音 o、ə、i 以及长元音 aa 之间的对应现象一般出现在词中或词尾，一般发生在辅音 m、n、b、r、t、s、ş、g、h、k 与零辅音 ø 的前后。

（二）后中高圆唇元音 o 的对应现象及其规律

满—通古斯诸语狩猎词中，后中高圆唇元音 o 的对应现象包括后中高圆唇元音 o 与零元音 ø 对应，后中高圆唇元音 o 与短元音 u、ə、i 对应，以及后中高圆唇元音 o 与长元音 oo 的对应。

1. 后中高圆唇元音 o 与零元音 ø 的对应现象及其规律

满—通古斯语族语言狩猎词中，后中高圆唇元音 o 与零元音 ø 的对应现象通常出现在满语与锡伯语、鄂温克语、鄂伦春语、赫哲语的词中或词尾。例如：

表 3 – 54　　**满语元音 o 与锡伯语、鄂温克语、鄂伦春语、赫哲语零元音 ø 对应现象**

词义	满语	锡伯语	鄂温克语	鄂伦春语	赫哲语
鼠兔	ohotono	ohtono	ohtono	ohtono	oktono
角头箭	dzoro	dzor	dʒor	dʒor	dʒor

以上实例中，满语元音 o 与锡伯语、鄂温克语、鄂伦春语、赫哲语零元音 ø 在词中对应时，出现在辅音 h 和 t 之间；满语元音 o 与锡伯语、鄂温克语、鄂伦春语、赫哲语零元音 ø 在词尾对应时，出现在辅音 r 之后。另外，满—通古斯诸语狩猎词中，这一对应现象还出现在满语、鄂温克语、鄂伦春语、赫哲语与锡伯语词尾之间，例如：

表 3 – 55　　**满语、鄂温克语、鄂伦春语、赫哲语词尾元音 o 与锡伯语零元音 ø 对应现象**

词义	满语	锡伯语	鄂温克语	鄂伦春语	赫哲语
驼鞍	komo	kom	homo	komo	homo

该例词中，满语、鄂温克语、鄂伦春语、赫哲语词尾元音 o 与锡伯语词尾零元音 ø 在辅音 m 之后产生了对应关系。

2. 后中高圆唇元音 o 与长元音 oo 的对应现象及其规律

满—通古斯诸语狩猎词中，该对应现象主要发生在满语、锡伯语、赫哲语后中高圆唇元音 o 与鄂温克语、鄂伦春语长元音 oo 之间，例如：

表 3 – 56　　**满语、锡伯语、赫哲语元音 o 与鄂温克语、鄂伦春语长元音 oo 对应现象**

词义	满语	锡伯语	鄂温克语	鄂伦春语	赫哲语
一岁驼鹿	toho	toho	tooho	tooko	toho

该词例中，满语、锡伯语、赫哲语词中元音 o 与鄂温克语、鄂伦春语长元音 oo 在辅音 t 和 h 之间出现了对应现象。

3. 后中高圆唇元音 o 与短元音 u、ə、i 的对应现象及其规律

满—通古斯诸语狩猎词后中高圆唇元音 o 与短元音 u、ə、i 对应现象中，后中高圆唇元音 o 与后高圆唇元音 u 的对应现象最为复杂多样。较为常见的对应现象发生在满语、锡伯语词中元音 o 与鄂温克语、鄂伦春语、赫哲语词中元音 u 之间，例如：

表 3 - 57　　满语、锡伯语元音 o 与鄂温克语、鄂伦春语、赫哲语
元音 u 对应现象

词义	满语	锡伯语	鄂温克语	鄂伦春语	赫哲语
豆鼠	dʐumara	dʐumar	dʐombar	dʐombar	dʐomra

该词例中，这一元音对应现象出现在辅音 dʐ 和 m 之间。事实上，满—通古斯诸语狩猎词中，还有满语后中高圆唇元音 o 与锡伯语、赫哲语、鄂伦春语、鄂温克语后中高圆唇元音 u 产生对应现象的实例，例如：

表 3 - 58　　满语元音 o 与锡伯语、赫哲语、鄂伦春语、鄂温克语
元音 u 对应现象

词义	满语	锡伯语	鄂温克语	鄂伦春语	赫哲语
栖息	tomo -	tomu -	doomu -	doomu -	domu -

该实例中，满语、锡伯语、鄂温克语、赫哲语元音 o 与鄂伦春语元音 u 在辅音 h 和 n 之间出现了对应现象。

满—通古斯诸语狩猎词中，后中高圆唇元音 o 与央中展唇元音 ə 的对应现象主要出现在词中或词尾，例如：

表 3 - 59　　满语、锡伯语、鄂温克语、鄂伦春语元音 o 与赫哲语
元音 ə 对应现象

词义	满语	锡伯语	鄂温克语	鄂伦春语	赫哲语
蛋清	ʂoho	ʂoho	soho	soko	sohə
鞍鞯	tohoma	tohəm	tohom	tokom	tokəm

如上所示，满语、锡伯语、鄂温克语、鄂伦春语词尾元音 o 与赫哲语词尾元音 ə 分别在辅音 h 或 k 之后发生了对应关系。满语、鄂温克语、鄂伦春语元音 o 与锡伯语、赫哲语元音 ə 分别在辅音 h 或 k 与辅音 m 之间出现了对应关系。

满—通古斯诸语狩猎词中，鄂温克语、鄂伦春语后中高圆唇元音 o 与满语、锡伯语、赫哲语前高展唇元音 i 产生了对应现象，例如：

表 3 – 60　鄂温克语、鄂伦春语元音 o 与满语、锡伯语、赫哲语元音 i 对应现象

词义	满语	锡伯语	鄂温克语	鄂伦春语	赫哲语
短毛	nirga	nirga	nogga	norga	nirga

该例词中，鄂温克语、鄂伦春语词中元音 o 与满语、锡伯语、赫哲语词中元音 i 在辅音 n 与 r 之间出现对应现象。

满—通古斯诸语狩猎词中，后中高圆唇元音 o 与零元音 ø、短元音 u、ə、i 以及长元音 oo 之间的对应现象一般出现在词中或词尾，一般发生在辅音 m、n、r、t、d、s、h、k、dẓ 与零辅音 ø 的前后。

（三）央中展唇元音 ə 的对应现象及其规律

满—通古斯诸语狩猎词中，央中展唇元音 ə 的对应现象包括央中展唇元音 ə 与零元音 ø 对应，央中展唇元音 ə 与短元音 o、u、ʉ、i 以及央中展唇元音 ə 与长元音 əə 的对应。

1. 央中展唇元音 ə 与零元音 ø 的对应现象及其规律

满—通古斯语族语言狩猎词中，满语央中展唇元音 ə 与锡伯语、鄂温克语、鄂伦春语、赫哲语零元音 ø 产生了对应现象，例如：

表 3 – 61　满语元音 ə 与锡伯语、鄂温克语、鄂伦春语、赫哲语零元音 ø 对应现象

词义	满语	锡伯语	鄂温克语	鄂伦春语	赫哲语
皮毛	furdəhə	furdəh	ʉrdəh	ʉrdək	furdəh

该词例中，满语词尾元音 ə 与锡伯语、鄂温克语、赫哲语、鄂伦春语词尾零元音 ø 在辅音 h 或 k 之后产生了对应现象。

2. 央中展唇元音 ə 与长元音 əə 的对应现象及其规律

满—通古斯语族语言狩猎词中，这一语音对应现象主要出现在满语、

锡伯语、赫哲语与鄂温克语、鄂伦春语的词中，例如：

表 3 - 62　　　满语、锡伯语、赫哲语元音 ə 与鄂温克语、鄂伦春语

长元音 əə 对应现象

词义	满语	锡伯语	鄂温克语	鄂伦春语	赫哲语
鳟鱼	dʐəlu	dʐələ	ʤəələ	ʤeeʧu	ʤəlu

该实例中，满语、锡伯语、赫哲语词央中展唇元音 ə 与鄂温克语、鄂伦春语长元音 əə 在辅音 dʐ 或 ʤ 与辅音 l 之间发生了对应关系。

3. 央中展唇元音 ə 与短元音 o、u、ʉ、i 的对应现象及其规律

满—通古斯语族语言狩猎词中，央中展唇元音 ə 与后中高圆唇元音 o 的对应现象主要出现在锡伯语、赫哲语与满语、鄂温克语、鄂伦春语的词尾，例如：

表 3 - 63　　　锡伯语、赫哲语元音 ə 与满语、鄂温克语、鄂伦春语

元音 o 对应现象

词义	满语	锡伯语	鄂温克语	鄂伦春语	赫哲语
驼峰	bohoto	bohtə	bohto	bokto	bohtə

以上词例中，锡伯语、赫哲语词尾元音 ə 与满语、鄂温克语、鄂伦春语词尾元音 o 在辅音 t 之后产生了对应关系，同时，满语后中高圆唇元音 o 与锡伯语、鄂温克语、鄂伦春语、赫哲语零元音 ø 在辅音 h 和 t 之间也产生了对应现象。

满—通古斯语族语言狩猎词中，央中展唇元音 ə 与后中高圆唇元音 u 的对应现象主要出现在词尾，例如：

表 3 - 64　　　锡伯语、鄂温克语、鄂伦春语词尾元音 ə 与满语、赫哲语

词尾元音 u 对应现象

词义	满语	锡伯语	鄂温克语	鄂伦春语	赫哲语
干鲦鱼	sət ʂu	sət ʂə	səʧə	səʧə	səʧu

该词例中，锡伯语、鄂温克语、鄂伦春语词尾元音 ə 与满语、赫哲语

后词尾元音 u 在辅音 tʂ 或 ʧ 之后产生了对应关系。除此之外，还有锡伯语央中展唇元音 ə 与满语、鄂温克语、鄂伦春语、赫哲语后中高圆唇元音 u 在辅音 v 或 b 之后出现了对应现象，例如：

表 3 - 65　锡伯语元音 ə 与满语、鄂温克语、鄂伦春语、赫哲语元音 u 对应现象

词义	满语	锡伯语	鄂温克语	鄂伦春语	赫哲语
扣弦上弓	tabu -	tavə -	tabu -	tabu -	tabu -

另外，满—通古斯语族语言狩猎词中，还有大量央中展唇元音 ə 与后中高圆唇元音 u 以及央高圆唇元音 ʉ 对应现象的实例，例如：

表 3 - 66　满语、锡伯语、鄂伦春语、鄂温克语、赫哲语元音 ə、u、ʉ 对应现象

词义	满语	锡伯语	鄂温克语	鄂伦春语	赫哲语
鳟鱼	dzʐəlu	dzʐələ	ʤəələ	ʤʉələ	ʤəlu
柳根池	ulumə	ulumə	ʉlum	ʉləm	ulumə
黄鱼	mu ʂur	musər	mʉsər	mʉsʉr	musur

以上实例表明，满—通古斯诸语狩猎词中，元音 ə 与元音 u 以及元音 ʉ 的对应现象较为复杂多样。锡伯语、鄂温克语词尾元音 ə 与满语、赫哲语元音 u 以及鄂伦春语元音 ʉ 在辅音 l 之后产生了对应现象；鄂伦春语词中元音 ə 与满语、锡伯语、赫哲语词中元音 u 以及鄂温克语词中元音 ʉ 产生了对应现象；锡伯语、鄂温克语词中元音 ə 与满语、赫哲语元音 u 以及鄂温克语、鄂伦春语元音 ʉ 在辅音 s 与 r 之间产生了对应现象。

满—通古斯诸语狩猎词中，还有满语、锡伯语央中展唇元音 ə 与鄂温克语、鄂伦春语、赫哲语前高展唇元音 i 分别在辅音 h 或 k 之后出现对应的实例，例如：

表 3 - 67　满语、锡伯语元音 ə 与鄂温克语、鄂伦春语、赫哲语元音 i 对应现象

词义	满语	锡伯语	鄂温克语	鄂伦春语	赫哲语
丹顶鹤	buləhən	bulhə	bʉlhi	bʉlki	buləhi

满—通古斯诸语狩猎词中，央中展唇元音 ə、零元音 ø、短元音 o、u、

ʉ、i 以及长元音 əə 之间的对应现象一般出现在词中或词尾，主要发生在辅音 n、v、dʐ、ʤ、tʂ、ʧ、b、d、r、l、t、s、h、k 的前后。

（四）后中高圆唇元音 u 的对应现象及其规律

满—通古斯诸语狩猎词中，后中高圆唇元音 u 的对应现象包括后中高圆唇元音 u 与零元音 ø 对应，以及后中高圆唇元音 u 与短元音 ʊ、ʉ、o 对应。

1. 后中高圆唇元音 u 与零元音 ø 的对应现象及其规律

满—通古斯诸语狩猎词中，该对应现象主要出现在满语、鄂温克语、鄂伦春语、赫哲语与锡伯语的词中或词尾，例如：

表 3 - 68　　　满语、鄂温克语、鄂伦春语、赫哲语元音 u 与锡伯语
零元音 ø 对应现象

词义	满语	锡伯语	鄂温克语	鄂伦春语	赫哲语
公鱼	atuha	athə	atuha	atuka	atuha
母鱼	atu	at	atu	atu	atu

该实例中，满语、鄂温克语、鄂伦春语、赫哲语元音 u 与锡伯语零元音 ø 在辅音 t 之后产生对应现象。

2. 后中高圆唇元音 u 与短元音 ʉ、ʊ、o、ə 的对应现象及其规律

满—通古斯诸语狩猎词中，后中高圆唇元音 u 与央高圆唇元音 ʉ 的对应现象主要出现在满语、锡伯语、赫哲语与鄂温克语、鄂伦春语之间。例如：

表 3 - 69　　满语、锡伯语、赫哲语元音 u 与鄂温克语、鄂伦春语元音 ʉ 对应现象

词义	满语	锡伯语	鄂温克语	鄂伦春语	赫哲语
艾虎	kurənə	hurən	hʉrəŋ	kʉrən	hurən
海螺	burən	burən	bʉrən	bʉrən	burən
鹿茸	funtu	funtu	pɑntʉ	pɑntʉ	funtu

如上所示，满语、锡伯语、赫哲语元音 u 与鄂温克语、鄂伦春语元音 ʉ 在辅音 k、h、b、p 或与 r 或零辅音 ø 之间产生了对应关系。

满—通古斯诸语狩猎词中，后中高圆唇元音 u 与后次高圆唇元音 ʊ 的

对应现象主要出现在锡伯语、鄂温克语、鄂伦春语、赫哲语与满语的词中或词尾，例如：

表 3 - 70 **锡伯语、鄂温克语、鄂伦春语、赫哲语元音 u 与满语元音 ʊ 对应现象**

词义	满语	锡伯语	鄂温克语	鄂伦春语	赫哲语
朱顶红	tʂalihʊn	tʂalihun	tʃalihuŋ	tʃalikun	tʃalihun
苇鸟	hʊŋsi	huŋ ʂi	huŋtʃi	kuŋtʃi	huŋʃi
鱼子	tʂurhʊ	tʂurhu	tʃurhu	tʃurku	tʃurhu

以上例词中，锡伯语、鄂温克语、鄂伦春语、赫哲语元音 u 与满语元音 ʊ 在辅音 h 或 k 与辅音 n 之间发生了对应关系；锡伯语、鄂温克语、鄂伦春语、赫哲语元音 u 与满语元音 ʊ 在辅音 h 或 k 与 ŋ 之间发生了对应关系；鄂温克语、鄂伦春语、赫哲语元音 u 与满语元音 ʊ 在辅音 h 或 k 之后发生了对应关系。

另外，满—通古斯狩猎词中，还有锡伯语、赫哲语后中高圆唇元音 u 与满语后次高圆唇元音 ʊ、鄂温克语、鄂伦春语央高圆唇元音 ʉ 在词尾发生对应的现象，例如：

表 3 - 71 **锡伯语、赫哲语元音 u 与满语元音 ʊ，鄂温克语、鄂伦春语元音 ʉ 对应现象**

词义	满语	锡伯语	鄂温克语	鄂伦春语	赫哲语
柳编箱	ʂulhʊ	sulhu	sʉlhʉ	sʉlkʉ	sulhu

该实例中，锡伯语、赫哲语元音 u 与满语元音 ʊ、鄂温克语、鄂伦春语元音 ʉ 在辅音 k 或 h 之后对应的现象。不仅如此，鄂温克语、鄂伦春语、赫哲语后中高圆唇元音 u 与满语后次高圆唇元音 ʊ 以及锡伯语央中展唇元音 ə 也产生了对应现象。例如：

表 3 - 72 **鄂温克语、鄂伦春语、赫哲语元音 u 与满语元音 ʊ，锡伯语元音 ə 对应现象**

词义	满语	锡伯语	鄂温克语	鄂伦春语	赫哲语
鳞鱼	takʊ	takə	tahu	takun	takun

　　该实例中，鄂温克语、鄂伦春语、赫哲语元音 u 与满语元音 ʊ 以及锡伯语元音 ə 分别在辅音 k 或 h 之后产生了对应现象。事实上，满—通古斯诸语狩猎词中，还有鄂温克语、鄂伦春语后中高圆唇元音 u 与满语后次高圆唇元音的 ʊ 以及锡伯语、赫哲语后中高圆唇元音 u 在词尾发生对应关系的实例。例如：

表 3 - 73　　　　　　鄂温克语、鄂伦春语元音 u 与满语元音 ʊ，
锡伯语、赫哲语元音 ə 对应现象

词义	满语	锡伯语	鄂温克语	鄂伦春语	赫哲语
刻刀	t ʂolikʊ	t ʂolikə	soliku	soliku	solikə

　　以上实例中，该对应现象出现在词尾辅音 k 之后。

　　满—通古斯诸语狩猎词中，后中高圆唇元音 u、零元音 ø 以及短元音 ʊ、ʉ、o 之间的对应现象一般出现在词中或词尾，一般发生在辅音 r、ŋ、h、k 前后。相对来讲，出现在辅音 h 与 k 之间的实例最多。

　　（五）前高展唇元音 i 的对应现象及其规律

　　满—通古斯诸语狩猎词中，前高展唇元音 i 的对应现象表现为前高展唇元音 i 与零元音 ø 对应。而且，这一对应现象主要出现在词尾，例如：

表 3 - 74　　　　　满语、鄂温克语词尾元音 i 与锡伯语、鄂伦春语、
赫哲语词尾零元音 ø 对应现象

词义	满语	锡伯语	鄂温克语	鄂伦春语	赫哲语
元鸟	turaki	turak	turahi	turak	turah
斑纹	bədəri	bədər	bədəri	bədəri	bədər

　　词例中，满语、鄂温克语词尾元音 i 与锡伯语、鄂伦春语、赫哲语词尾零元音 ø 在辅音 k 或 h 之后出现了对应现象；满语、鄂温克语、鄂伦春语词尾元音 i 与锡伯语、赫哲语词尾零元音 ø 在辅音 r 之后出现了对应现象。

　　综上，满—通古斯诸语狩猎词中，元音对应现象相对于辅音在多样性和特殊性语音环境下的复杂性特征而言，呈现出较为严整的对应现象及其规律。

第三节 满—通古斯诸语狩猎词语义分割特点

"语义分割是语言对连续而无界限的经验领域进行分割和范畴化"①，一般来说，对于一个民族越是重要的东西，该民族对它的"语言分割"就越细密。属于文化中心的词汇比属于文化边缘的词汇详尽，反映文化现象的词其数量与它在文化上的重要性成正比。文化上的要求使人们在对自然界的认识中重视某些区别而忽视另一些区别。②

语义场借用物理学中"场"的概念而来，语义学家用"语义场"来指称由一组意义有关联的词共同构成的聚合体。"语义场"中的成员，也就是义位（词），在某一共同语义特征的支配下类聚在一起，相互联系，相互区别，相互依存、相互制约。③ 各民族关注的焦点不同，导致各民族语言中对相同语义场的分割常有疏密之别。④ 狩猎词是满—通古斯诸语词汇中的特色词。本节基于语义场视角，对满—通古斯诸语狩猎词语义分割进行宏观考察，在此基础上归纳出满—通古斯诸语狩猎词语义场在层级性、民族性、多样性上呈现出的特点，同时综合运用文化语言学相关理论探讨其深层原因。

一 满—通古斯诸语狩猎词语义场的层级性

层级性是语义场最鲜明的特征，而满—通古斯诸语狩猎词语义场的层级性更加突出。可以说，层级细密、分类繁多是满—通古斯诸语狩猎词语义场最突出的特征。词按照某一共同语义特征划分出若干语义场，每个语义场内部根据其成员所共同具有的语义特征再次切分为若干次一级的场，这次一级的场就称为子场，子场根据内部成员间语义的差别和联系，还可切分出更小的子场，这样一级级切分下去，直至语义场分类的极限，就叫作最小子场。⑤ 因此，满—通古斯诸语狩猎词以"狩猎生产实践活动"这

---

① 马清华：《语义的多维研究》，语文出版社 2006 年版，第 309 页。
② 申小龙：《中国文化语言学》，吉林教育出版社 1990 年版，第 12 页。
③ 徐烈炯：《语义学》，语文出版社 1995 年版，第 112 页。
④ 马清华：《语义的多维研究》，语文出版社 2006 年版，第 310 页。
⑤ 贾彦德：《语义学导论》，北京大学出版社 1986 年版，第 33 页。

一共同的语义特征类聚为一个语义场，按照狩猎对象的不同可分为"狩猎""捕捞""采集"三个义位，以上义位按照各自内部语义联系又分别形成三个不同的子场，即狩猎语义场、捕捞语义场以及采集语义场。如下图所示：

图 3 - 5　满—通古斯诸语狩猎词的语义场

与此同时，狩猎语义场、捕捞语义场和采集语义场中的义位又分别按照各自内部语义联系下分各子场，依次将子场中的某一个义位当成一个语义场，再划分出若干个子场。这样，满—通古斯诸语狩猎词就构成了一个层级鲜明而又结合紧密的逐阶逐层式的语义场。在此，仅以满语狩猎语义场为例加以说明（如图 3 - 6）。

不难看出，不仅同一个语义场内部的词与词之间存在紧密的联系，还在语义场外部，场与场之间形成密不可分的关系，从整体上呈现出场与场之间的层级关系。正如图 3 - 6 所示，在 gurgu "兽类" 这个语义场中，ləfu "熊"、buhʊ "鹿"、ulgian "野猪" 等词既相互联系，受上义词 gurgu "兽类" 共同支配，又相互区别，各具其形，各表各的含义；而在 gurgu "兽类" 这个语义场的外部，它又与 gasha "鸟类" 等语义场形成同类关系，同属于 aṣṣasu "狩猎对象" 语义场，并在其中担任 "下义词" 的角色。与此同时，aṣṣasu "狩猎对象" 语义场又和 agʊra "狩猎工具" 语义场、aba saha "狩猎方式" 语义场形成同类的关系，同属于 aba "狩猎" 语义场。另外，处于 gurgu "兽类" 这一语义场中的各个要素又同更低一级的语义场相联系，形成上下义关系，典型的如 gurgu "兽类" 就同 ləfu "熊"、buhʊ "鹿"、ulgian "野猪" 这次一级的语义场相联系。依次类推，ulgian "野猪" 语义场又同 aidagan "公野猪"、sakda "母野猪"、mihatʂan "野猪仔"、nuhən "一岁野猪" 这一次级的语义场相联系。从宏观上呈现出了 aba "狩猎" 语义场 → aṣṣasu "狩猎对象" 语义场 → gurgu "兽类" 语义场 → ulgian "野猪" 语义场的层次感。

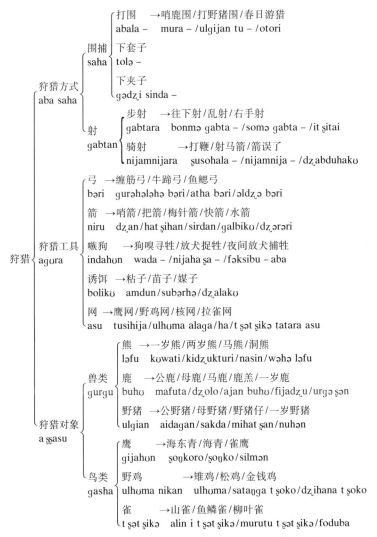

图 3 - 6　满—通古斯诸语狩猎词逐阶逐层式的语义场

众所周知，词是对客观世界认识的概括，如是就存在一个概括程度的问题。由于每个语义的概括程度各不相同，这就使得语义场呈现出一定的层级性。语义场中，位于层级高的语义概括程度就高，反之，层级低的语义概括程度就低。例如，kʊwati "一岁熊"、kidzˌukturi "两岁熊"、nasin "马熊"、sati "公马熊"、nari "母马熊"、suwa nasin "黑熊"、wəhə ləfu "洞熊"、honiki "短腿熊"，以 "体大尾短，四肢短粗，脚掌大，能直立行走，也能攀树的哺乳动物"这一相同语义特征聚合成 ləfu "熊"语义场。该语义场中各义位分别从熊的年龄、性别、生活习性、外貌形态等加以区别，与它们的上义词"熊"这个义位相比，概括得更具体，语义特征更为丰富，处于语义场较低层级。这些义位的上级词 ləfu "熊"将各义位中的共同语义特征抽象地概括出来，就成为"熊"的通称。ləfu "熊"比起它的下位词，在语义特征上缺少了较为鲜明的特色，处于下位词的上一层级。与此同时，ləfu "熊"比起它的上位词 gurgu "兽"，其概括程度更低。而位于更高层级的 aṣṣasu "动物"，其概括程度也是最高的。

　　从另一个角度讲，位于语义场中层级较高的词，其加细程度较低；相反，层级较低的词，其加细程度也较高。"加细程度是指一个实体被描述的精确和详尽程度。"① 从这个意义讲，加细程度的相关词就构成了上下义关系，加细程度较低的词属上义词，加细程度较高的词属下义词。如下图所示：

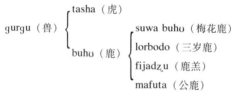

图 3 - 7　语义场的层级

　　图 3 - 7 中，suwa buhʋ "梅花鹿"、lorbodo "三岁鹿"、fijadʐu "鹿羔"、mafuta "公鹿"的加细程度比 buhʋ "鹿"高，是 buhʋ "鹿"的下义词；buhʋ "鹿"的加细程度比 gurgu "兽"高，是 gurgu "兽"的下义词；其中，gurgu "兽"的加细程度最低。

　　从以上分析中，我们不难看出满语狩猎词汇语义场的层级较多，语义切割较细的特点。事实上，语言对现实的切分，往往与文化因素相关联②。我们认为满—通古斯诸语狩猎词语义场之所以呈现出具有鲜明特色的语义分割特点是与诸民族及其先民早期的狩猎生产生活有密切关系的。"作为经济支柱的经济事物，其不同的经济用途的各形态、类别均会有细致的类名。狩猎经济对狩猎对象、游牧经济对蓄养对象、农业经济对所种农作物

---

① 陈建生：《认知词汇学概论》，复旦大学出版社 2008 年版，第 198 页。
② 徐志民：《欧美语义学导论》，复旦大学出版社 2008 年版，第 245 页。

的分割，都体现了这一点。"① 从满语狩猎词语义场义位的组成可以看出，某一事物在一个民族或社会的经济生活当中的地位直接影响到该民族语言词汇语义的分割细度，进而影响到语义场的层级划分。

不仅如此，人类在利用语言表达思想的同时，也用语言来反映精神、意识和文化。满—通古斯诸民族先民长期从事狩猎、捕捞、采集生产实践中，日复一日地与动植物打交道。正因为如此，他们对于不同体貌结构、不同年龄、不同生活习性的动植物均有十分深刻的认识。所有这些都毫无疑问地反映在满—通古斯诸语词汇里。尤其是，他们在特定的自然环境与自然条件下，以及特定的生产内容及生产活动中，用共同的劳动和智慧创造并丰富了语义分割极其细微的狩猎对象词语、狩猎工具词语和狩猎方式词语，从而构筑了一个层级极其严密的语义场结构系统。

二 满—通古斯诸语狩猎词语义场的民族性

事实上，一种语言的词语反映了操这种语言的人们的兴趣所在。每个民族都有自己代表性的物质生产、生活方式，与之相关的名词术语、动作行为均有其本民族约定俗成的指称，这些具有民族特色的指称中存在与其他民族语里不能严格对应的概念。有些学者称其为"文化限制词"或"文化局限词"②，从这个意义上讲，满—通古斯诸语狩猎词汇语义场中存在大量的文化限制词，它们很难与汉语的相关说法严格对应起来，"产生了独有的义位，具有独特的文化负荷，带有独特的文化标记"③，汉译时只能用解释性的短语形式来表达。比如说，满语狩猎方式词语中的 kaitʂan "上风呐喊射狍：春冬时节遇见狍子，众人在上风向一齐喊使狍子跑进围，用马箭射杀"、ʂurdəmbi "转迷卧兽"、darimbi "兽擦人过"、damdʐ̵alamə "箭穿透横担：指射中野兽时，箭穿透而没有飞出去，可见箭头又可见箭尾的样子"、abtukʊlaha "中非致命处" 等单纯词表达出的概念在汉语中没有严格对应的词，需要用词组或句子进行解释。

事实上，每种语言用词语切分自己所认识的世界，并以此来构筑词汇

---

① 马清华：《语义的多维研究》，语文出版社 2006 年版，第 243 页。
② 徐志民：《欧美语义学导论》，复旦大学出版社 2008 年版，第 246 页。
③ 张志毅、张庆云：《词汇语义学》，商务印书馆 2005 年版，第 158 页。

网络时，会按照本民族的经验世界对客观世界进行分类。① 由于各民族所处的自然条件和生态环境的不同，观察得到的认知结果也不尽相同，因此在语义的切分点上也会出现各自不同的特点。从民族文化因素对语义场的影响来看，满—通古斯诸语狩猎词语义场的语义切分点同满—通古斯诸民族所具有的民族性特征有着必然的内在联系。

另外，一种语言能够比较全面而深刻地体现该民族的特点。② 满—通古斯诸民族，自有史记载以来，就和狩猎联系最为紧密，最早可追溯到东北古民族肃慎人。满—通古斯诸民族的历史性特征在满—通古斯诸语狩猎词语义场中也充分地体现了出来。语义场中有大量的指称狩猎工具及狩猎对象的词，不仅名目繁多，而且语义切割极为细致。例如满族早期重要的狩猎工具弓箭，在《五体清文鉴》③ 中收录的这类词就有 50 多个。例如：

bəri "弓"、taŋgilakʊ "弹弓"、mukə gotʂ irə bəri "吸水弓"、urəhələhə bəri "缠筋弓"、ʂwə wəhə bəri "通面弓"、gijaŋka bəri "通角弓"、ukəi ihan i uihə bəri "水牛角面弓"、buha uihə bəri "野牛角面弓"、təhə uihə bəri "野羊角面弓"、alha uihə bəri "花水牛角面弓"、mlta bəri "长角弓"、dzəkə bəri "接脑弓"、taktʂiha bəri "木弓"、fatha bəri "牛蹄弓"、fithəku bəri "弩弓"、əldzə bəri "鱼鳃弓"、dzuru soŋgiha fithəku bəri "双机弩"、dzafakʊ urhubuhə bəri "通把弓"；niru "箭的总称"、doroi niru "大礼披箭"、dzan "哨箭"、dokdzihijan niru "尖披箭"、hatʂihan "把箭"、nijamnijan "马箭"、hatʂiŋga nijamnijan "花马箭"、təksin niru "齐披箭"、sirdan "梅针箭"、həntə niru "叉披箭"、dzoro "角头箭"、uhʊma niru "月牙披箭"、fasilan niru "燕尾披箭"、galbikʊ "快箭"、dolbi niru "小披箭"、dijalin "光头箭"、garma niru "兔儿叉箭"、joro "骲头"、niru "披箭"、dzərəri "水箭"、sudu niru "无哨披箭"、nimaha gabtara ʂaka "射鱼叉箭"、tasha gabtara niru "射虎披箭"、indan "有翎无铁箭"、tasha gabtara salmin niru "射虎弩箭"、tatamə niru "抹角披箭"、lubu "墩子箭"、ganada "鸭嘴箭"、niokan "蓬矢"、madzan "长披箭"、kəifu niru "大披箭" 等。

---

① 朱跃：《语义论》，北京大学出版社 2006 年版，第 128 页。
② 何俊芳编：《语言人类学教程》，中央民族大学出版社 2005 年版，第 68 页。
③ （清）《五体清文鉴》，民族出版社 1957 年影印版，第 444—472 页。

满语狩猎词中的弓箭词，单从概念上看，不仅类别齐全，而且命名细致入微。不仅如此，满—通古斯诸民族早期的狩猎生活还使得其先民们对动物的观察也极为详尽，表现在其语言里，就是在满—通古斯诸语词汇系统中沉淀了大量动物类的词语，尤其是出现了大量对动物的形貌、年龄等进行专门命名的词。这些描写动物肢体、状貌的词以及摹拟狩猎场景的词，充斥在满语狩猎语义场中，是其另一大特色。这些关于动物肢体类、动息类词语是满族及其先民长期细致观察动物所获得的认知结果。由于打猎面临的危险重重，满族及其先民必须谨慎观察周围的动物，并为其具体、细致、系统地命名，便于在狩猎生产中准确无误地使用和相互沟通。因此，满—通古斯诸语中聚集了大量关于狩猎对象微观描写的词语。

驯鹿是鄂温克人、鄂伦春人在大兴安岭游猎生产、生活的重要帮手。鄂温克语里，驯鹿因不同颜色、年岁、公母有不同的称谓。例如：

tɕialkə "白驯鹿"、komnotie "纯黑母驯鹿"、karakədʐin "纯黑公驯鹿"、saha "棕色母驯鹿"、sahakaŋ "棕色公驯鹿"、poloŋ tɕieŋ "灰色母驯鹿"、gulkəŋ "灰色公驯鹿"、tɕiʃkir "雪白母驯鹿"、hotɕial "雪白公驯鹿"、alakan "花色母驯鹿"、ala "花色公驯鹿"、pogətitɕian "白黑母驯鹿"、pogəti "白黑公驯鹿"、oɕaŋgənahaŋ "一岁驯鹿"、nie mokan aŋgənuhaŋ "一岁母驯鹿"、sujiuhan aŋgənuhaŋ "一岁公驯鹿"、tɕionoho "两岁驯鹿"、satɕiu li "两岁母驯鹿"、jie ukaŋ "两岁公驯鹿"、uanmnomie "三岁驯鹿"、uno nu nie "三岁母驯鹿"、itəŋ "三岁公驯鹿"、ujo valakana "四岁公驯鹿"、nie mahar "四岁以后的母驯鹿"、niowalakana "五岁驯鹿"、mo təŋ "六岁驯鹿"、kətur "七岁驯鹿"、kir təhər "八岁驯鹿"、ɕie ru "种鹿"、sol kie "孕鹿" 等[①]。

鄂温克语里还有许多关于鹿具名称的词语，例如：

əməgən "桦木制成的鞍子"、uhi "犴背皮制成的笼头"、jin makə "犴腿皮制成的搭子"、ko ma lan "犴头皮、熊皮制成的雨衣"、təni nə "鹿头皮制成的鞍垫子"、tie gaptəŋ "犴背皮制成的胸带"、kie lipaoptin "犴干角与桦树制成的鞍子接头"、əla jieptie "桦树皮、犴背皮制成的鹿

---

① 《中国少数民族社会历史调查资料丛刊》修订编辑委员会：《鄂温克族社会历史调查》，民族出版社 2009 年版，第 162—163 页。

拌棍"、ka ŋala "落叶松做的木铃舌头是子弹壳",等等。①

另外,学术成果中还有以汉字标音的关于驯鹿及其生产的鄂温克词语,例如:

"布克查"　　　　身躯最大的驯鹿

"果洛"　　　　　无法驯服的驯鹿

"树气"　　　　　妊娠的驯鹿

"毛秃利"　　　　头上的角全掉没了的驯鹿

"虎力莫武"　　　用整只驯鹿皮制成的大驮袋

"怕毒"　　　　　驯鹿皮精制而成的烟袋

"难罢"　　　　　驯鹿身上的重行李

"扑恩泥布"　　　乘雪橇时抽打驯鹿的长木棍

"苦妮克特"　　　驯鹿身上的虱子

"特尼"　　　　　用驯鹿头毛皮制成的又暖又软

"吉若"　　　　　以野生驯鹿骨或小腿骨精制而成的锋利箭头

"扯恩该"　　　　套用驯鹿时为防止它跑快而在其脖子下横挂的短木棍

"奴死苦"　　　　用驯鹿皮制成的拉大车或大雪橇的粗皮绳

"逻娜"　　　　　用植物或骨头精制而成的驯鹿身上的各种有宗教概念的装饰品②

赫哲族主要分布在临江靠河地带,主要经营渔业生产。因此在赫哲语中有很多关于鱼产品的特色词,例如:

tʃargatʂa　　　　鱼干,瘦鱼或鱼的瘦肉部分晒干

olgtçə　　　　　鱼条,将瘦鱼或鱼的瘦肉部分切成条晒干

dawaurgutʂu　　大马哈鱼干

由于大马哈鱼肉与其他鱼肉不同,肥瘦区别很大,因此晾晒大马哈鱼干时需将其按肥瘦不同切成八部分。在赫哲语中,大马哈鱼干各部分有着不同的名称,例如:

gilin/guloŋ　　　脊干

---

① 《中国少数民族社会历史调查资料丛刊》修订编辑委员会:《鄂温克族社会历史调查》,民族出版社 2009 年版,第 163 页。

② 汪立珍、朝克:《鄂温克族宗教信仰与文化》,中央民族大学出版社 2002 年版,第 117—118 页。

siçymo／wuryaʧin　　偏脊皮里肉外干

siədəri／sigtəndə　　偏脊贴骨肉干

wurkəsə／huik　　　肚囊干

kəʧijadəda　　　　骨头

ʧafa　　　　　　大马哈鱼籽干

赫哲族除了将鱼晒干食用之外，还很喜欢吃生鱼，关于食用生鱼的词语主要有 talkə "剁生鱼"、labtaha "鱼片"、sulka "刨花"，等等。

鄂伦春语中关于动物皮毛的词很有特色，因季节、毛皮的颜色、厚薄、长短的不同而有专门的名称。例如：

buunʧi　　冬季用来制作袍子、被子的皮子，颜色略灰，绒毛较多，毛较长且结实

aŋŋurikʃa　春季用来做被子的皮子，颜色浅灰，毛结实却即将脱落

gulanʧi　　夏季用来制作夏天穿的袍子、套的皮子，颜色略红，毛短

kərəkə　　秋季用来制作春秋穿的衣服、华服、手套的皮子，颜色灰色，毛短厚密①

另外，鄂伦春语中关于毛皮制品的词还有：

gʉlami "春秋天穿的狍皮袍子"、karimna "夏天穿的狍皮袍子"、ʃun "冬天穿的狍皮袍子"、daka "狍皮短大衣"、iwukʃərki "狍皮裤"、tokikʃa ərki "犴皮裤"、armuʃi "狍皮、犴皮套裤"、alʉʧi "狍皮、犴皮底鞋"、dogdon "狍皮袜"、ʧikami "狍皮腿皮靴"、meeta "狍皮帽"、kokol／kokolo "双指狍皮手套"、dijimə "单指狍皮手套"、ʉla "狍皮被"、ʃəktuwun "狍腿皮制作的皮裤子"、taraana "用碎狍皮做的小裤子"、kaptʉrga "狍皮烟荷包"、ʉlukʉ "狍皮烟口袋"、kapiʃan "狍皮背包"、koŋgiʧan "类似麻袋的一种装米、装野菜之类的皮口袋"，等等。

鄂伦春人长期生活在桦树环绕的密林里。生活器物除了采用动物毛皮制作之外，桦树皮也是不可或缺的生产材料。鄂伦春语中还有大量的桦树皮制品的词，例如：

桦树皮 aakan "桦皮大碗"、aaʧaan "桦皮小碗"、agaʧaan "桦皮盆"、agaʧaakaan "桦皮小盆"、dalaŋki "桦皮洗脸盆"、kami "桦皮箱

　　① 胡增益编：《鄂伦春语简志》，民族出版社 1986 年版，第 20 页。

子"、kuŋgee"桦皮桶"、muuliŋki"桦皮水桶"、awʃa"桦皮箱子""桦
皮针线盒"、adamala"桦皮制作的盛贵重衣物、首饰和结婚礼品的嫁妆
盒"、məlʧun"桦皮帽盒"、mata"桦皮烟荷包"、əmkə"桦皮摇篮"、
piʧaawʊn"桦皮哨子"、əwulən"桦皮仓库"等。

　　满—通古斯诸语狩猎词中极其发达的文化限制词，形象生动地再现了
满—通古斯诸民族及其先民早期的狩猎生产生活场景，为了捕获到猎物，
猎人们要"以静制动"，连呼吸都十分谨慎，以免惊扰猎物，甚至有时候
模仿动物的叫声来吸引动物竟是他们在狩猎生产中能发出的唯一的声音①。
因此，狩猎生产时的语言交流就要求更加的简捷有效。满—通古斯诸语狩猎
词语义场中有大量描述狩猎生产工具，狩猎对象及狩猎生产场景的义位，还
有兽皮、桦树皮物品，正是满足狩猎生产、生活的需要，在汉语，甚至是诸
语其他语言里出现了词汇空缺，体现出了该语族语言的民族性特征。

三　满—通古斯诸语狩猎词语义场的多样性

　　事物之间的联系是复杂多样的，因而反映事物概念与概念之间的关系
也是复杂多样的，标记概念的词语之间的语义关系也是复杂多样的。满—
通古斯诸语狩猎词的总语义场，包含着大量的子语义场，由于这些子语义
场性质不同，语义场内部词语间的关系也不同，满—通古斯诸语狩猎词语
义场的复杂多样性更多呈现出多维交叉的特点。

　　一方面，同一个词在不同的语义场里可以得到不同的定义，从某种程
度上讲，语义场决定着词的定义。也就是说，不同的语义场对于同一个词
的定义发挥着不同的作用。例如：满语的 siŋgəri 一词有"鼠"和"子"
两个概念。如果把 siŋgəri 放在狩猎语义场里，它所表示的是"鼠"的意
义；那么把 siŋgəri 放在天干地支语义场里，它表示的是"子"的意思。
与此相关，满—通古斯诸语中有很多动物词作为狩猎对象词出现在满语狩
猎词汇语义场中，也同时出现在天干地支语义场中，承担着标记"地支"
的功能。用动物词来表示"地支"概念的语言现象，不仅出现在满—通古
斯诸语里，也出现在汉语中。满—通古斯诸语中的地支词实际上来源于汉
语，因此才会呈现出与汉语相对应的"地支—动物"语义场这一现象。
例如：

---

① 高长江：《文化语言学》，辽宁教育出版社 1992 年版，第 32 页。

表 3-75 满语、锡伯语、鄂温克语、鄂伦春语、赫哲语地支—动物词对照表

动物	满语	锡伯语	鄂温克语	鄂伦春语	赫哲语	地支
鼠	siŋɡəri/siŋɡəri	şiŋəri	aʃiʧʧaŋ	ʃiŋəri/aʃiɡʧaŋ	ʃiŋəri	子
牛	ihan	ihan	uhur	ukur	ihan	丑
虎	tasha	tash	tasuɡ	tasaki	tasha	寅
兔	ɡulmahun	gulmahən	gulmahuŋ	gulmakən/tuksaki	gulmahən	卯
龙	muduri	muduri	mədəri/loo	mudur	mudur	辰
蛇	məihə	məih	holəŋ	kulin	mədʐhə	巳
马	morin	morin	moriŋ	morin	morin	午
羊	honin	honin	honiŋ	kunin	honin	未
猴	monio	moni	modʐo/monidʐo	monو/baʧi	monو	申
鸡	tşoko	tşoko	hahara	kakara	toko/ʧoko	酉
狗	indahun	dzonhun	ninihin	ŋanakin	inakin	戌
猪	ulgidzan	vəlgidzan	olgən	ulgəən	ulgian	亥

另一方面，由于语义场内部词语间的不同联系，同一个词，从不同的视角看，可以划入不同的语义场中。比如说，在满语中，ilən "打兽的套子" 和 bolin "鸟媒子"、dzofoho "鱼叉" 可以用作狩猎工具，是满语狩猎工具语义场中的一个义位，与此同时，ilən "打兽的套子" 还可以围绕 "狩猎生产活动" 这个概念，和 otori "春日游猎"、aba "畋猎"、argambi "上山赶兽"、dəsihi "打骚鼠的绷子"、tasha "虎"、dzukturi "两岁熊"、dzolo "母鹿"、kandahan "犴" 等出现在满语狩猎词汇语义场中。ilən 在 "打兽的套子" 这个语义下，同时出现在了狩猎工具语义场和狩猎词汇语义场两个不同维度的语义场中。

由此可以看出，满语狩猎词汇语义场在词场间交叉层面和多维角度的多样性特征。

小　结

本章在满—通古斯诸语狩猎词分类梳理的基础上，深入讨论了满—通古斯诸语狩猎词的结构性特征。其特征主要表现在不仅存在大量描写动物

肢体类、状貌类词以及狩猎场景的摹拟词，还有一大批意义基本相同，语言使用范围不完全相同，或者在语言使用过程中语义侧重点有细微差别的近义词，以及意义完全相同的等义词。除此之外，满—通古斯诸语狩猎词还存在较多的多义词和同音词现象。按照严格意义上的义项联系，我们对其内部呈现出的连锁型、辐射型和交叉型语义结构类型进行了分析。另外，满—通古斯诸语狩猎词具有较强的构词能力，这种构词能力更加拓展了人们在语言交流使用中的生命力，丰富了语言交流的内涵与手段。另外，我们着重讨论了动词词尾展现出来的变化丰富的词缀系统。当然，这种词缀系统在其他动词中也可以使用，但是在狩猎词中具有丰富词尾变化的动词占有一定的使用率，甚至已经凝固成一个固定的词保留在早期辞典里。因为在当时以狩猎生产为重心的生产、生活条件下，狩猎词是使用率很高的词，这些动词丰富的词缀用于狩猎词后面，更加丰富了狩猎词的使用范围，丰富了词的内涵。

　　满—通古斯诸语狩猎词在语音上出现了十分规范的对应现象，我们分别从辅音对应现象与规律、元音对应现象与规律两个方面进行了科学、详尽的探讨，从而论证了它们产生的基本原理。特别是极其突出而严谨的辅音对应现象，使我们更加明确地掌握了该语族语言狩猎词语音变化的内在规律。研究表明，辅音对应现象一般出现在零辅音 ø 与辅音 n、f、g、k、半元音 j、w 之间，辅音 n 与 ŋ、ŋ 之间，辅音 h 与 k 之间，辅音 f 与 v、p、b、半元音 w 之间，辅音 tʂ 与 s、tʃ、ʃ 之间，辅音 dʐ 与 dʑ 之间，半元音 w 与辅音 b、v、f 之间，辅音 t 与 d、dʐ、dʑ 之间，辅音 g 与 r、k、h、ŋ 之间。以上辅音对应现象一般发生在短元音 a、i、ə、o 的前后，也有出现在元音 u、ʊ、ɯ 前后的实例，但这种情况比较少。而出现在短元音 a 前后的辅音对应实例最多。辅音对应现象在词首、词中、词尾均有发生，相对而言，位于词首的实例最多。此外，满—通古斯诸语狩猎词在满语和锡伯语中产生的辅音对应现象最多。因为满语和锡伯语的书面语具有记录早期语音的功能，所以出现在满语和锡伯语中的辅音对应现象远比没有文字的赫哲语、鄂温克语、鄂伦春语里的辅音对应现象更复杂。满—通古斯诸语狩猎词元音对应现象大多发生在单元音之间，只有少数实例发生在长元音与短元音之间。满—通古斯诸语狩猎词的元音对应现象主要有：元音 a 与零元音 ø、短元音 o、ə、i 以及舌后长元音 aa 的对应；元音 o 与零元音 ø、短元音 u、ə、i 以及长元音 oo 的对应；元音 ə 与零元音 ø、短元音 o、 u、ʉ、i 以及长元音 ɘɘ 的对应；元音 u 与零元音 ø、短元音 ʊ、ʉ、o 的对应；元音 i 与零元音 ø 的对应。事实上，对应现象可以讨论的内容很多，还有继续讨论的重要性和必要性，尽管如此，我们仍然可以从现已讨论的内容中，可以把握满—通古斯诸语内部不同语言之间产生的语音变化现象，甚至可以感受到过去语音共同体的影子。

从语义场结构系统上看，满—通古斯诸语狩猎词呈现出极其鲜明的层级性、民族性、多样性特征。满—通古斯诸语狩猎词的语义分割，不仅与满—通古斯诸民族特定的自然、地理、社会、人文环境等密切相关，同时也与满—通古斯诸民族对不同事物及同类事物的细致、准确、全面的认知机制，以及该民族富有的具象思维方式等有着必然的联系。这种具象思维方式与该民族的生产方式相适应，不断强化本民族成员间的亲昵感和认同感，使他们的语言交流在生产实践中更加高效使用，从另一个角度来看，该民族语言的经济实用性，甚至对他们提高生产力水平也产生积极影响。

第四章

满—通古斯诸语狩猎词文化内涵分析

　　语言是人类历史、文化的"活化石",语义是历史、文化的"镜像"①,"是文化的载体和体现,它包含着传统文化和现今文化的最深刻秘密"②。语言是人类看待世界的一种文化样式与思维样式。从个体发生学的意义上讲,语言是我们所感知、体认和理解的世界形式,人是按照自己的语言形式来接受世界的。这种接受形式决定了人的思维、感情、知觉、意识和无意识的格局。当我们通过母语这块透镜来观察事物时,事物已按照我们母语的体系被分了类③。语言结构反映人们对客观世界的知觉和认知的基础上形成的概念和概念结构,即语言结构与人的经验结构之间有一种必然的联系④。

　　一万年前,植物和动物还没有被驯化,几乎"全球所有人都靠狩猎、捕鱼、采集为生"⑤。我国满—通古斯诸民族及其先民长期生活在我国东北地区,即在由黑龙江、乌苏里江、松花江为主脉联结的河谷密林之间,从呼伦贝尔草原直到东部海域。过去这里人烟稀少,人迹罕见,森林高耸,河流纵横,有着丰富的天然野生动植物捕猎资源。相对封闭的生活空间使他们只能完全依赖大自然而生存,狩猎、采集、捕捞这些较为早期的生存技能就成了其维持生计的重要方式。"生产方式是人们获取食物以及其他

---

　　① 丁忱:《历史、文化的镜像——语义》,见冯天瑜等编《语义的文化变迁》,武汉大学出版社 2007 年版,第 58 页。
　　② 申小龙:《中国文化语言学》,吉林教育出版社 1990 年版,第 33 页。
　　③ 申小龙:《中国文化语言学》,吉林教育出版社 1990 年版,第 9—10 页。
　　④ 丁石庆:《双语族群语言文化的调适与重构——达斡尔族个案研究》,中央民族大学出版社 2006 年版,第 159 页。
　　⑤ 周大鸣编:《人类学导论》,云南大学出版社 2007 年版,第 79 页。

生活资料的方式，而且，不同的文化必然具有不同的生产方式。"①　得天独厚的自然馈赠使得狩猎、捕捞、采集成为满—通古斯诸民族及其先民赖以生存的经济基础。传统的狩猎、捕捞、采集经济形成了满—通古斯诸民族及其先民独具特色的物质文化，"其积累于语言之中，以特殊的语义充分反映了发达的狩猎、捕捞、采集文化特征"②。

第一节　狩猎词语义与文化关系

综观人类社会发展史，几乎每个族群都经历了采集和狩猎的历史阶段。满—通古斯诸民族亦是如此。他们生活所处的自然环境，使得诸民族经历了较为长期的狩猎生产阶段，这也是对该地区特定自然环境的一种文化适应。事实上，纯粹的生产方式是不存在的，在狩猎社会里，妇女采集野生植物的根、茎、叶、果实等。比如说，鄂温克族、鄂伦春族早期生活在山岭密林之中，狩猎是其主要从事的生产活动，捕捞、采集是获取食物的重要手段；赫哲族由于临江靠河，主要从事捕捞生产，渔闲时才进行狩猎、采集生产。

满—通古斯诸语中的狩猎词汇十分丰富，主要表现在数量多，分布范围广，个别类别的语义内涵比较细腻，甚至出现有些词语在具体语言中不止一种说法的现象。

一　狩猎对象词语

我国东北地区物产富饶，有着取之不竭、用之不尽的野生动物资源以供满—通古斯诸民族及其先民进行狩猎。有关禽鸟、野兽专门词汇的丰富蓄积，成为满—通古斯诸语词汇中颇具特色的组成部分。③　下面以鹿、熊、野猪、水獭为例，例如：

如表4－1所示，满—通古斯诸语狩猎词中的共有词，语音形式完全相同的实例有"野角鹿""两岁驼鹿""马鹿"等，语音形式不完全相同但

---

①　蒋立松编：《文化人类学概论》，西南师范大学出版社2007年版，第41页。

②　赵阿平：《满语语言与物质经济文化》，《黑龙江社会科学》2010年第4期。

③　刘小萌：《满族的社会与生活》，北京图书馆出版社1998年版，第137页。

具有语音对应规律的实例有很多，比如说"驯鹿""驼鹿""一岁驼鹿"等，语音形式差别较大的也比较多，如"鹿""母鹿""鹿羔"等，很明显来自不同的语言系统。而且，以上共有词中，关于"鹿"的名称词没有复合词，多为单纯词和派生词。另外，有些语言中出现了一个词有多种说法的现象。例如，鄂温克中的"鹿"有 boɡ、kumakaŋ、orooŋ 三种说法。除此之外，满语中还有 untʂəhə ɡolmin buhʊ"麈，意译为"长尾鹿"、abkai buhʊ"天鹿"、ɡibuhʊ"麂"、arsələn"狻麂"等词语。

表 4 – 1　　　　满语、锡伯语、鄂温克语、鄂伦春语、赫哲语鹿名称词

词义	满语	锡伯语	鄂温克语	鄂伦春语	赫哲语
鹿	buhʊ	bohu	boɡ / kumakaŋ / orooŋ	kumaka	kumaka
驯鹿	oron	oron	orooŋ	oroon	oroon / tolki
公鹿	mafuta	mavət	mabu	mabu	ɡuran
母鹿	dz̧olo	dz̧olo	mabuhaŋ	mabukan	ɡurahan
鹿羔	fijadz̧u	fijadz̧u	oʃ	ankanahaŋ	oʃankan
一岁鹿	urɡə ʂən	urɡəsən	ankanahaŋ	ankan	ankab
两岁鹿	ʂoloŋ mafuta	mavəta	dʑinoho	dʑinoko	dʑinoho
三岁鹿	lorbodo	lorbodo	wənnəne	wənnər	lobodo
野角鹿	irən	irən	irən	irən	irən
驼鹿	kandahan	kandahan	handahaŋ	kandahan	kandahan
驼鹿羔	nijahot ʂa	niahot ʂa	nekkosa	nerkosa	ŋarhosa
一岁驼鹿	toho	toho	tooho	tooko	toho
两岁驼鹿	anami	anami	anami	anami	anami
母驼鹿	ənijən	əniən	əniən	ənijən	əniən
公驼鹿	amijan	amian	amijan	amijan	amijan
马鹿	ajan / ajan buhʊ	ajan	ajan	ajan	ajan
梅花鹿	suwa buhʊ	bohu	boɡ	boɡ	bohu

如表 4 – 2 所示，满—通古斯诸语狩猎对象共有词，没有语音形式完全相同的例子，但是有语音形式些微不同的实例，比如说"棕熊""公棕熊"等，语音形式差别较大的实例比较多，如"熊""一岁熊""两岁熊"等，多为来自不同的语言系统。需要指出的是，以上共有词中，关于"熊"的名称词没有复合词，多为单纯词和派生词。另外，有些语言中出现了一个

词有多种说法的现象。例如，鄂温克中的"熊"有 ətirgəŋ、ətəggəŋ 两种说法。

表 4 - 2　　满语、锡伯语、鄂温克语、鄂伦春语、赫哲语熊名称词

词义	满语	锡伯语	鄂温克语	鄂伦春语	赫哲语
熊	ləfu	ləf	ətirgəŋ/ətəggəŋ	ətirgən	mafkə
一岁熊	kʊwatiki	kuatik	ʉtʉhi	ʉtʉki	hutiki
两岁熊	dz̪ukturi	dz̪uktur	dʑukt/ojogon	dʑukti/ojogon	dʑukti
棕熊	nasin	na ʂin	naʃi	naʃi/tʉʉr	naʃin/tuur
公棕熊	sati	sati	sat	sat	sati
母棕熊	nari	nari	sathaŋ	satkan	satigan
黑熊	modz̪ihijan	modz̪ihijan/jonhun ləfu	modʑihəŋ	modʑikin/wəŋən	modʑihin
公黑熊	uduwən	uduwən	ətʉgən	ətʉtə	ətugən
母黑熊	dz̪aira	dz̪ari	sari/matugaŋ	sari/matugaŋ	sari/matuga

如表 4 - 3 所示，满—通古斯诸语狩猎对象共有词，语音形式完全相同的实例有"母野猪"等，语音形式不完全相同，但具有语音对应规律的例子有很多，比如说"大野猪""公野猪""野猪崽"等，语音形式差别较大的例子也比较多，如"獠牙野猪""老野猪""野猪"等。而且，以上共有词中，关于"野猪"的名称词多为单纯词和派生词，但也有复合词，例如，锡伯语中的"野猪"。除此之外，满语中还有 bigan i ulgijan "野猪，泛指野生的猪"、jalu "野公猪"、həntə "将壮野猪"、buldu "小公猪"、balakta "盘牙野猪"、haijakta "盘牙老野猪"、alda "半大猪"等词语。

表 4 - 3　　满语、锡伯语、鄂温克语、鄂伦春语、赫哲语野猪名称词

词义	满语	锡伯语	鄂温克语	鄂伦春语	赫哲语
野猪	hamɢiari	taləj velgian	torohi	toroki	niktə
大野猪	aituhʊn	əthun	ajtahuŋ	ajtan	ajtan
公野猪	aidagan	aidagan	ajdagaŋ	ajdan	ajdan
母野猪	sakda	sakda	sakda	sakda	sakda
野猪崽	mihat ʂan	miht ʂan	miktʃa	miktʃa	mihtʃa

续表

词义	满语	锡伯语	鄂温克语	鄂伦春语	赫哲语
出生几个月的野猪	ʂurgan	surhan	sugga	surga	surhan
一岁野猪	nuhən	nuhən	noha	noka	nohan
两岁野猪	ʂorha	sorhə	sorho	sorka	sorhə
獠牙野猪	haita	haita	ajitta	ajikta	hajikta
老野猪	hajakta	hajəkta	ajittalaŋ	ajiktalan	hajiktalan

　　如表4 – 4所示，满—通古斯诸语狩猎对象共有词，没有语音形式完全相同的实例，但是出现了不少语音形式些微不同的实例，比如说"公水獭""母水獭"等，语音形式差别较大的实例相对比较少，如"海獭""水獭"等，多为来自不同的语言系统。以上共有词中，没有出现复合词，多为单纯词和派生词。另外，有些语言中出现了一个词有多种说法的现象。比如说，锡伯语中的"旱獭"有 tarbah、tarvah 两种说法。

表4 – 4　　满语、锡伯语、鄂温克语、鄂伦春语、赫哲语水獭名称词

词义	满语	锡伯语	鄂温克语	鄂伦春语	赫哲语
海獭	ləkərhi	ləkərhi	haligu	kaligu	haligun
水獭	hailun	hailun	ʤʉʉhiŋ	ʤʉʉkin	ʤukun
公水獭	algin	algin	algiŋ	algin	algin
母水獭	uki	uki	uhi	uki	uki
水獭崽	imsəkə	imsəkə	iməskəŋ	iməskən	iməskən
旱獭	tarbahi	tarbah/tarvah	tarbahi	tarbaki	tarbahi
江獭	ləkərhi	ləkərhi	ləhərhi	ləkərhi	ləhərhi

　　满—通古斯诸民族及其先民对鹿、熊、野猪、狍子、水獭的命名，不仅从性别来区分公母，例如：公鹿、母鹿，公野猪、母野猪等，而且对其下属品种的性别也进行了分类，如：公马熊、母马熊，公驼鹿、母驼鹿等。不仅如此，满—通古斯诸民族及其先民还从年龄上对它们进行了细分，例如：一岁鹿、两岁鹿、三岁鹿，一岁熊、两岁熊，一岁野猪、两岁野猪。另外，又从外貌形态上分出了梅花鹿、角鹿、麈（意译为长尾鹿）、獠牙野猪、盘牙野猪等，还从颜色、生活习惯等方面做出了命名，例如洞

熊、海獭、水獭、江獭、旱獭等。满—通古斯诸语狩猎对象的命名涉及动物的性别、年龄、外貌形态、颜色、生活习惯等各方面细微的差异，这也能够体现出一个从事狩猎生产的民族与其他民族的重要区别特征。

不仅如此，由于满—通古斯诸民族及其先民在漫长的狩猎过程中需要每时每刻对狩猎对象进行细致入微地观察，满—通古斯诸语中才集聚了大量关于描写禽兽动息词语和禽兽声响词语。下面仅以满语为例：

描写野兽动作、行为、状貌、声响的词语主要有：aihada－“跳跃”、midʐəhudə－“撒欢”、gʊdʐandu－“众兽跳舞”、ulbi－“鼠跳树枝”、sihəʂə－“摇尾”、ninki－/nirki－“牡鹿找牝”、nirkmə bai－“牡鹿寻子”、gʊdʐa－“兽蹭树”、hidʐantʂila/səsilə－“夏鹿牝牡分群”；sirbaʂa－“摆尾”、mumana－“鹿打泥”、tʂumtʂura－“兽蹪草”、mələ－“从下践行”、oŋki－“闻声嗅避去”、fintə－“兽惊奔避”、səbkə－“纵扑”、tusihijala－“违爪”、urlə－“田鼠续窝”、baŋga“盗开洞”、ba－“鼠盗洞”、funtura－“猪拱地”、funturaʂa－“只是拱地”、kab kib“众犬撕咬”、sab“咬住”、kəmki－“赶着咬”、saibu－“被咬”、sai－“咬”、wasihala－“爪刨地”、wasihala－“抓”、oʂ oholo－“用爪”、giŋsi－“狗哼哼”、gʊwa－“狗叫”、gʊ－“狗恶叫声”、gʊwanu－“众狗齐叫”、kərkibi“狗怒连叫”、gijaŋsi－“狗挣叫”、loo－“狼狗号叫声”、kur“虎兽相据声”、or“虎猛叫声”、fosok/fasak“兽猛起声”、mijar mijar“獐狍鹿羔疾叫声”、gijar gijar“猴叫声”、kʊwas“兔饾击物声”、muŋ maŋ“牛吼鹿鸣声”、mijaŋ miŋ“狍鹿羊羔叫声”、huŋ hijoŋ“野马群行声”、kuŋgur“众野马行声”、kətə kata“野马蹄踏石声”、hijor hijar/for“野马眼岔喷鼻声”、tor“野马喷鼻声”、pəs pas“野马蹄磕蹿声”、for for“野马鼻喘息声”、mijarimbi“黄羊叫”、aŋ“骆驼叫声”、mijar mijar“黄羊羔寻母声”，等等。

描写禽鸟动作、行为、状貌、声响的词语主要有：tʂ oŋki－/t ʂoŋki ʂa－“嗛食”、uhiʂə－“燕衔泥”、gəhu“雀点头”、lukduhʊn“鸟疵毛”、lukdurə－“疵了毛”、suksurə－“鸟松毛”、kuskurə－“雉奋飞”、guksurə－“鸟雉唤雌”、isihi－“抖毛”、sara－“展翅”、dubsi－“扇翅”、dəbsitə－“不住的扇翅”、dəbdərə－“雏鸡搧翅”、aja－“扑拉”、dəjə－“飞”、dəkədə－“飞起”、fidʐirə－“擦地飞”、ləsu－“擦地慢飞”、habtaʂa－/habta habtaʂa－“振翅疾飞”、soilo－“飞腾”、

fijəilə – "鹰飘起"、kali – "鹰飘去"、mukdu – "云起"、dabali dulə –
"漫山起"、dasihi – "鹰击物"、fori – "打桩"、dʐafa – "鹰拿住"、ta-
bu – "笼住"、ʂoforo – "抓住"、suksurə – "飞下击物"、tʂamna – "复
抓住"、tʂurhʊn "飞一翅"、don "一翅落地"、do – "落者"、gobolo –
"野鸡落树"、tomo – "栖息"、noro – "栖止"、urulə – "雉肥难飞"、
kiru – "惊伏"、kʊlisita – "惊慌"、aksa – "鸟惊飞"、dubi – "熟化
了"、kara – "护群"、guwə – "鸟鸣"、dʐisla – "鸟啼"、hʊla – "鸡
鸣"、gari – "乌鸦鸣"、hokso – "母鸡、野鸡鸣"、tʂiksi – "喜鹊鸣"、
kəŋsi – "鹧鸪鸣"、durgi – "斑鸠鸣"、toŋsi – "布谷鸟鸣"、soŋo –
"水郀鸟鸣"、suli – "鸟雀噪"、dʐirgə – "朱顶红鸣"、kohodo – "雉鸡
声"、hʊja – "鹰鹞声"、kijar "生鹰叫声"、gʊr gar "群鸟飞鸣声"、
dʐak dʐik "群鸟齐鸣声"、gijar gijar "禽鸟忽鸣声"、potor patar "群鸟
齐飞声"、dʐir dʐir "促织齐鸣声"、jaŋ iŋ "蚊蝇飞声"、gʊlambi "野鸡
鸣"、ko ko "野鸡叫声"、gʊwar gʊwar "鸭蛙鸣叫声"、dʐor "野鸡猎犬
群叫声"、putur "大鸟忽飞声" 等。

　　满—通古斯诸民族及其先民不仅对禽兽的行为、动作在不同时期的表
现有着全面细致地描写,还对禽兽的鸣叫声有着形象生动的摹写。这些
"带有明显的直观性"[1] 的词汇,是满—通古斯诸民族及其先民世世代代狩
猎经验积累的产物。这种随时都冒着生命危险、富有挑战性的生产方式使
得人变的机敏异常,对狩猎对象细微的观察并对其专门命名正是适应了狩
猎经济的需要。

二　狩猎工具词语

　　满—通古斯诸语中,狩猎工具词语十分丰富。据文献记载与考古资料
证实,在满族先世肃慎人时期,就已经学会制造以"楛干为杆、以石头为
镞的弓箭",并以"楛矢石弩"[2]为工具从事狩猎、渔猎及采集生产。我们
一起来看满—通古斯诸语狩猎词汇中关于弓箭类的共有词。首先是关于弓
的词语:

---

①　刘小萌:《满族的社会与生活》,北京图书馆出版社 1998 年版,第 136 页。
②　张公瑾编:《语言与民族物质历史》,民族出版社 2002 年版,第 106 页。

表4-5　　　　满语、锡伯语、鄂温克语、鄂伦春语、赫哲语弓类词

词义	满语	锡伯语	鄂温克语	鄂伦春语	赫哲语
弓	bəri	bəri	bəri/bər	bər	bəri
弓别	misa	misa	misa	misa	misa
弓弦	uli	uli	uli	uli	uli
弓脑	bokson	bokson	boksoŋ	bokson	bokson
弓梢	igən	igən	igən	igən	igən
弓垫子	təbhə	təvhə	təbhə	təbkə	təbhə
弓套	bəridobon	bəriji dovton	togoŋ	togon	bərini dobon
弓罩	ot şika	ot şika	oʧiha	oʧika	oʧiha
弓弩子	taŋgikʊ/taŋikʊ	taŋgiku/taŋiku	taaŋgu	taaŋgiku	taaŋgihu

如表4-5所示，满—通古斯诸语狩猎工具共有词，语音形式完全相同的实例有"弓弦""弓别""弓梢"等，语音形式不完全相同，但具有语音对应规律的实例有很多，比如说"弓""弓脑""弓罩"等，语音形式差别较大的实例相对较少，如"弓套"等，很明显来自不同的语言系统。而且，以上共有词中，关于"弓"的名称及部位词没有复合词，多为单纯词和派生词。另外，有些语言中出现了一个词有多种说法的现象。例如，满语、锡伯语中的"弓套""弓弩子"有两种说法。除此之外，满语中还有 taŋgilakʊ "弹弓"、mukə gotşirə bəri "吸水弓"、urəhələhə bəri "缠筋弓"、şwə wəhə bəri "通面弓"、gijaŋka bəri "通角弓"、ukəi ihan i uihə bəri "水牛角面弓"、buha uihə bəri "野牛角面弓"、təhə uihə bəri "野羊角面弓"、alha uihə bəri "花水牛角面弓"、mlta bəri "长角弓"、dzˬəkə bəri "接脑弓"、taktşiha bəri "木弓"、fatha bəri "牛蹄弓"、fithəku bəri "弩弓"、əldzˬə bəri "鱼鳃弓"、dzˬuru soŋgiha fithəku bəri "双机弩"、dzˬafakʊ urhubuhə bəri "通把弓"等词语。

满—通古斯诸语关于箭的词语也有很多。

如表4-6所示，满—通古斯诸语狩猎工具共有词，语音形式完全相同的实例有"无哨箭"等，语音形式不完全相同，但具有语音对应规律的实例有很多，比如说"箭""大箭""长箭"等，语音形式差别较大的实例主要有"火箭"等，很明显来自不同的语言系统。而且，以上共有词中，关于"箭"的名称及部位词，多为单纯词和派生词，但也有少数复合词。

比如说"小箭""火箭"等。另外，有些语言中出现了一个词有多种说法的现象。比如说，满语、锡伯语的"带哨箭"，鄂温克、鄂伦春语中的"箭""快箭"等均有两种说法。除此之外，满语中还有 nijamnijan "马箭"、hatʂiŋga nijamnijan "花马箭"、təksin niru "齐披箭"、həntə niru "叉披箭"、uhʊma niru "月牙披箭"、fasilan niru "燕尾披箭"、dijalin "光头箭"、garma niru "兔儿叉箭"、joro "骲头"、niru "披箭"、dz̧ərəri "水箭"、sudu niru "无哨披箭"、nimaha gabtara ʂaka "射鱼叉箭"、tasha gabtara niru "射虎披箭"、indan "有翎无铁箭"、tasha gabtara salmin niru "射虎弩箭"、tatamə niru "抹角披箭"、lubu "墩子箭"、ganada "鸭嘴箭"、niokan "蓬矢"、madz̧an "长披箭"、kəifu niru "大披箭"等词语。

表4-6　　　满语、锡伯语、鄂温克语、鄂伦春语、赫哲语箭类词

词义	满语	锡伯语	鄂温克语	鄂伦春语	赫哲语
箭	niru	nyrə	niru/nor	niru/luki	niru/luki
小箭	dolbi niru	dolbi nyrə	dolbi nor	dolbi luki	dolbi luki
大箭	kəifu	kəivu	hiwʉ	kiwʉ	kifu
长箭	madz̧an	madz̧an	maʥaŋ	maʥan	maʥan
快箭	kalbikʊ	kalbiku	halbihu/halgi	kalbiku/kalgi	kalbiku/halgi
水箭	dz̧əsəri	dz̧əsəri	ʥəsər	ʥəsər	ʥəsəri
火箭	tʂuniru	tua nyrə	toɡ nor	toɡluki	tooluki
哨箭	dz̧an	dzan	ʥan	ʥan	ʥan
带哨箭	dz̧aŋga/dz̧aŋa	dz̧aŋga/dz̧aŋa	ʥaŋga	ʥaŋga	ʥaŋga
无哨箭	sudu	sudu	sudu	sudu	sudu
梅针箭	sirdan	ʂirdan	ʃidda	ʃirda	ʃirda
角头箭	dz̧oro	dz̧or	ʥor	ʥor	ʥor
扁头箭	ganada	ganada	ganda	ganda	ganda
箭头铁刃	orgi	orgi	orgi/oggi	orgi	orgi
箭头铁脊	kuhən	kuhən	hʉgʉ	kʉgʉ	hugu
箭羽	dəthə	dəthə	dəkta	dəktə	dəthə
箭匣	kobdon	kobdon	hobdo	kobdo	hobdon
箭筒	dz̧əbələ	dz̧əvəl	ʥəwəl	ʥəwəl	ʥəbəl

续表

词义	满语	锡伯语	鄂温克语	鄂伦春语	赫哲语
箭罩	jaki	jaki	jagi	jagi	jagi
弩箭	səlmin	səlmin	sərmiŋ	sərmin	sərmi
箭靶子	igən	aigan	ajigaŋ/gappahu	ajigan/garpaku	ajgan
箭靶心	tut ʂinə	tut ʂinə	tuʃi	tuʃi	tuʃin
箭档子	labi	lavi	labi/dalaŋka	labi/dalda	labi/dalda

除了弓箭，满—通古斯诸民族先民狩猎用到的其他传统工具还有扎枪、网、套、笼、夹子、刀等。

如表4-7所示，满—通古斯诸语共有词，语音形式完全相同的实例有"扎枪"等。语音形式不完全相同，但具有语音对应规律的实例有很多，比如说"马尾套子""禽鸟套子""野鸡网"等。语音形式差别较大的实例主要有"夹子""棍子"等，很明显来自不同的语言系统。而且，以上共有词中，多为单纯词和派生词，但也有少数复合词，例如"短扎枪""带钩扎枪"等。除此之外，满语中的狩猎工具词还有：glʊmahʊn asu"兔网"、tʂətʂikə tatara asu"拉雀网"、alakdaha"跳兔网，两庹长，在围场中两人把网绑紧，遇有跳兔时即盖捕"、jasha"跌包，用马尾织的捕捉鸟雀的网套，罗"、ha"核网，捉鸽子、野鸡用的小网"、nijəhə tatra asu"拉野鸭网"、ulhʊmalaga"野鸡网"、buthaʂara"鹰网，打鹰的双叉木网"、muʂu gidara asu"顶网，捞网，捕鸟用具"、dan"打黂雁的套子"、gala futa"打雕的套子"、fədzilən"打雀鸟马尾的套子，用马尾做的打鸟的套子"、ofi"打野鸡的脚套子"、hʊrka"打雀鸟马尾的套子，用马鬃做成的捕鸟雀的套子"、ohʊldzʊn"打野鸡的活套子"、gofoho"打树上的雀套子"、dobi jasha"打狐狸的套子，二尺多长，套口二尺多长，把它张开压放在狐狸洞口，从别处掘孔熏烟，狐狸一出来就落入网中"、hujə"射雕的窝，射雕、捕鹌鹑等的窝洞"、gina"打貂鼠银鼠的压木"、hulun murakʊ/murakʊ"鹿哨子"、jədun"鹿套头，哨鹿时带的假鹿头"、tʂimilan"倒吸哨子，为了引诱鹿来用嘴往里倒插着气吹得响笛"、tuhə"打骚鼠的簲子，用柳条编的形状像锅盖样子的捕骚鼠、黄鼠狼的器具"、tuhəbuku horho"滚笼，打鸟雀的笼子"、harhotu"打虎豹犬的木笼"、uku"串笼"、dəsihi"打骚鼠的绷子，在横倒在河上的连根大树上，钉钉子挂线下网挡住两旁，貉鼠、骚鼠、灰鼠、黄鼠狼等在树上越过时被线绊倒落水"、hurən"打獾的木筒子"、dadari"打骚鼠的器"、tʂətʂikə"吹筒"、dalhʊwan/latubukʊ"粘杆子，在长杆子的头儿涂上胶，鸟儿一落便被沾上"、amdun"粘子，粘竿儿上抹的胶"、subərhə"苗子，打鹰鹞时用的诱饵"、bolin"鸟媒子，用以引诱猎物的诱饵"、dʐalakʊ"鸟媒子，用来引诱鸟雀的诱饵"、naŋgʊ"打獾貉的木墩，在一根木头两旁，将一拃钉钉中间，放上整木，装上机关，上栓生肉，兽扯肉吃时木落压之"、bəthələku"打鹞鹰的囤子"、obgija"打雕的水囤子"、səlmin"地弩，弩弓"、hadʐun"犁刀"，等等。不仅如此，赫哲语中有关狩猎工具的词还有orquma kafirəku"捕雉陷机"、kafirəku"陷机"、ʃiɲarə kafirəku"捕鼠陷机"、səbu uku"捕貂网"、uriako"鹿叫子"、puʃuku dələni"狍面具"、ukoʧən"猎袋"等。

表4-7　满语、锡伯语、鄂温克语、鄂伦春语、赫哲语其他传统狩猎工具词

词义	满语	锡伯语	鄂温克语	鄂伦春语	赫哲语
扎枪	gida	gida	gida	gida	gida
短扎枪	namagida	namagida	namagida	namagida	namagida
带钩扎枪	wataŋga gida/ wataŋa gida	wataŋa gida	wataŋga gida	wataŋga gida	wataŋga gida
马尾套子	hurkan	hurkan	hukkan/hugga	kurka	hurka
猞猁套子	ʂəbən	səvən	səbuŋ	səbʊn	səbun
禽鸟套子	masalaku	masalku	masalhuŋ	masalkun	masalku
走兽套子	ila/wəʂən	ila	ila /ʉʃiŋki	ila /ʉʃiŋki	ila
哨子/虎哨	fitʂakʊ/ murakʊ	fitʂaku/murku	pisaŋka	pitʃaŋka	fitʃaku/ fuləgiku/uriaku
口哨	fitʂakʊ	fitʂaku	pisahu	pitʃaku	fitʃaku
夹子	gədʐi	gədʐi	haʧʧihu	kapʧiku	kapʧiku
野兽夹子	gədʐi	gədʐi	gədʒiŋ	gədʒin	gədʒin
夹子弓	mudan	mudan	mudan/ʧor	mudan	mudan
夹子嘴	sant ʂiha	sant ʂiha	sanʧiha	sanʧika	sanʧiha
夹子舌	iləŋgu/iləŋu	iləŋgəi/iləŋu	iləŋgə	iləŋgə	iləŋgu
夹子支棍	soŋgiha/soŋiha	soŋgiha/soŋiha	soŋgiho	soŋgiŋko	soŋgiha

续表

词义	满语	锡伯语	鄂温克语	鄂伦春语	赫哲语
鹰网	toʃihija/tosihia	to ʂihia	toʃiha/toorga	toʃika/toron	toʃiha/toksa
野鸡网	alɡan	alɡan	taawa	alɡa	alɡan/uku
兔网	asu	asu	asuŋ/uhu	asun/uku	asu/uku
腰刀	loho	lohə	lohon	lokon	lohə
棍子	muk ʂan	muksan	daɡasuŋ	mʉkərin	mo
棒	maitu	maitu	dəŋʧi/ɡasu	dəŋʧi/ɡasu	bans/ɡasu

后来随着枪支的传入，满—通古斯诸语中还出现了大量关于枪支弹药的词语。例如：

表4-8　满语、锡伯语、鄂温克语、鄂伦春语、赫哲语枪支弹药类词

词义	满语	锡伯语	鄂温克语	鄂伦春语	赫哲语
枪	mijaot ʂan	mijaot ʂun	miisaŋ	miwʧan	miawʧiaŋ
猎枪	hijant ʂi	hiant ʂi	hijaŋka	kijaŋka	kijaŋʧi
瞄准器眼	səndz̟i	səndz̟i	səndʑi	səndʑi	səndʑi
枪冲条	t ʂirgəku	t ʂirgəku	ʧirgəhʉ	ʧirgəkʉ	ʧirgəku
枪机子	həŋkiləku	həŋkiləku	həŋkiləŋ	kəŋkilən	həŋkiləhu
枪套	homhon	homhon	homhoŋ	komkon	homkon
子弹	muhalijan	muhalin	muhaleŋ/mooleŋ	mukalen/moolen	muhalian
火药	tuwai okto	tuwai okto	dari	dari	tuwa okto
火药罐	ʂumɡan	sumɡan	sumɡa	sumɡa	sumɡan
枪的火门	ʂan	san	ʃeen	ʃeen	ʃan
导火线	tuwai sibərhən	tuwai ʂivərhən	bilda	bilda	bilda

如表4-8所示，满—通古斯诸语共有词，多为语音形式不完全相同，但具有语音对应规律的实例。比如说"瞄准器眼""枪机子""枪套"等；语音形式差别较大的也比较多，如"火药""导火线"等，很明显来自不同的语言系统。而且，以上共有词中，多为单纯词和派生词，但也有不少复合词，例如满语、锡伯语中的"火药""导火线"等。除此之外，赫哲语中有关狩猎工具的词还有 mafka ɡita "熊枪"、kuaʧi "子弹袋"等

词语。

　　满—通古斯诸民族及其先民非常勤劳智慧，善于根据动物的习性制作捕猎它们的工具。比如说针对鸟雀，他们依据鸟雀的觅食习性发明创造了网、套子、夹子，如：拉雀网，捉鸽子、野鸡用的核网，打黂雁的套子，打禽鸟的套子，打雕的套子，打雀鸟马尾的套子、夹子、滚笼，打鸟雀的笼子，打鹞鹰的囮子，打雕的水囮子等。不仅如此，他们还为引诱鸟雀前来而设置了各种各样的诱饵，如打鹰鹞时用的诱饵苗子、鸟媒子等。同时，还根据鸟雀栖居的习性制造了射雕的窨、粘杆子、粘子、打树上的雀套子等。除此之外，他们对制作工具的零部件也有专门的命名，比如夹子的零件有：夹子弓、夹子腮、夹子舌、夹子支棍等。各种各样的狩猎工具从侧面反映出满—通古斯诸民族及其先民狩猎的高超技艺。

　　满—通古斯诸民族及其先民不仅勤于制造捕猎工具，而且善于驱使鹰、犬为其效命。满—通古斯诸民族先民将鹰、犬作为他们狩猎时的重要工具与助手，因此满—通古斯诸语词汇中也集聚了大量的关于鹰犬的词汇，在此仅以满语词为例进行探讨。

　　满语中存有大量关于鹰犬名称的词，例如：

　　gijahʊn "鹰"、şoŋkon "海青"、şanjan şoŋkon "白海青"、şoŋkoro "海东青"、tşikiri şoŋkon "芦花海青"、silmən "雀鹰"、hʊkşən "笼鹰"、kəikuhən "虾蟆鹰"、hijabələ "鹞鹰"、suksuhu "鱼鹰"、şə "凤鹰"、guŋguluŋgə şə "角鹰"、damin "雕"、indahʊn "狗"、adʐiraha "牙狗"、ənihən "母狗"、taiha "长毛细狗"、jolo "藏狗"、bəsəri "二姓子狗"、kabari "哈巴儿狗"、nijaha "狗崽"、nuhərə "小狗"、tşikiri "玉眼狗"、durbə "四眼狗"、tşakʊ "白脖子狗"、balta "花鼻梁子狗"、kuri "梨狗" 等。

　　鹰、犬可以帮助猎人捕捉猎物，但是要经过严格的调教，使其驯服。因此，满语狩猎词语中也存有不少关于熬鹰驯犬的词语，例如：

　　ili－"架鹰"；isibu－"初次调练鹰狗"、darabu－"鹰狗熟练"、hukşəmbu－"笼鹰"、boli－"唤鹰，以食引诱鹰"、bolibu－"使唤鹰"、dobu－"蹲鹰"、dobukʊ "鹰架子"、jasa－"熬鹰，在晚上调教鹰，不让他休息"、hətumbu－"养过冬"、tomorhon "鹰帽子"、daldahan "垫板，给鹰挂小铃用的扁骨"、haŋgon "铃"、orhon "飘翎，猛禽尾部的翎"、səsə "转轴上的铜丝，转轴上用来拴鹰尾的铜丝"、hʊjasun "脚绊，拴鹰的脚绳"、ʂurdəku "转轴"、sidʐin "脚线，初放鹰时，在鹰脚上拴的约五尺长的线"、famha "绕线木轴，缠线的板子"、oʂo "三指巴掌，架鹰用的三指皮手套"、babuhan "五指巴掌，玩鹰人用的一种五指皮手套"、bolikʊ "谎皮，唤鹰用的唤食"、suntan "网兜，放鹰时拴在胯上盛肉雀的网兜"、haihan "鹰莕（为了减少鹰体内的油脂，给鹰喂带有羽毛、骨头等食物，使第二天把吃的东西又吐出来，这种吐出来的东西叫作鹰莕）"、hahʊru "狗掐子，给狗戴的项圈"、giŋgin "狗项下支棍，系在狗脖子上用以防止咬人的支棍"、sʊna "牵狗皮条"，等等。

满族及其先民对猎鹰的训练极其严格。先从挑选猎鹰开始，海东青是其最佳选择，东青其二，其他鹰种居下。猎人需先蹲鹰，用鹰网将所需猎鹰捕下，接着进入调练猎鹰阶段。首先是熬鹰，整夜不让鹰睡觉，为的是令其听话。接着给鹰喂食带有羽毛骨头的食物，目的是减少鹰体内的脂肪，使其飞起来的时候比较轻盈，另外，鹰吃完食物又吐出来就会保持饥饿感从而会更听话。然后使鹰立在鹰架子上，训练鹰按照命令从鹰架子上飞到猎人的肩膀上，称为架鹰。训练时，猎人要带上三指巴掌以防被鹰爪抓伤。最后，就到放鹰的时候了，给鹰绑上脚绊子，用垫板拴上铃，脚线的转轴拿在猎人手里，猎鹰捕到猎物后，猎人要将网兜里的雀肉扔一些给猎鹰以提高其捕猎的积极性。等养过冬，猎人会解下脚绊子将猎鹰放飞使其繁衍后代，等入秋后再行猎捕。

猎犬是猎人的好帮手，在狩猎生产中，既能护佑猎人安全，也能协助寻找兽踪、追逐野兽，尤其是追捕黄鼠狼、猞猁以及寻找野猪时起到关键性的作用。猎犬一般都经过训练，幼犬从能跟上马跑的时候起，就带着出猎。猎人打伤猎物后，牵它使之嗅其血腥味，若打伤的猎物还没有死，有意识地让它追撵猎物并咬死。长大点以后，让它跟优秀的猎犬一起出猎，学习追捕野兽，发现兽踪，积累经验，再遇到野兽猎狗就敢独自追捕了。好猎犬在主人打伤猎物之后不仅追上咬死，而且还守在猎物旁边不吃，等待主人前来。猎犬一般都有名字，一般按照颜色和形象来叫，如"杜鲁布尔"指的是四眼犬、"库力"黄犬、"西力嘎"灰白犬、"卡拉木库"黑犬、"莫和拉"花犬、"吉鲁克"白脖犬、"伦得"长毛犬、"卡拉加"白脑门犬等。

在大兴安岭，鄂伦春人、鄂温克人的居住地，驯鹿更多担当起交通工具的角色。因此鄂温克语里，也存留大量关于驯鹿因不同颜色、年岁、公母的不同而专有的称谓。例如：

tɕialkə "白驯鹿"、komnotie "纯黑母驯鹿"、karakədzˌin "纯黑公驯鹿"、saha "棕色母驯鹿"、sahakaŋ "棕色公驯鹿"、poloŋ tɕiəŋ "灰色母驯鹿"、gulkəŋ "灰色公驯鹿"、tɕiʃkir "雪白母驯鹿"、hotɕial "雪白公驯鹿"、alakan "花色母驯鹿"、ala "花色公驯鹿"、pogətitɕian "白黑母驯鹿"、pogəti "白黑公驯鹿"、oɕangənahaŋ "一岁驯鹿"、nie mokan angənuhaŋ "一岁母驯鹿"、sujiuhan angənuhaŋ "一岁公驯鹿"、tɕionoho "两岁驯鹿"、satɕiu li "两岁母驯鹿"、jie ukaŋ "两岁公驯鹿"、uanmno-mie "三岁驯鹿"、uno nu nie "三岁母驯鹿"、itəŋ "三岁公驯鹿"、ujo valakana "四岁公驯鹿"、nie mahar "四岁以后的母驯鹿"、niowalakana "五岁驯鹿"、mo təŋ "六岁驯鹿"、kətur "七岁驯鹿"、kir təhər "八岁驯鹿"、çie ru "种鹿"、sol kie "孕鹿" 等。

以上这些均说明满—通古斯诸民族各民族狩猎文化因地域不同而在语言中存在些许差异，进而表明了诸民族的关注点所在。

三　狩猎方式词语

狩猎在满—通古斯诸民族先民的社会经济活动中占重要地位，为他们提供了主要的生活资料。[①] 满—通古斯诸语狩猎方式词语生动再现了满—通古斯诸民族及其先民狩猎时的场景。例如：

如表 4 - 9 所示，满—通古斯诸语共有词，语音形式完全相同的实例主要有 "狩猎"，语音形式不完全相同，但具有语音对应规律的实例主要有 "冬猎" "秋猎" 等，语音形式差别较大的实例比较多，如 "狩猎" "下钢丝网套" "围赶" 等，很明显来自不同的语言系统。而且，以上共有词中，没有复合词，多为单纯词和派生词。另外，有些语言中出现了一个词有多种说法的现象。比如说 "秋猎" 等。除此之外，满语中还有 aba "畋猎"、saha "围猎"、abala - "打围"、ababu - "使打围"、abalana - "去打围"、abalandu - "一齐打围"、otori "春日游猎"、otorila - /sondzˌomə abala - "春蒐"、undaşa - "春雪上赶兽"、hoihala - /usin i dzˌalin kamə abala - "冬狩"、ulgijan tu - "打野猪围"、arga - "山上赶兽"、adabu - "使排列行围"、ulun ɡida - /abala - "夏苗"、bodo - "相地趋

---

① 赵阿平：《满语语言与物质经济文化》，《黑龙江社会科学》2010 年第 4 期。

兽"、adandu – "齐排列行围"、wamə abala – "秋狝"、tulə – "下网套"、muran "哨鹿围"、mura – "哨鹿"、fitʂa – "哨狍"、karan "远瞭望"、məirən "围肩"、gala "围翼"、uturi "围两头"、hoihan "围场"、aba sinda – "争射"、aba sara – "撒围"、uturi fəksi – "跑蠹合围"、uturi atʂa – "合围"、ibə – "前进"、dasa – "整围"、ara – "推围"、gotʂi – "紧围"、dosika – "进去了"、milarabu – "展开"、wainahabi "歪斜了"、toma – "收拢"、haribu – "兽被围住"、ahʋra – "吓伏卧兽"、gui gui "赶兽声"、haitʂan "上风呐喊射狍"、ʂurdə – "转迷卧兽"、dari – "兽擦人过"、hisha – "兽挨着过"、səbta – "射兽" nijamnija – "马上射兽"、tufun də – "对蹬射"、indahʋn sinda – "放狗"、gaifi nijamnija – "绕马脖子射"、aba bargija – "收围"、gijahʋn makta – "放鹰"、forgoʂomə nijamnija "换射"、burgoʂomə nijamnija – "争射"、mijoo tʂ ala – "放枪"、gidala – "枪扎"、nərəbu – "重射伤兽"、kaŋgaramə "射着皮毛"、dahala – "追赶伤兽"、oihorila – "伤轻不得"、banihʋn "伤重必得"、soŋko faida – "寻踪"、gədʐi sinda – "下夹子"、fənfulijər "兽中箭（枪）、伤口着地倒伏"、buta – "打牲"、nijahaʂa – "放犬捉牲"、hoktoʂa – "雨过高处行猎"等。

表 4 – 9　　**满语、锡伯语、鄂温克语、鄂伦春语、赫哲语水狩猎场景类词**

词义	满语	锡伯语	鄂温克语	鄂伦春语	赫哲语
狩猎	gurgu ʂən	gurəgu ʂən	bəju	bəjun	bəjun/bəju
冬猎	hoihan	hoihan	hojhan	kojkan	hojhan
秋猎	saha/aba	saha/ava	saha/aw	saka/ab	saha/aba
狩猎	butha	butha	butha	butha	butha
扎	toko – /toŋko –	toko – /toŋku –	akki –	arki –	arki –
扎（扎枪）	gidala –	gidala –	gidala – /gidla –	gidla –	gidla –
砍	sat ʂi –	sat ʂə –	satʃʃi –	tʃabtʃi –	tʃabtʃi –
下钢丝绳套	tulə –	tulu –	tʉrʉ –	tʉrʉ –	tulə –
打猎	abala –	avalə –	bəju	bəju	abala –
吹口哨	fit ʂa –	fit ʂa –	pisahula –	pitʃakula –	fitʃakula –
圈起来	hori –	hori –	hori –	kori –	hori –

词义	满语	锡伯语	鄂温克语	鄂伦春语	赫哲语
射	gabta –	gavtə –	gappa –	garpa –	gabta – /karfu –
打偏	kəltərə –	kəltərə –	həltərə –	kəltərə –	həltərə –
打中	goi –	gœ	naat – /əndə –	naw –	nagab – /nambu –
捆绑	huthu –	hutə –	bohi – /hʉkkʉ –	boki –	bohi –
围堵、围赶	hasi – /haŋgabu –	ha ʂi –	haʃi –	kaʃi –	haʃi –
驮带	at ʂi –	at ʂi –	atʃi –	atʃi –	atʃi –

　　满—通古斯诸民族先民需要四季出猎，满语狩猎词汇中有与之相对应的专有名称。春蒐 sondʐomə abalambi 指春猎，从字面义上看，挑选着打猎，指春天打尚没有怀胎的兽类的围猎；otorilambi 指在早春时节，数人结伴行小围，猎取新肉吃鲜。夏苗 ulun gidambi 指夏天里野兽沿山沟、河、草深处躲避蚊子和牛虻，人根据其踪迹进行围猎；usin i dʐalin abalambi 指在夏季为除损害禾苗的野兽的围猎。秋狝 sahadambi 指的是秋猎，打小围，与 wamə abalambi 通用，哨鹿围就是其中的一种，八月正值野鹿的发情期，猎手伪装成雌鹿，口衔桦皮鹿哨，学雄鹿鸣叫诱来鹿群射杀之。冬狩 hoihalambi 或 kamə abalambi 指在隆冬季节，进行大围，又称围猎，捕杀野猪等凶猛野兽。

　　满—通古斯诸民族先民除了进行各种网捕、下夹子、套子等外，大型的围猎是其主要的狩猎方式。据《柳边记略》载宁古塔地区满族行围称："十月，人皆臂鹰走狗，逐捕禽兽，名曰'打围'。按定旗分，不拘平原山谷，围占一处，名曰'围场'。无论人数多寡，必分两翼，由远而近，渐次相逼，名曰'合围'，或日以合再合，所得禽兽，必饷亲友。"[①] 早期由族长组织出猎者带上猎鹰、猎犬、弓、箭、刀等工具于冬至后进山，发现兽群后即撒围相地趋兽，将其合围，并逐渐收拢，推围、紧围、收围，等兽群进入射程能够被准确射中，出猎者就会在马上射兽。射兽的方式有很多，如：对蹬射、绕马脖子射、换射、争射等。射兽如果只射着皮毛，猎

---

　　① （清）杨宾：《柳边记略》，辽沈书社 1985 年影印版。

物带伤远遁，必得寻踪，追赶伤兽。满族及其先民对围猎相当重视，对围地各个部分都有专门的词语表示，如：围场、围肩、围翼、围两头等，对打围过程及各个阶段也有特定的称呼：打围、齐排列行围、撒围、跑矗合围、合围、前进、整围、推围、紧围、收围等。《满洲实录》卷三中有相关狩猎组织形式的记载："凡遇行师出猎，不论人之多寡，依照族寨而行，满洲人出猎开围之际，各出箭一枝，十人中立一总领，属九人而行，各照方向，不许错乱此总领呼为牛录额真，于是以牛录额真为官名。"[①] 这种狩猎组织机制磨砺出满族极其坚强、智慧、锲而不舍的民族性格。在崇尚"国语骑射"的有清一代，八旗兵丁一直都在进行具有练兵意义的围猎。甚至康熙年间还专设供了皇帝狩猎的木兰围场，皇帝每年都到此行猎，称之为"秋狝之典"。

满—通古斯诸语的狩猎词中还有一部分词在不同的研究成果中以约定俗成的汉语形式出现。它们涉及狩猎生产的各种组织形式及其产品分配形式。如鄂温克语、鄂伦春语中"安嘎"，由至少五六人、多时可达十几个人组成远出行猎的组织形式；"塔坦达"，是"安嘎"中年龄最大、辈分最高、狩猎经验丰富、德高望重受人尊敬的领导人，由推举产生，组织领导狩猎生产；"乌纠鲁达"是仅次于"塔坦达"的领导人，当选条件与"塔坦达"相同，主要负责集体生活中的一些问题；"吐阿钦"，是集体中年纪轻、狩猎技术差的人，留在宿营地做饭。"安达"一词是早期鄂温克、鄂伦春、赫哲人等为了满足生产资料的需要，与其他民族或本民族富裕户结成的以交换为中心的朋友关系。

满—通古斯诸语狩猎词语言结构及其相关形式反映了满—通古斯诸民族及其先民观察和理解所处自然环境及其社会环境的一种角度，以及认识客观世界与人类自身关系的一种认知能力，从这个角度说，满—通古斯诸语的语言结构在很大程度上直接映照了满—通古斯诸民族及其先民的认知能力及其文化的深层心理结构，满—通古斯诸民族及其先民的认知能力及思维方式也体现在满—通古斯诸语的语言形式上。

---

① 辽宁省档案馆编：《满洲实录》卷三，中华书局 1986 年版；又见赵阿平《满语语言与物质经济文化》，《黑龙江社会科学》2010 年第 4 期。

第二节　捕捞词语义与文化关系

　　满—通古斯诸民族及其先民的活动范围临近水域，河湖密布、滨江临海。沿河捕鱼、近海渔业也是他们生活物资来源的重要方面。"早在肃慎时代他们就开始捕鱼。明末清初，满族人曾被察哈尔蒙古人习称为'水滨三万诸申（满洲）'，以别于'马上行国'的游牧民族。"① 鄂温克人、鄂伦春人在额尔古纳河、伊敏河流域进行游猎，捕捞也是他们重要的食物补充来源。而生活在松花江下游的赫哲族早期更是以捕鱼为主业。伴随着渔业的发展，满—通古斯诸语中保留了大量有关捕捞对象、捕捞工具、捕捞方式等方面的专门词语，足以证明他们渔业知识的丰富与捕鱼技术的发达。下面分别举例介绍。

一　捕捞对象词语

　　满—通古斯诸民族及其先民捕捞对象极多，仅《五体清文鉴》中收有的含蛤蟆、龟等物在内的淡水水产就多达 86 种，海产也比较多，含海蟹、海虾等共 50 余种，如表 4 - 10 所示：

表 4 - 10　　满语、锡伯语、鄂温克语、鄂伦春语、赫哲语鱼虾类词

词义	满语	锡伯语	鄂温克语	鄂伦春语	赫哲语
蛙	ərhə	ərh/vaksən	ərihi	ərəki	ərih/wakʃən
青蛙	dẓuwali/ haʃima	haʃimol	moriŋ ərihi	morin ərikə	morinwakʃən
蝌蚪	koki/mahʊ	koki/mahu	iggiləŋ	irgilən	ilgilən
鱼	nimaha	nimha	imaha/oshoŋ	imaka/olo	imaha
公鱼	atuha	athə	atuha	atuka	atuha
母鱼	atu	at	atu	atu	atu
鱼秧子	honika	honikə	onir/homka	onir/tiʃə	oniga/tʃafa

---

① 中国第一历史档案馆编：《满文老档》，中华书局 1990 年版，又见刘小萌《满族的社会与生活》，北京图书馆出版社 1998 年版。

续表

词义	满语	锡伯语	鄂温克语	鄂伦春语	赫哲语
小鱼	nisiha	nisha	nitʃa	nitʃa	nisha
鲤鱼	mudʐuhu	murgu/hardak	mərgɵ/gilbahe	muɾgu	murgu/hartəku
小鲤鱼	siri	ʂir	ʃili/kəəlben	ʃili/kəəlben	ʃiri
鲇鱼	duwara	duvar	daahi	daaki	daahi/ʃifan
鲫鱼	oŋgo ʂon	oŋo ʂon	həltəhʉ	kəltək	abtəhə
狗鱼	gɵo ʂon	gu ʂon	suuruldu	tʃuktʃumun	gutʃən/ʃifan
鳊花鱼	haihuwa	haihua	hajgu	kajgu	hajgu/hajgutʃi
鲭鱼	fusəli	fusəli	ʉsul	ʉsəl	usul
鳑鱼	takʊ	takə	tahu	takun/taku	takun/takan
鳟鱼	dʐəlu	dʐələ	dʒəələ	dʒəəlʉ	dʒəlu/sakana
泥鳅鱼	uja ʂan	uja ʂən	ujasa/morgoŋ	uja/dʒibgən	uja
鳇鱼	adʐin	adʐin	adʒiŋ	adʒin	adʒin
白鱼	niomo ʂon	ʂaŋannimha	satʃihi	satʃiki	dʒatʃihi
金鱼	bot ʂoŋgo	ai ʃinnimha	altan oshoŋ	altan olo	aiʃinimaha
草根鱼	funimaha	vunimha	hɵrɵ	kɵrə	kuərə
细鳞鱼	niomo ʂon	niom ʂən	jora	jora	jorun
赤稍	suŋgada	suŋgada	suŋga	suŋga	suŋgad
柳根池	ulumə	ulumə	ʉlum	ʉləm	ulumə
松花鱼	foŋsoŋgi	foŋsoŋi	ogsoŋgi	ogsoŋgi	ogsoŋgi
牛尾鱼	ihan unt ʂəhə	ihan unt ʂəh	ʉhʉr iggi	ʉkʉr irgi	ihan irgi
葫芦仔鱼	farsa	fars	arsa	arsa	farsa/tenfu
河鱼	birai nimaha	nimha	oshoŋ	oktʃun	oktʃun
白鲮鱼	jabsa	jabsa	jabsa/gilgaŋ	jabsa/gilgan	jabsa
重嘴鱼	tubəhə	tubəhə	dʒuwəhe	dʒuwəkə	tubəhə
鲟鱼	kirfu	kirvu	hirbə/hibbə	kirbʉ	kitfutʃin
大马哈鱼	——	——	hirata	keeta	tawa
黑鱼/鳗鱼	huwara	howro	howor/moroldʒi	kowor	huwar
干鲦鱼	sət ʂu	sət ʂə	sətʃə	sətʃə	sətʃu
筋斗鱼	kurt ʂin	kurt ʂin	urtʃi	urtʃin	kurtʃin
花季鱼	ooha	ooha	uwaha	uwaga	uləŋgə
大头鱼	lakat ʂan	lakt ʂan	laksan	laksa	lakatʃan/koŋtʃu

续表

词义	满语	锡伯语	鄂温克语	鄂伦春语	赫哲语
方口鳉头鱼	dafaha	davahə	dawah	dawak	dawahə
白漂鱼	həihulə	həihulə	jarhuŋ	jarukun	jaruhun
白带鱼	ɢijaltu	ɢialtu	ɢiltu	ɢiltun	ɢialtun
白鲦子鱼	lioho	liohə	loho/nitʃa	loko	lioho
白鲩鱼	uja	uja	uja	uja	uja
鲳鱼	taihʊwa	taihə	tajihu	tajiɢu	taiɢu
黄鱼	muʂur/muʂurhu	musər	mʉsər	mʉsʉr	musur
鲸鱼	sarɢadz̟i	sarɢadz̟i	sarɢalʤi	sarɢan	sarɢalʤi
鳝鱼	məihətu	məihətə	morolʤi	morɢolʤi	mehətə
鲹鱼	hadara	hadra	adar	kadra	hadar
细鳞梭鱼	ukuri	ukuri	uɢur	uɢur/uur	uɢuri
鳖鱼	tʂimə	tʂimə	ʃimɢən	ʃimɢən	tʃimə/tʃiməɢən
鲈鱼	sahamha	sahamhə	saham	sakam	sakam
海马	malta	malta	arma	arma	malta
河豚	kosha	kosha	hosha	koska	kosha
海参	kidz̟imi	kidz̟im	hiʤim	kiʤim	kiʤimi
鲨鱼	dulannimaha	ʂajy	dəpʉ	dəpʉ	dəpu
螃蟹	katuri	katuri	samura/hatʃʃohe	samur/kabtʃoke	tʃamur/tʃanu
鳖/甲鱼	aihʊma	aihum	ajahu	ajakum	ajihum
龟	əihʊmə	əihum	ɢawal/məɢdəŋ	kawal	kawalan
蚌	tahʊra	tahʊr	tahira/hisʊhʉ	takira	takira
海螺	burən	burən	bʉrən/pʉrə	burən/pʉrə	burən
螺	hʊja	huja	tʃʉhər/olɢiŋ	tʃuker	tʃukektə
贝	fijaha	fijaha	hisuɢ/əhʉ	kisuɢ	kisuɢ
虾	sampa	sampa	ɢabkur/sabbe	ɢabkur	ɢabkur
河蟹	katuri	katur	hatʃʃohe	kabtʃike	kabtʃihe

如表 4 - 10 所示，满—通古斯诸语关于捕捞对象的共有词，语音形式完全相同的实例有"白鲩鱼"，语音形式不完全相同，但具有语音对应规律的实例有很多，比如说"鱼""公鱼""母语"等，语音形式差别较大

的实例也比较多，如"鲶鱼""鲫鱼""狗鱼"等，很明显来自不同的语言系统。而且，共有词中，关于"鱼虾"的名称词多为单纯词和派生词，但也有少数复合词，比如说"牛尾鱼"等。另外，有些语言中出现了一个词有多种说法的现象，比如说鄂温克语、鄂伦春语的"泥鳅鱼"有两种说法。需要指出的是，以上共有词中，"大马哈鱼"只出现在鄂温克语、鄂伦春语、赫哲语中，在满语、锡伯语中找不到与其对应的词。除此之外，满语中还有 dzəlu "白肚鳟鱼"、foŋsoŋgi "松花鱼"、duwara "鲇鱼"、tʂan nimaha "龙肝鱼"、jaru "鲮鱼"、jabs "白鲛鱼"、taimpa "小螺蛳"、birai "螺蛳"、tahʊra "蛤蜊"、əihʊmə "龟"、kalian "鼋"、kəilən "鼍"、aihʊma "鳖"、ərhə "田鸡"、mədəri nimaha "海鱼"、kalimu "房鱼"、mədəri dorgon "海獭"、sotki "海鲫鱼"、halfijan niamha "鳊鱼"、tama "鞋底鱼"、honokta "面条鱼"、hʊja "海螺蛳"、mədəri katuri "海蟹"、mədəri sampa "海虾"等词语。

满—通古斯诸民族及其先民长期与水生物打交道，对它们的部位、静态神情和动态活动极尽观察也都有着详尽的描写，例如：

表4-11　满语、锡伯语、鄂温克语、鄂伦春语、赫哲语鱼虾身体部位动态相关词

词义	满语	锡伯语	鄂温克语	鄂伦春语	赫哲语
鱼鳔	fuka	vək	ugar	ugar	ugər
鱼鳍	fəthə	sənəl	səli	səlir/sərbə	sənəl
前鳍	ut ʂika	ut ʂkə	uʧiha	uʧika	uʧikə
后鳍	fəthə	fəthə	əthə	ətkə	fəthə
鱼鳞	əsihə	əsihə	əʃihə/dʒahile	əʃihtə	əʃihə
鱼鳃	səŋgələ	səŋgəl/sənəl	səŋgəl/mərə	sənkər/ʃarna	səŋgəl
鱼刺	haga	hagə	haga	kaga	hagə
鱼白	usata	usat	usat	usat	usatə
鱼油	nomin	nomin	nomin	nomin	nomin
鱼子	t ʂurhʊ	t ʂurhu	ʧurhu	ʧurku	ʧurhu
鱼卵鱼子	t ʂərguwə	t ʂərgu	turgʊ	turigʊ	turigu/tuʃə
鱼群	maru	mar	maar	mara	marə

如表4-11所示，满—通古斯诸语关于捕捞对象部位的共有词，语音

形式完全相同的有"鱼油",语音形式不完全相同的,但具有语音对应规律的有很多,比如说"前鳍""鱼刺""鱼白"等,语音形式差别较大的也比较多,如"鱼鳔"等,很明显来自满—通古斯诸语不同的语言系统。而且,以上共有词均为单纯词和派生词,没有出现复合词。另外,有些语言中出现了一个词有多种说法的现象。例如,鄂温克语、鄂伦春语的"鱼鳃"有两种说法。除此之外,满语中关于捕捞对象状貌描写的词还有əsihəŋgə"有鳞的"、nomin"田鸡油"、huru"壳盖"、huruŋgə"有壳的"、tahʊra notho"蛤蜊壳"、hafirakʊ"螃蟹夹子"、fuhu"蛤蟆癞"、buli-"水面吞食"、kabari"鱼发泡"、godu-"鱼跃"、odundu-/godunu-"齐跃"、marula-"鱼成群"、gʊdu-"鱼摆子"、fatar səmə"活跳"、şarişa-"鱼翻白"、gʊbada-"翻蹦"、patar pitir"鱼蹦声"等。

从以上词表不难看出,满—通古斯诸民族及其先民对河鱼、海鱼的分类极其细微,将龟、田鸡等归入河鲜类,将海虾、海蟹归入海鱼类不但说明了满—通古斯诸民族捕捞的范围之广,对象之多,而且反映出满—通古斯诸民族不同于其他农、牧民族的思维认知方式。对各种水生物的形态相貌、神情动态都有着详尽的描写,说明了满—通古斯诸民族及其先民在捕捞生产中依然保持着认识事物相当高的敏锐度。

二　捕捞工具词语

满—通古斯诸民族先民的捕捞经济比较发达,主要体现在满—通古斯诸语词汇中,有一大批捕捞工具的专有名词,种类多样,主要有网具、钓具、船、鱼叉等。其中,关于网具的词语主要有以下几种。

表4-12　　满语、锡伯语、鄂温克语、鄂伦春语、赫哲语网具类词

词义	满语	锡伯语	鄂温克语	鄂伦春语	赫哲语
网	asu	as	alagaŋ	alaga/aalga	alaga/adila/aku
兜网	daihan	daihan	dajha	dajka	dajihan
抄网	şodokʊ	şodoku	sodohu	sodoku	sodoku
网边	hərgin	hərgin	hərgiŋ	kərgin	hərgin
网边绳	hə şən	hasən	hətʃəŋ	kətʃən	həsən

如表4-12所示,满—通古斯诸语捕捞网具词中的共有词,没有语音

形式完全相同的实例，语音形式不完全相同但具有语音对应规律的实例有很多，比如说"抄网""网边""网边绳"等，语音形式差别较大的实例也比较少，比如说"网"，很明显来自不同的语言系统。而且，以上共有词中，关于"网具"的名词没有复合词，多为单纯词和派生词。另外，有些语言中出现了一个词有多种说法的现象。例如，鄂伦春语、赫哲语中的"网"分别有两、三种说法。除此之外，满语中关于捕捞网具的词语还有 hʋrhan "大围网，打鱼的大网"、hʋrilakʋ "尖网"、jarɡijalakʋ asu "把网"、daŋdali "拦河网，这种网是由粗麻绳织成，宽约七八尺至丈余，长短视河面宽窄而定，网的上沿系以长方木，取其浮水；下沿系以铅条，取其沉底"、jajakʋ asu "顺水网，顺流捕鲟鱼的大眼网"、ulhi asu "袖网，在网上拴满袖子形状的网，使网沉入水中，鱼进入后捕获"、dzʲarɡijalakʋ "旋网，一种捕鱼的网，网身长一丈，口宽八九尺，网底系铅坠"、bandan asu "抬网，一种两头拴着木棍，一人拿着一边，在水中捕鱼的网"、ulumə butara sə sirɡə asu "浑水内用的柳根池细丝粘网，在流动的缓水里用的小眼大网"、əjəbukʋ asu "粘网，捕捞浮游在水面上的鱼的网"、taburə asu "粘网，捕捞浮游在水面上的鱼的网"、daihai "箆网，形似口袋的网，在河的两侧，用编好的篱笆挡住，中间留下一个空孔，将网口对着空孔张放，用以捕鱼"、tukijəku asu "罾网，网如矩形，中间有个凹兜，拿四根竹竿将网四角撑着，在四竿的交互处绑上长竿，或者用三根竹竿将网结成三角形"、torho moo "网杆，拦江的拉网两头拴的五尺长木"、da fata "网杆总绳"、sontʂoho futa "旋网顶绳，旋网中间拴的绳子"、həʂən "网边绳，提网的总绳"、hərɡin "网边，沿网边拴绳子的地方"、jasa "网眼"、irukʋ "网坠子"、ilmən "网脚子，拴在网脚下，使小网沉用的铅或石铃子"、sarɡijan "网稀，网眼稀疏"、tomoo "织网样木，织网用的样子木"、mitʂiha ara– "织网边，织鱼、兽网的边儿"、dzʲibin sarba "织网线轴，织网用的线轴"、sarfu "织网线轴，织网用的线轴"等。赫哲语中的捕捞工具主要有 autʃi "渔网"、adili "小渔网"、sarəka "网梭"、sarəfo "网板"等。鄂伦春语捕捞工具词还有 alka putaŋki "网渔具"、əktə aalka "大网"、thaan aalka "拖网"、çirkəl aalka "江网"、pirahan aalka "拦河网"、çirəhtə aalka "线网"、əktə ultəhətʃi aalka "大眼网"、nitʃuhun "小眼网"、nutanki aalka "旋网"、lahthukŋhi aalka "挂网"、aalka dzʲuun "网坠子"、aalka ərkuun "网脚子"、aalka kəptəwun "渔网漂"、thaluu kpətəən "桦皮鱼漂"、aalka tɵnɵŋ "网节"、aalka "渔网"、nitʃuhun aalka "小渔网"等。

关于钓具的共有词主要有以下几种：

表 4 - 13　　　满语、锡伯语、鄂温克语、鄂伦春语、赫哲语钓具类词

词义	满语	锡伯语	鄂温克语	鄂伦春语	赫哲语
鱼饵	bətən	bətən	bətə/məhə	bətə/məkən	bə
鱼钩尖	adan	adan	ada	ada	adan
鱼钩	goho/dəhə	goho	əmhəŋ	əmkən	uməkən
小鱼钩	adʐigə goho	adʐig goho	əmhətʃəŋ	əmkətʃən	uməkətʃən
鳇鱼钩	adʐin goho	adʐin goho	ərəhəŋ	ərəkən	kərətʃkə
三齿甩钩	ilanweihəi goho	ilanvih goho	ilagar	jagar	jakar
大掠钩	amba goho	ambu goho	əlkuŋ	əlkun	əlku
倒须钩	watan	vatan	wata	wata	watan
挂钩	dəhə	dəhə	dəgə	dəgə	dəgə
鲤鱼钩	mudʐuhui goho	murguji goho	duŋgu	duŋgu	duŋgu/tunku
拎钩	gohon	gohon	goholoŋ	gokoloŋko	goholoku

如表 4 - 13 所示，以上满—通古斯诸语钓具共有词，没有语音形式完全相同的实例。语音形式不完全相同，但具有语音对应规律的实例有很多，比如说"鱼饵""鱼钩尖""挂钩"等。语音形式差别较大的实例也比较多，如"鱼钩""大掠钩""小鱼钩"等，很明显来自不同的语言系统。而且，以上共有词中，关于"钓具"的名称词多为单纯词和派生词，但也出现为数不多的复合词，比如说满语、锡伯语中的"小鱼钩""鳇鱼钩"。另外，有些语言中出现了一个词有多种说法的现象。例如，鄂温克语、鄂伦春语、赫哲语中的"钓鱼竿"均有两种说法。除此之外，满语还有 tʃabihan "跑钩，漂儿、鱼漂"等词语。赫哲语中的捕捞钓具词还有 kithə "快当钩"、kioloko "拎钩"、haitʃitʃo "冬拎钩"、wuməkən "小鱼钩"等。鄂温克语捕捞钓具词还有 umhəŋ "鱼钩"等。鄂伦春语捕捞钓具词还有 muhəə putaŋki "钓渔具"、thaluu kpətəən "桦皮鱼漂"、çirkə "钓鱼线"、muhəə/kəptəwn "钓漂子"、əlkuu "推钩"、əlkuu uṇhaan "推钩翘头"、əlkuu uçii "推钩绳"、əlkuu naadʐi "推钩杆"、inahhta

muhəə "毛钩"、ləhəən muhəə "吊钩"、nutaar muhəə "甩钩"、lahthu-
ki muhəə "挂钩"、pəə "饵食" 等。

关于船的共有词主要有以下几种：

表4-14　　满语、锡伯语、鄂温克语、鄂伦春语、赫哲语船具类词

词义	满语	锡伯语	鄂温克语	鄂伦春语	赫哲语
船	dz̧ahʊdai	dz̧hudi	dʑewe/porohor	dʑewe/porkoor/moŋgo/moŋko	dʑewe/təmtəkən/tikakə
渡船	kobuŋgo dz̧ahʊdai	dz̧hudi	porohor	porkoor	təmtəkən
桦皮船	tolhon wəihu	vəihu	moŋko	moŋgo/moŋko	umərtʃən
独木船	wəihu	vəihu	hotoŋko/moŋgo	kotoŋko/moŋgo	otoŋki
划船	məlbiku dz̧ahʊdai	məlbiku dz̧hudi	səligʊŋ	səligʊn	wəihu
帆船	kotoli dz̧ahʊdai	kotoli dz̧hudi	dʑewe	dʑawi	dʑawi
快艇、快船	dz̧aha	vəihu	gulban	gulban	gulban
船棚子	əlbəku	əlbəku	bʊkkʊl	bʊrkʊl	dalu
船舵	tuwant ʂihijakʊ	duəs	hirwʉŋ	kirwʉn	hirwun
船桨	səlbi	səlbi	səlbiŋ/səlbiŋkə	səlbin	səlbin/kiawli
船滑轮	ʂurdəbuku	surdəkə	əggiŋkə	ərgiŋkə	surdəkə
船底	fərə	vəihui fər	ərə/ər/alam	ərə/alam	ərən
船头	hoŋko	hoŋkə	hoŋgo	koŋgo	hoŋko
船艄	hudə	hud	hʉd	kʉd	hud
船舷	taltan	taltan	talta	talta	taltan
篙子	ʂuruku	ʂuruku	suruhu	suruku	suruku
桨桩	ʂan	ʂan	ʃaŋ	ʃan	ʃan
划子	səlbikʊ	səlbiku	səlihʉ	səlikʉ	səlbihu
舟	dz̧ahʊdai/wəihu	vəihə	dʑewe	dʑawi	dʑawi
木筏	ada	ada	sal	sal	ada
桅木	siltan	ʂiltan	ʃiron/solo	ʃiron	ʃiltan/dʑəŋkən
帆	kotoli	kotoli	ədiwʉŋki	ədiwʉŋki	kotolo

如表4-14所示，满—通古斯诸语关于船的共有词，没有语音形式完

全相同的实例。语音形式不完全相同，但具有语音对应规律的实例有很多，比如说"船舷""篙子""划子"等。语音形式差别较大的实例也比较多，如"快船""船滑轮""船底"等，很明显来自不同的语言系统。而且，以上共有词中，关于"船"的名词，多为单纯词和派生词，也有为数不多的复合词，比如说满语中"桦皮船""帆船"等。另外，有些语言中出现了一个词有多种说法的现象。例如，鄂温克中的"船底"有三种说法。除此之外，赫哲语关于船的词主要有 kohtilə "帆" 等。鄂温克语关于船的词有 sөөŋ ʤahʉde "渔船"、鄂伦春语关于船的词还有 өlө mөŋkө "渔船"、halbi "桨"、ʤawaliŋkʉ "桨、棹" 等。

　　满—通古斯诸语狩猎词中，还有鱼罩、鱼篦子、梁子、簖子等其他捕捞用具，例如：

表4-15　　满语、锡伯语、鄂温克语、鄂伦春语、赫哲语其他捕捞工具类词

词义	满语	锡伯语	鄂温克语	鄂伦春语	赫哲语
鱼叉	dz̦ofoho	dz̦ovho	ʤowuhu	ʤobuku	ʤobuku
冰穿子	bon	bon	ʧaleer/saleer	ʧalin	boŋ
冰兜	fo	vo	oog	oog	ogon
撬棍	t ʂoban	t ʂoban	ʉliŋkə	tʉgidiwʉn	wan
鱼篓子	loshan	losha	losha	loska	tarani
鱼兜子	şodokʉ	şodoku	sodohu	sodoku	sodoku
鱼笼	uku	uku	ukur/uhur	ukur	uku
鱼簖子	huwədz̦ən	huwədz̦ən/hədz̦ən	haadi	kaadin	haadi
鱼罩	tubi	tubi	tubi/hʉmʉ	tubi/kʉmʉ/tiri	tubi

　　以上满—通古斯诸语捕捞工具词中的共有词，语音形式完全相同的有"鱼罩"。语音形式不完全相同，但具有语音对应规律的实例有很多，比如说"鱼兜子""鱼笼""鱼罩"等。语音形式差别较大的例子也比较多，如"冰穿子""冰兜"等，很明显来自不同的语言系统。而且，以上共有词中，没有出现复合词，多为单纯词和派生词。另外，有些语言中出现了一个词有多种说法的现象。例如，鄂温克语、鄂伦春语中的"鱼罩"有两种说法。除此之外，满语中还有 fakʉ "鱼梁，捕鱼用具，用石砖挡住河的两边，中间留空捕鱼"、fasin irən/huwədz̦ən "拦鱼簖子，在河水湍急处

两岸插上橛子，河道用编好的树枝挡上，中间留个口子挂上筲网的一种打鱼工具"、haŋgabukʋ "打鱼嘴撑，一种捕鲲鱼的用具"等。赫哲语中的捕捞工具还有 tʃopko/ʤopuku "鱼叉"、uməkəŋ "鱼篓"、imaha khiotu "鱼刀"、poŋəu "冰穿，凿冰器"、imahə tarəni "鱼储笼"、sopuku foloku "鱼皮口袋"等。鄂温克语捕捞工词主要有 oshuŋ bʉtaŋkʉ "渔具"、ʉleŋkʉ "鱼储笼"、səənku "穿鱼条子"等。鄂伦春语捕捞工具词还有 ələ putaŋki "渔具"、ələ "套鱼套"、urka məən "套鱼竿"、tʃuhə ultəhə "冰眼"、tʃuhə munaa "冰镩"、ələ muntarʤuu "打鱼棚"、ələ tuunki "鱼储笼"、ʃəənku "穿鱼条子"、kaati haɑdi "鱼梁子"等。

满—通古斯诸语狩猎词中，捕捞工具不仅多种多样，还存在大量关于捕捞工具部件的专名。由于地域以及诸民族捕捞习惯的不同，具体语言中甚至出现了在其他语言中没有的工具词语。这很大程度上跟满—通古斯诸民族及其先民异常频繁的捕捞活动有关。满—通古斯诸民族及其先民善于观察水生生物的生活习性及相关的时令变化，并依据不同鱼种的生活习性、特征等配备捕捞工具。这种勤于发现、勇于创造的精神正是使得各种捕捞工具不断涌出的重要原因。网具、钓具、叉具名目繁多，规制不一，以适应不同季节不同自然条件下捕捉不同对象的需要，也正说明满—通古斯诸民族先民早期的捕捞生产是其重要的生产活动。

三 捕捞方式词语

满—通古斯诸民族早期的捕捞技术同狩猎技术一样，都是比较发达的，都是在长期的生产实践中积累下来的丰富经验的产物。因此，有关传统捕捞方式的词语应该是很多的。但是由于在近、现代先进的捕捞工具如快艇、机船等的严重冲击下，这些捕捞方式词语在鄂温克语、鄂伦春语、赫哲语等靠口头传承没有文字记录的语言中消失殆尽，因此满—通古斯诸语中捕捞方式共有词只有为数不多的几个了，例如：

表 4 - 16　满语、锡伯语、鄂温克语、鄂伦春语、赫哲语捕捞方式类词

词义	满语	锡伯语	鄂温克语	鄂伦春语	赫哲语
钩	goholo –	goholo –	goholo –	goholo –	goholo –
钩上、别上	tabu –	tavu –	tabu – /tawuha –	tabu – /tabuka –	tabu –

续表

词义	满语	锡伯语	鄂温克语	鄂伦春语	赫哲语
钩住	bərgələ – / dəhələ –	bərgələ – / dəhələ –	bərgələ – / ʃidə –	bərgələ –	bərgələ –
用脚钩	taksija –	tah ʂa –	taʃi –	taʃi –	taʃi –
钓	wəlmijə –	vəlmi –	əmhəŋdə –	əməkəndə –	uməkʧə –
划船	səlbi –	səlbi –	səlbi – /səli –	səlbi – /səli –	səlbi – /giawli –
冻硬雪面	tʂakdzˌa –	tʂakdzˌə –	ʧaɡʤi –	ʧaɡʤi –	ʧaɡʤa –
砸破	məidzˌəbu –	məidzˌəbu –	bisla –	bitʃla –	bitʃla – /kirkilə –
挂	lakija –	liəkə –	loho –	loko –	loho –

如表 4 – 16 所示，以上满—通古斯诸语捕捞词中的共有词，语音形式完全相同的实例有"钩""钩上"。语音形式不完全相同，但具有语音对应规律的实例有很多，比如说"钩住""划船"等。语音形式差别较大的实例也比较多，如"砸破""挂"等，很明显来自不同的语言系统。而且，以上共有词中没有复合词，多为单纯词和派生词。另外，有些语言出现了一个词有多种说法的现象。例如，赫哲语中的"划船""砸破"均有两种说法。虽然，出现在共有词中的捕捞方式词语比较少，但是，得益于满文的记录功能，有关捕捞方式词在满语中却表现得尤为突出。例如：

nimaʂa – "打鱼"、hərə – "捞鱼"、wəlmijə – "钓鱼"、daŋdali – "下拦河网"、ʂodo – "箥网中鱼，用箥捞网中的鱼"、hadzˌila – "下赶网，在河的两岸拴好网，从上游把鱼赶进网"、hʊrhada – "大网打鱼"、don hada – "钉桩下挂网，离河岸十五庹远放下一条长木，两头拴上石头使其沉下，在长木尖上钉上用柳条做的一张网，鱼就沿着长木游入网内"、tolon tolo – "点火把叉鱼（夜间把干柳条等捆成把儿，点燃，在河边叉鱼、捕鱼）"、todzˌi – "击水赶鱼，捕鱼时用棍子搅水，用发出的声音赶鱼"、tuŋku tə – "凿冰叉鱼"、harhʊda – "搅水呛鱼，搅动水底淤泥呛鱼"、taŋka – "掷石击水震小鱼"、gijaban gida – "叉鱼下木亮子，将去皮无枝梗的长木两头沉于河浅处，中间留整木船的空儿，至夜晚长木间鲤鱼进去，点火把插之"、tʂaŋka – "掷石击冰震死冰下小鱼"、ʂuʂu jarukʊ "捕蟹诱子，用绳子夹着高粱穗儿沉放河里，诱拿螃蟹"、fəktʂəku "毒鱼药"、girinəfulə – "敲冰打鱼，破冰捕鱼"、tubi – "罩鱼"、masan bətən

"挂钩，在一尺来长的细绳上拴上六七寸的丝线，线上挂钩，钩上拴芝麻渣，用来钓鱼"、boiholohobi "打住又脱落，被捕的鱼或兽挣脱掉"、ʂəolhuhə "凡物漏网"、malaʂa - "槌冰镇小鱼，把聚集在结冻的浅水里的小鱼，用木榔头打死，槌冰镇小鱼"、haidan sisi - "下大叉钩，将大钓钩上串青蛙、小鱼，拴在木杆上，顺着河边石崖插放，可得各种各样的鱼"、bijahalaha "打住又脱落，被捕的鱼或兽挣脱掉" 等。

我们通过沉淀在满语底层的捕捞方式词语，可对满—通古斯诸民族及其先民早期捕捞生产场景窥一斑而见全豹。满—通古斯诸民族及其先民能够根据鱼类体积大小、生活习性等自然条件采用与之相适应的捕鱼方式，如笼罩法、网捕法、钩钓法、叉刺法等，体现了捕捞技术的高超。由于经年累月的生产实践使满—通古斯诸民族及其先民对各种鱼的习性了如指掌，有经验的捕鱼能手可以根据极其微细的迹象判断出鱼的大小、种类、数量、所在位置及动向等，然后决定捕捉方法。例如：见到水面有圆圈纹或连续的小白泡，可知水下有鲤鱼，因为鲤鱼吃草时身体直立于水中，尾巴朝上摆动，使水面出现圆圈纹或小白泡。此时叉鱼人划着快船静悄悄地靠近，然后投叉一投即中。草根鱼喜欢将嘴露出水面，水波纹朝两边分开，缓慢扩展且圆周比较大。草根鱼吃草时，头部蹿出水面，咬住嫩草后腹部朝上沉入水中，根据这一习性，叉鱼时待鱼翻身的一刹那，投出鱼叉最易叉中。若是胖头鱼或鳊花鱼，它的嘴露出水面时，水波纹急且小，水中草叶摇动。每当鱼汛来临时，鱼多且拥挤，正是叉鱼好季节，赫哲人叉鱼百发百中，收获颇丰。清人曹廷杰《西伯利亚纪要》中有过描述："若夫坐快马持叉取鱼，则以剃发黑斤及旗喀喇人等为最，尝于波平浪静时往江面，认取鱼行水纹，抛叉取之，百无一失。虽数寸鱼，亦如探囊取物，从旁观之，不知何以神异若此也。"①

挡亮子是满—通古斯诸民族及其先民较为古老的捕鱼方式。根据鱼类春季逆水上游产卵秋天下游到大河过冬的生活习性，满—通古斯人利用鱼群游动之机，在小河中垒叠一道坝，在坝端留一小口，小口处用柳条编成的篱笆堵上，挂有柳条筐，鱼游来通不过就会卡在柳篱笆上或直接掉进柳编筐里。

---

① （清）曹廷杰：《西伯利亚纪要》，从佩远、赵明岐编《曹廷杰集（上册）》，中华书局2014 年版，第 118 页。

满—通古斯诸民族及其先民捕鱼不分白天黑夜。白日里用各种网捕鱼，如拦河网、赶网、大网、挂网、旋网、把网、罾网等，夜间仍点火把叉鱼、叉鱼下木亮子。捕鱼的过程中可运用各种手段：搅水、击水、下诱子等。毒鱼药是满族先民独具特色的一种捕捞方式，将山核桃的皮和叶子捣碎成粉末用水拌和，扔进河水里毒死鱼，或配好毒药扔进河里毒死鱼，但人吃了却又不会中毒。满—通古斯诸民族及其先民善于创造条件、利用条件捕鱼，可谓是无所不用其极。及至寒冬的东北大地，千里冰封、万里雪飘，野兽极难觅得，捕捞生产很大程度上解决了满—通古斯诸民族及其先民的蛋白质供应，因此，冬季捕鱼也尤具特色。在江水封冻的冰面上凿一个大冰眼，冰眼上罩草棚，是为坐冬库。坐冬库捕鱼时最常用的工具是鱼叉，也有用网的。早期的网捕一般是集体行为，在渔把头的指挥下行动，捕捞所得平均分配。当然，个人在冬天也可以通过破冰捕鱼、凿冰叉鱼、掷石击冰震死冰下小鱼、椎水震小鱼等方式进行捕捞。

与这些捕鱼方式相关的词语大都可以在以上例词中寻到踪迹，足以说明满—通古斯诸民族早期狩猎生产方式经历了相当长时期的发展与完善。

第三节　采集词语义与文化关系

摩尔根认为采集是一种最为原始的生产方式，在原始社会，人类依靠天然果实来维持自身的生存。[1] 分布在山林河谷地带的满—通古斯诸民族长期过着狩猎生活，以获取自然界中的各种果实为生。由于满—通古斯诸民族及其先民的狩猎、捕捞属于依赖自然的攫取型经济类型，猎物收获没有保障且波动性较大，饮食以肉类为主结构比较单一，采集野菜山果用以充饥成为生存的必要选择。作为狩猎、捕捞主要生计方式的辅助，采集在他们的社会经济生活中占有不可或缺的地位。采集到的物品除了自己食用外，一部分如人参、蜂蜜等要向朝廷进贡，还要用一部分与其他民族进行交换来满足自己的生产、生活需要。所幸他们世居的大小兴安岭、白山黑水地带，有着丰富的野生植物资源，正如《满洲源流考》所记载："山川

---

[1]　［美］路易斯·亨利·摩尔根：《古代社会》，杨东莼等译，江苏教育出版社 2005 年版，第 16 页。

浑厚，土壤沃衍……矧采于山，猎于原，渔于江，不可胜食，不可胜用"①，从而为他们从事采集生产提供了便利的条件。满—通古斯诸民族及其先民在此环境下形成的采集生产方式也因此而颇具特色。

一　采集对象词语

满—通古斯诸民族的采集对象按功能分，主要集中在食物采集、药材采集和生产采集三类。满—通古斯诸民族及其先民所采集的植物品种繁多，主要有野果类、野菜类、菌类、药材类。野果、野菜、菌类是诸民族饮食链中重要的组成，不仅可以满足鱼兽肉青黄不接时生存的需要，也丰富了肉食的烹调方式。当然，这些野菜、野果、菌类等均来自东北林区草原的慷慨馈赠。现分别选列如下：

（一）食物采集

1. 野果类

如表 4 - 17 所示，满—通古斯诸语采集对象共有词，没有语音形式完全相同的实例。语音形式不完全相同，但具有语音对应规律的实例有很多，比如说"核桃""山核桃""杏子"等。语音形式差别较大的实例也比较多，如"李子""沙果""松树籽"等，很明显来自不同的语言系统。而且，以上共有词没有出现复合词，多为单纯词和派生词。另外，有些语言中出现了一个实物有多种说法的现象。例如，鄂温克语中的"榛子""核桃"等均有两种说法。除此之外，满—通古斯诸民族研究成果中还有一些约定俗成用汉字注音的采集对象词语。比如说，鄂伦春语中的"古得格特"高丽果、"卡阿吐"核桃、"嘎乎古石"刺木果、"古格特"都柿、"付卡克衣"牙格达、"乌鲁库木达"毛榛子、"托托"草莓果、"乌下克特"橡子等。

表 4 - 17　　满语、锡伯语、鄂温克语、鄂伦春语、赫哲语野果类词

词义	满语	锡伯语	鄂温克语	鄂伦春语	赫哲语
樱桃	iŋtori	iŋtori	intoor/toor	intosə	intoro
葡萄	mut ʂu	mut ʂu /puto	muʧuttu/almar	muʧuktu/ puto	muʃəktə/puto
瓜	həŋkə	həŋkə	həŋkə	həŋkə	həŋkə

① （清）阿桂：《满洲源流考》，孙文良点校，辽宁民族出版社 1988 年版，第 58 页。

词义	满语	锡伯语	鄂温克语	鄂伦春语	赫哲语
酸枣	sorotu	şoroto	sorto/ʃawaq	sorto	sorito/ʤə
山丁子	uli	uli	ʉlir	ʉliktə/mʉliktə	uliktə
稠李子	jəŋgə	jəŋgə/əŋgə	iŋəttə	iŋəktə	iŋəktə
香榧	fisha	fisha	isha	iska	fishan
李子	fojoro	fojoro	liis	ulagan	fojər
沙果	joŋgari/joɲari	joŋari	aaliɡ	aaliɡ	joɲari
核桃	masəusiha	hu şiha faha	hota/həətʉr	koota	koota
山核桃	hʉsihan	hu şihan	huʃiɡaŋ	kuʃiɡaŋ	huʃiɡaŋ
榛子	dz̩isiha	dz̩i şiha	ʃiʃikta/tʃʉtʃtʃʉ	ʃiʃikta	ʃiʃikta
栗子	dz̩ant şuhʊ nusiha	dz̩ant şuhun usha	hattaɡɡul	sartukul	sartuhul
核/果核	faha	fah/vah	omo	tʃəmə	us
石榴	usəri	usəri/usər	anar	anar	anar
山楂	umpu	umpu	umpori/tolon	umpor/tolom	umpuri/tolom
无花果	ilhakʊ tubihə	ilhakʊ tubihə	igga aʃiŋ ʤimis	kulgar	hulgar
果仁	faha	faha	ahatta/sum	akakta/sumur	ahaka/sumur
瓜子	duŋgaausə	duŋa usə	həril	kəril	həril
瓜藤	dz̩ushə	dz̩u şihə	ʤalga	ʤalga	ʤulgə
果汁	şugi	suhi	suhi	suki	suhi
果壳	notho	notho	notho	notko	notho
果籽硬壳	donho	donhu	donohoŋ	donoko	donho
果脐	uləŋgu/uləɲu	uləŋgə/uləɲu	ʉləɡʉ	ʉləɡʉ	uləɡə
杏子	guiləhə	guiləhə	gʉjləsʉŋ/gʉjləs	gʉjləsun	guiləhə
杨梅	dz̩andz̩uri	dz̩andz̩uri	ʤanʤi	ʤanʤi	ʤanʤir
酸梅	dz̩usuri	dz̩ysuri	ʤisʉr	ʤisʉri	ʤisuri
松树籽	hʊri/hʉrifaha	huri	huriktu/booŋgo	kuriktu	kuri

　　由于植物具有特定的生长期，大自然会因季节的变换而捧出不同时令的食物。植物的时令性使得满—通古斯人在长期的采集生产中，积累了诸如晾晒、阴干、酿酵等对食物进行加工储存的经验。一般会在野果丰收的季节大量采集，并将吃不完的果子进行晾晒或通过蒸煮进行加工储存，冬

季再与各种兽肉、鱼肉一起炖食；通古斯人还喜欢用都柿子酿酒。都柿子酒曾在物资匮乏之时满足了热爱喝酒的通古斯人的需要。

2. 野菜类

如表4-18所示，满—通古斯诸语采集对象词语中的共有词，没有语音形式完全相同的实例，大多为语音形式不完全相同但具有语音对应规律的实例，比如说"韭菜花""小根菜""荠菜"等，语音形式差别较大的也比较多，如"野韭菜""细野葱""柳蒿芽"等，很明显来自不同的语言系统。而且，以上共有词多为单纯词和派生词，但也有为数不多的复合词，比如说满语、锡伯语的"野菜"。另外，有些语言中出现了一个词有多种说法的现象。例如，满语、锡伯语中的"野葱""沙葱"等均有两种说法。

表4-18　　　满语、锡伯语、鄂温克语、鄂伦春语、赫哲语野菜类词

词义	满语	锡伯语	鄂温克语	鄂伦春语	赫哲语
野菜	biɡani soɡi	biɡani ʂoɡə	sooɡɡa	soorɡi	solɡi
荠菜	abuha	abuha	awah	awuka	abuh
韭菜	səŋkulə	ʂimkəl/əmkəl	haləər	kaləər	səŋkulə
韭菜花	sorson	sorson	sorso	sorso	sorso
苋菜	fijələn	fiələn	sabbaldʒi	sabbaldʒi	ahlaʃi soɡi
沙葱	əŋɡulə/əŋulə	əŋɡulə/əŋulə	əŋɡul	əŋɡul	əŋɡul
蕨菜	fuktala	fuktala	udal	udal	uktala
百合	dʐoktonda	dʐoktond	dʑokton	dʑokton	dʑoktond
柳蒿芽	əmpi	əmpi	hʉmbil	kʉmpil/kʉmbil	umpil
野葱	suŋɡina/suŋina	suŋɡin/suŋin	suŋɡiŋ	suŋɡin	suŋɡina/suduli
野韭菜	tana	tana	haleer	kaleer	tana/səŋkulə
细野葱	uŋɡə/uŋə	uŋɡ/uŋə	maŋɡir	maŋɡir	maŋɡir
野蒜	haisanda	haisanda	sanda	sanda	suanda
黄花菜	niohə subə	niohə subə	giloski	dilooʧi	diloshi
小根菜	mat ʂa	mat ʂa	masar	maser	masar

满—通古斯诸民族采集的野菜种类由当地出产而定。早年间，鄂温克人很少吃菜，只有野葱"鲁克"是他们比较喜欢吃的，一般在六七月间采

集，生吃或腌后再吃。松子采来主要作为礼品，"海勒尔"韭菜作调味品等。鄂伦春人采集的野菜主要有柳芽菜，"罗参努阿"山芹菜、黄花菜；"包之鲁努阿"鸡爪菜、"纠鲁那"酸姜叶、"九千仙"狍耳菜、"九鲁够开依"折马子；"宽口努阿"山菠菜；"苏的"旱葱、"苏克苏/透后开依"野韭菜花，"昆阿醋"空心菜、"戈拉力"灰菜、"乌力干千""昭格达"红花根、"满格达"野蒜等。赫哲族早年采集的野生植物主要有山蕨菜、枪头菜、老钱菜（老芹菜）、山白菜、狍了耳朵菜、明叶菜、柳蒿芽、黄花菜、小根菜、汲汲菜、马蹄菜、灰菜、寒葱、江葱、旱葱、山葱、山花椒、野葱、野韭菜、野辣椒、野蒜等①。

3. 菌类

如表 4-19 所示，满—通古斯诸语采集对象词语中的共有词，语音形式差别较大，主要有"蘑菇""木耳"等，很明显来自不同的语言系统。而且，以上共有词还出现了复合词，比如说"榆蘑"。另外，有些语言中出现了一个词有多种说法的现象。例如，赫哲语中的"木耳"有两种说法。除此之外，通古斯语中还有用汉语标音的菌类植物名称词。这类词中，有因生长环境不同而进行专门命名的名词。例如"枚拉混木古"榆树上长的黄蘑、"吭道鲁木古"柞树上长的木耳、"叉拉巴木古"桦树上长的木耳、"淹包淘"榛蘑菇等。

表 4-19　　　满语、锡伯语、鄂温克语、鄂伦春语、赫哲语菌类词

词义	满语	锡伯语	鄂温克语	鄂伦春语	赫哲语
蘑菇	sənt ʂə	sənt ʂə	məθgə	məθgə	moɣo
榛蘑	dzˌisiha sənt ʂə	dzˌi ʂiha sənt ʂə	ʤisatta	ʤisakta	ʤisakta
榆蘑	hailan sənt ʂə	helin sənt ʂə	heelasuŋ məθgə	kajlasun məθgə	hailən moɣo
木耳	sant ʂa	sant ʂa	bohotta	bukakta	buhakta / moʃan

（二）药材采集

如表 4-20 所示，满—通古斯诸语采集对象词语中的共有词，没有语

---

① 黑龙江省编辑组《中国少数民族社会历史调查资料丛刊》修订编辑委员会编：《赫哲族社会历史调查》，民族出版社 2009 年版，第 155 页。

音形式完全相同的实例，语音形式不完全相同但具有语音对应规律的实例有"人参""艾草"等，语音形式差别较大的实例主要有"野艾草""蜂蜜"等，很明显满—通古斯诸语的词来自不同的语言系统。而且，以上共有词没有出现复合词，多为单纯词和派生词。另外，有些语言中出现了一个词有多种说法的现象。例如，赫哲语中的"蜂蜜"有两种说法。除此之外，鄂伦春语中还有用汉语标音的药材名词。例如："嘎黑毛"老鸹眼和"宝鲁保提毛"权条均为长在山上的木本植物，用这两种树枝熬水，连洗带喝可治骨折和创伤。"巴黎依拉嘎"，一种草本植物，长在草甸子上，有毒，用它熬水漱口，可治牙痛与喉头起姐病。"取灯依拉嘎"，一种草本植物，花开如火柴头，长在草甸子上，食其根或捣烂涂在肿处、可治淋巴结肿大。"查眼敖鲁库图"，一种长在山上的草本植物，熬水喝可治淋病、腿痛等病。嘎胡库如，一种长在泉水边的木本植物，用其枝熬水洗脚可治痢疾。"查眼敖鲁图"，一种长在山沟中的草本植物，用它熬水洗脚可治脚气。"额德恩熬劳克特"，风草，长在草甸子上，用其煮水擦洗可治疗红斑。"嘎哈格特"，一种草本植物，毒性很大。将其叶、根、花瓣砸碎涂在疮口上，很快就会愈合。

表 4 - 20　　**满语、锡伯语、鄂温克语、鄂伦春语、赫哲语药用采集类词**

词义	满语	锡伯语	鄂温克语	鄂伦春语	赫哲语
人参	orhoda	orhoda	orhudə/orɡude	orkudə	orhoda
艾草	suiha	ʂyha	sujha	sujka	suiha
野艾草	ʂanjan	sanjan	aɡi	aɡi	aɡi
黄艾	ərəmu	ərəm	hərəəl	kərəəl	ərəm
蜂蜜	hibsu	hibsu	bal	balu	balu/kiokso

　　人参也是一味不可多得的名贵药材。一般在五月开花，六月凋谢，七月结果，因为籽是红色的，赫哲人称为"放红光"。人参是多年生植物，根据其生长的年限，各有不同的名称。当年生的称"三花"，二年生的称"把掌"，三年生的称为"二夹子"（茎有权），四年生的称为"灯台"（有三权，每权五叶）；四年以上的有"四配叶"（四权，每权五叶）、"五配叶"（有五权，每权五叶）、"六配叶""七配叶"和"八配叶"为止，没有再多的配叶了。人参越年久越贵重，价格也越高，一般超过一两重者较

少。据说也有四两、五两，甚至七量、八两重的，但这是极少的。

满—通古斯人在山林生活中，难免意外受伤，也会有身体不适等各种症状，在长期抵御疾病的过程中，逐渐总结出动、植物的药用功效，这也是满—通古斯诸民族狩猎生产生活的智慧结晶。

（三）生产采集

如表4-21所示，满—通古斯诸语采集对象词语中的共有词，语音形式完全相同的实例有"梧桐"，语音形式不完全相同但具有语音对应规律的实例有很多，比如说"果松""山桐子"等，语音形式差别较大的实例也有很多，主要有"靰鞡草""桦树皮等"等，很明显来自不同的语言系统。而且，以上共有词除了单纯词和派生词外，还出现了复合词，比如说"核桃树""山核桃树"等。另外，有些语言中出现了一个词有多种说法的现象。例如，鄂温克语中的"柳条"有两种说法。

表4-21　满语、锡伯语、鄂温克语、鄂伦春语、赫哲语生产采集类词

词义	满语	锡伯语	鄂温克语	鄂伦春语	赫哲语
靰鞡草	fojo	fojo	hajakta/ajakta	ajakta	hajakta/haikta
松树	dz̯akdan	dz̯ɑgda/hirha	dʒaddan/dʒadda	dʒagada/dʒagda	dʒagda/homkur
水松	mukdan	mukdan	moddan/modda	mogdan	modan/mukdan
果松	holdon	holdon	holdo	koldo	holdon
落叶松	isi	iʂi	irəətə	irəəktə	irəktə
红松	fulɡijandz̯akdan	fəlɡianhirha	aʃaha	kolton	faʃikə
松脂	sahəs	sahəs	sahaɡ	sakaɡ	sahas
梧桐	uraŋga	uraŋga	uraŋga	uraŋga	uraŋga
山桐子	ilho	ilho	ilho	ilko	ilho
桑树	nimalan	nimalan	nimal	nimala	nimalan
白桦树	fija	fia	tʃaalbaŋ/saalbaŋ	tʃaalban	tʃalaban
黑桦树	tʂikurɑn	tʂikuran	tibhur	bibkur	bibkur
桦树皮	alan/tolhon	alan	tal	tal	talakun
柳树	fodoho	botho/bərha/mimi həlin	botohoŋ	botohon/ʃeekta	botoho
柳条	burɡa	bərha	burɡaŋ/boɡɡoŋ	burɡan	burɡan
河柳	ərsulən	ərsulən	suha	suka	suha

续表

词义	满语	锡伯语	鄂温克语	鄂伦春语	赫哲语
红柳	tijəmurhun	tiəmurhun	ulikta	ikaktin	tiwərhun
核桃树	masəusihai moo	hu ʃihfaha helin	hotasoŋ	koota moo	koota mo
山核桃树	huʃihan moo	hu ʃan moo	huʃigaŋ moo	kuʃigan moo	huʃigan mo

满—通古斯人从大自然中总结出了很多的生活经验。他们善于因地制宜，合理选材，制作自己所需的生产、生活用具，还掌握了一定的漂染酿造工艺。

桦树在满—通古斯人的生产和生活中，起了不可替代的作用。桦树汁可以饮用，鄂温克人多把桦树汁当成必不可少的天然饮料。桦树皮可以制作各种各样的器具，比如说，桦皮桶、桦皮篓、桦皮摇车、桦皮船、桦皮盒子，等等。满—通古斯民族及其先人的各种器具均用桦树皮来制作，因此桦树皮成为他们另一重要采集对象。每至五六月份，正值桦树皮汁多易剥之时，先挑选一棵较为粗壮的桦树，用刀在外皮上、下、左、右各划两道深痕，再顺着划痕拿刀尖一挑、手一掀，一大块桦树皮就剥下来了。然后将桦树皮放进污泥里糟数日，再拿出来晒干。最后再根据桦皮的花纹、大小、韧度等特点来制作诸如桦皮船、桦皮篓、桦皮桶、桦皮碗、桦皮收纳盒等各式各样具有民族特色的精美器物。不同的用具，对桦树皮的选择及制作工艺的要求也不尽相同，例如：做桶和盒子时桦树皮需在火上微微烤一下，使其柔软；做桦皮船的，则要求桦树皮的皮张够大，先将其放到大铁锅里煮一下，然后捞出，沥干水，方可做船。另外，桦树皮还是建造仓库"靠老宝"的主要材料之一。柳树皮的实用性主要是针对例假期间的女性。制作方法是将采集来的柳树皮在火上轻轻烧燎，使其变得柔软，然后撕成细丝，反复揉搓，使其蓬松，晾干后储存起来以备不时之需。柳条主要用来制作捕鱼工具"亮子"。松木、柞木可以制作鱼叉、扎枪的木杆。

满—通古斯人的又一重要采集对象是乌拉草。乌拉草又名靰鞡草，因满族及其先民经常用它垫填靰鞡而得名。靰鞡草极其松软，保温性极强，穿上絮有乌拉草的靰鞡就是在雪地里站上半天脚也不会受冻。另外，靰鞡草还被用来盖房子。这种草绵软有筋力，和在泥里打成坯，用它盖成的房子非常坚固，抵御严寒根本不在话下。

另一项彰显满—通古斯诸民族智慧的工艺是天然漂染技术。染色用的原料是采集来的野果或者野花的浆汁，经过熬煮，都柿的果实可染蓝色，红豆可染水红色，百合花可制作粉色染料。

另外，通古斯研究成果中有一些染料类植物对象名词用汉字标音的。例如：

"卡其克"兰花草，汉族人称其为"蓝铃花"，高约尺余，生长在荒地中，阴历六七月间将其采回，直接抹擦在熟好的鱼皮上，使之染成蓝色。

"可库衣勒嘎尼"杜鹃花，又名山丹丹花。高2尺余，开红花，阴历六月间将其采回，在花瓣中掺些明矾，染在鱼皮衣服上，可使颜色牢固不褪色，它只能染鱼皮，不能染棉布。花秆、花枝可做香料。赫哲人祭祀时，焚烧的"僧其勒"香即为此物。

"布路土胡"楂条，将楂条叶及其嫩枝采回家中用锅煮之，使水成灰色，再将棉布放入水中浸泡几天，即变成灰色。

植物采集受制于时节的特点十分鲜明。满—通古斯诸民族及其先民每至春天万物复苏的时节便开始了繁忙紧张的野菜山果的采集。四五月份的时候，主要采摘"饽饽叶"，如此时正嫩的柞子树叶，以及山白菜、枪头菜等山野菜；五月末的时候，山上的青杏便可以采食了；五六月时节，野葱、野韭、猫爪子、蕨菜、野荠菜、黄花菜等都可以采挖了；伏天采拾蘑菇、木耳等各种菌类；秋天，山上的果子熟透了，酸枣、猕猴桃、山丁子、都柿、野柿子、野葡萄、榛子、栗子、松子、山核桃等，应有尽有；草药主要是在二八月进山采集。总而言之，哪个节令采什么，如何采集都相沿成习，世代相传。

由于采集时令性强，满—通古斯人民一般在野菜、山果出产季节多多采集，并对其进行加工贮藏。采挖柳蒿菜、明叶菜、枪头菜、蕨菜、山白菜等野菜并运回家，洗干净后，用开水煮熟或蒸半熟，捞出晾晒至干，捆起来或装在口袋里，贮存起来等到冬天食用。将稠李子压碎，团成饼子存放，或将稠李子压碎后掺上些红、白糖，团成圆饼晾干贮藏，以备过节、过年食用。海棠果用白糖腌渍存放到冬天，山葡萄剔籽，煮成果酱，放在缸中或坛子里，用泥封上，待至冬天食用。采到菱角，煮熟后切开吃其籽仁。秋季采集山蜂蜜，山蜂多在草甸子上的柞树洞里做窝，在山里柞树上做巢。采到蜂蜜后多自家食用，加工方法是拣回蜂蜜后放在锅里煮，再过滤，将杂质滤出即可食用，也有带到集市上用作交换的。

二　采集工具词语

满—通古斯诸民族进行采集生产使用到的工具大多很简单，一般用手摘，有时也用猎刀割、斧子砍、木棍打。满—通古斯诸语采集工具词语可以分为切割工具、敲打工具以及盛装工具。如下所示：

首先来看满—通古斯诸语采集词中的切割工具词：

如表4-22所示，满—通古斯诸语采集工具共有词，没有出现语音形式完全相同的实例，语音形式不完全相同但具有语音对应规律的实例有很多，比如说"斧子""剜刀""弯刀"等，语音形式差别较大的实例主要有"刀背"等，很明显来自不同的语言系统。而且，以上共有词没有出现复合词，多为单纯词和派生词。另外，有些语言中出现了一个词有多种说法的现象。例如，鄂伦春语中的"刀"有两种说法。

表4-22　满语、锡伯语、鄂温克语、鄂伦春语、赫哲语切割工具类词

词义	满语	锡伯语	鄂温克语	鄂伦春语	赫哲语
斧子	suhə	suho	sʉhʉ/sʉhə	sʉkə	suhə
剜刀	uhʊkʊ	uhkə	ʉhʉhʉ	ʉkʉkʉ	uhukə
弯刀	gijakda	giakdə	gikda	gikda	gikda
采挖草根的工具	subari	suvar	suwar	suwar	suwar
刀	huwəsi/kusi	ku ʃi	ʉshəŋ	ʉskən/koto	kuʃi/koto
刀尖	dubə	duvə	ilgəŋ/sʉgur	ilgən/sʉgur	iligən
刀把	fəsin	fə ʃin	əʃi	əʃi	əʃin
小刀柄	dasin	da ʃin	daʃiŋ	daʃin	daʃin
刀刃	dz̡əjən	dz̡əjin	ʥəgi/ʥəji	ʥəjən	dz̡əjən
刀背	gənt ʂəhən	gənt ʂəhеn	nala	nala	nala
刀鞘	homhon	homhən	homogoŋ	komogoŋ/ənəkin	homogon/korimki

满—通古斯诸语敲打工具词中的共有词主要有以下几种：

如表4-23所示，满—通古斯诸语敲打工具共有词，语音形式差别较大的实例主要有"棍子""杖"等，很明显来自满—通古斯诸语不同的语

言系统。而且以上共有词中，多为单纯词和派生词，但也出现了为数不多的复合词，比如说锡伯语的"杖"。另外，有些语言中出现了一个词有多种说法的现象。例如，鄂温克语、鄂伦春语、赫哲语的"棒"有两种说法。

表 4 - 23 　　满语、锡伯语、鄂温克语、鄂伦春语、赫哲语敲打类词

词义	满语	锡伯语	鄂温克语	鄂伦春语	赫哲语
棍子	muk ʂan	muksan	dagasuŋ	mʉkərin	mo
棒	maitu	maitu	dəŋʧi/gasu	dəŋʧi/gasu	bans/gasu
杖	təifun	tivi mo	gata	gat	gatsun
杆子	siltan	ʂiltan	ooni	oni	darɡun

除此之外，满—通古斯诸语盛装工具词中的共有词主要有以下：

如表 4 - 24 所示，满—通古斯诸语盛装工具共有词，没有语音形式完全相同的实例，语音形式不完全相同，但具有语音对应规律的实例有很多，比如说"柳编箱""荆条篓子""桶把手"等，语音形式差别较大的实例也比较多，如"桦皮桶""桦皮篓"等，很明显来自满—通古斯诸语不同的语言系统。而且，以上共有词中，多为单纯词和派生词，还出现了复合词，比如说"竹筐"。另外，有些语言中出现了一个词有多种说法的现象。例如，鄂温克语中的"桶"有三种说法。

表 4 - 24 　　满语、锡伯语、鄂温克语、鄂伦春语、赫哲语装类词

词义	满语	锡伯语	鄂温克语	鄂伦春语	赫哲语
柳编箱	ʂulhʊ	sulhu	sʉlhʉ	sʉlkʉ	sulhu
柳编筐箩	polori	polori	olori/bural	olori/bural	polər
篓子	losha/saksu	losha/barə	losha	loska	loshan
小簸箕	sisəku/galbura	saisə/ʂiskə/galvər	ʃisuhu/seeʤi	ʃisəku	ʃisəku
整木圆形无把容器	sihan	ʂihan	oŋgol	koŋkilʤi	sahan
桶	hunio	huni	hoŋgə/tulma/mʉʉləŋki	kuŋgə/təwəŋkə/mʉʉləŋki	hunuɡ/kunʧu
木桶	moohunio	moohuni	hoŋgə	kuŋgə	kunʧu

续表

词义	满语	锡伯语	鄂温克语	鄂伦春语	赫哲语
大木桶	hohon	hoho	hoho	kokon	hohon
桦皮桶	absa	avəs	amas	amas	amas
敞口桦皮桶	daŋsaha	daŋsah	salha	salkan	daŋsah
带把儿铁桶	waidukʊ	waidək	wəjdərə	wəjdərə	wəjduk
铁桶	tʂilak	tʂilak	soolug/solig	tʃolug	tʃoolug
茶桶	doŋmu	domu	doŋomu	dogomu	domu
小水桶	tatakʊ	tataku	howo	kobo	hobo
提水桶	təbun	təvun	mʉʉləŋ	mʉʉlən	mulən
桶提梁	babun	bəvun	bawur	babur	babur
桶把手	səndzˌi	səndzˌi	səŋʤi	sənʤi	sənʤi
桶箍	wəren	vəren	ərə	ərən	ərən
筐子	ʂoro	sorə	səəltʃə	tʃəəltʃə	soro
提筐	saisaha	saisahə	sasaha/sasha	saisaka	sasakə
竹筐	fika ʂoro	fik ʂorə	sʉs səəltʃə	sʉs tʃəəltʃə	hos soro
大筐子	kudə	kudə	hʉdə	kʉdə	hudə
荆条篓子	saksu	saksu	saksa	saksa	saksə
筐篓	polori	polor	polor	polor	polor
小筐篓	nionioru	ninor	polohoŋ	polor	ȵoȵor
桦皮篓	kait ʂa	kait ʂa	hasa	kasa	hajsa
口袋	fulhʊ	fulhu/tahal	ulhu/tʉkkʉ	ulku/kuudi	ulku
小口袋	fadu	vadən	utaha	utaka	utan
半大口袋	sumala	sumal	sumal	sumal	sumal
细长口袋	fulhʊsun	ulhʊsun/tahal	uluhuŋ	ulukun	uluhun
布口袋	fulhʊ	fulh	uluŋku	uluŋku	fuluku
皮口袋	sukʊfulhʊ	sokəfolh	uthuŋ	məŋgər	nasafuluku
小皮口袋	dzˌumaŋgi/dzˌumaŋi	dzˌuman/dzˌumaŋi	ʉruŋkʉ	ʉrukʉ	uruŋku/nasakota

满—通古斯诸民族采集工具不但种类丰富，而且对有些工具的部件进

行专名，说明了该类工具的使用率比较高。很大一部分词在后来的使用范围不断扩大，也在其他与此相关的生产生活中使用。当然，一些为采集生产专门制作的工具至今仍在使用。比如说，采集小粒野果时，用桦树皮做的 gʊjawʊn "斗子，拾果具" 来刮，用 uləəwun "挖土的细扁头木杆" 采集植物块根。满—通古斯人的采集工具大多用桦树皮制作，例如赫哲人采集野菜山果主要用到工具有桦皮篓、拾果具、桦皮桶、桦皮盆、桦皮碗、桦皮盆等[1]，一般用桦皮口袋装野菜，桦皮篓装野果。由于取材便捷，桦皮斗子一般用时现做，用完扔掉。另外，还有小刀、铲子、口袋、斧子、锯、搭钩、筐篮等。早年赫哲人没有保护树木和爱护幼树成长的观念，采集山丁子，稠李子等高大野果树时，或树上野果太高攀摘不到时用斧子把树砍倒，大家共同摘果，摘山葡萄也是将其长蔓拉断再摘葡萄。新中国成立后，明确了爱护森林的重要性，再遇到高大野果树木才不再砍伐，而是爬上树摘果或用木棍敲落拣拾。

采集经济是满—通古斯诸民族狩猎、捕捞经济的重要补充，从以上例词也可看出，满—通古斯诸语采集工具词语颇具民族特色，例如腰刀、桦皮篓等，都是东北地区满—通古斯诸民族人民特有的劳动工具，说明了满—通古斯诸民族及其先民能够充分利用自身所处环境、所拥有的物资，因地制宜，因时取材，既勤奋劳作又善于创造发明的聪明才智。

三　采集方式词语

采集方式因采集对象的不同而不同。满—通古斯诸语狩猎词中存留了大量采集方式的词，现选列如下：

如表 4 - 25 所示，满—通古斯诸语采集方式共有词，没有出现语音形式完全相同的实例。语音形式不完全相同但具有语音对应规律的实例主要有"采""折断""砍断"等。语音形式差别较大的例子也比较多，如"拔""挖"等，很明显来自不同的语言系统。以上共有词中，多为单纯词和派生词，但是也出现了为数不多的复合词，比如说满语、锡伯语的"连根拔"。另外，有些语言中出现了一个词有多种说法的现象，比如说"摘选"等。

---

[1]　黑龙江省编辑组《中国少数民族社会历史调查资料丛刊》修订编辑委员会编：《赫哲族社会历史调查》，民族出版社 2009 年版，第 309 页。

表 4 – 25　　满语、锡伯语、鄂温克语、鄂伦春语、赫哲语采集方式类词

词义	满语	锡伯语	鄂温克语	鄂伦春语	赫哲语
采	guru –	gurə –	urə –	urə –	gurə –
捧	oholijo –	oholu –	homila –	komla –	ohujlə –
夹	kabt şi – / hafira –	kavt şi – / havira –	hatʃtʃi –	kabtʃi –	kabtʃi – / sabkila –
掐	huhʊra – / tʂijalə –	hahuru –	hahuri –	kahuri –	hahuri –
拔	isi –	tatə –	soɣo –	taɡdi –	tata –
摘选	sili – /sondz̥o – / tukijə –	sili – /sondz̥i –	ʃili – /soŋɡo –	ʃili – /soŋgo –	ʃili – /soŋdʒo –
捡	tuŋɡijə – / tuŋiə –	tuŋɡi – /tuŋi –	tuŋkə –	təmkɯ –	tuŋkə –
拾	tomso – / tuŋɡijə –	tiŋi –	tewe –	tiwa –	tuŋə –
连根拔	bolokon tata –	bolk tatə –	boltat –	boltat –	boltat –
摘（花）	fata –	fatə –	wata –	wata –	fatə –
摘（野菜）	guru – /tata –	guru –	mira – /mara –	mara –	mira –
摘（野果）	guri –	guri –	mɯli –	mɯli – / mɯrɯ –	muli – /muru – / tʃikali –
断掉	lakt şabu –	lakt şəbu –	tɯʃibɯ –	tɯʃibɯ –	moktoɡi –
弄断	lashala –	lashala –	pɯʃit –	pɯʃit –	lashala –
撅断棍	moksolo – / bila –	mohsulu –	hoŋtʃot –	koŋtʃot –	mohsulu –
折断	tʂakala – / moksolo –	tʂakalə –	tʃahala –	tʃakala –	tʃihali –
割断	məitə –	mitə –	tɯʃibɯ –	tɯʃibɯ –	tɯʃihə –
砍断	moksolo –	mohsulu –	moktolo –	moktolo –	moktolo –
割（刀）	fajita – /faita –	faita –	mii – /dʒisɯ –	mii – /dʒisɯ –	mii – /hoji – / dʒisɯ –
剜、挖	warda –	fətə –	ətɯ – /ətə – / ɯlə –	ətɯ – /ətə – / ɯlə –	fətə –

采集成员主要是妇女，还有不能参加狩猎生产的男人。采集活动多为集体进行，也有单独行动的。采集地多为居住地附近的山坡、草甸子和小河边。一般来说，多在春夏时节采集长在草甸子上和沟塘子里的野菜和植物块根，采集数量最多的是柳蒿菜和山白菜，其次是黄花菜和酸姜叶，这些野菜可以晒干贮存，其余野菜不晒，随采随吃。因此，此类采集活动在该类植物的生产成熟期很常见。野果多在秋天采集。药材多为生长在山坡上的木本植物和草甸子上的草本植物，一般没有固定采集时间，用时去采。采集出发时，大家共同乘船前往。早些年将采集到的野菜、野果放在一起按参加者人头平均分配。

木耳和人参需要到山林里采集。野山参又名棒槌，是名贵的中药材，也是满—通古斯诸民族及其先民采集的主要对象。采参在民间又被称为"放山"，从参与人数上来分可分为拉帮"采参人合伙采"和放单帮"独自采"。进山前要参拜山神庙，采参开始叫作"压山"，发现人参要"喊山"，如若在采参的过程中遇到了另一队采参人，则要相互喊山，所得人参见者有份。采参的时候要跪着用鹿骨钎小心地将人参四周的土拨开，将参挖出来，裹上桦树皮放进参包里。挖人参的时间是在六七月间，进山一次约需两个多月，一行至少2人，多则十余人。人多时要有"把头"和"边棍"。"把头"在前边领路，"边棍"在后面查看，其余的人在中间，成一长列前进，以防挖参人走失。找到人参时做个标记，让它生长着，待挖人参的人们返回时，再把它挖出来带走。挖参有很多规矩和禁忌，挖参人员每天早晨必须给山神磕头，晚上返回窝棚后也要给山神磕头。发现人参时必须喊一声"棒槌"，其他人要问什么棒槌，喊的人就要回答什么棒槌。挖参人认为第一次看见"二夹子"是为吉利。"二夹子"是开山的钥匙，以后可以多挖人参。挖参人不能说大话，不许乱说乱喊。

松子可直接食用，或用来榨油，因此也成为满—通古斯诸民族及其先民采集的对象。采集松子要用带铁钩的长杆，先用钩杆将已经成熟的松塔钩落下来，再将松子从松塔内敲出来。七八月初采集松子，直至降雪为止，采集时先捡拾掉在地上的，再采摘树上的，然后堆在一起架火燃烧，用木棍拨弄，待松子崩开后即可剥皮食用。

据《李朝实录·燕山君日记》记载，女真人每到采集季节，往往"倾落采参，逾大岭布野"，或"采人参，或探蜂蜜，布在山谷"，妇女们则在五月间结伴入山采割桦皮。① 可见，采集在满—通古斯诸民族及其先民生活中占据着重要的地位。

小　结

　　语言作为文化的深层透镜，是我们所感知、体认和理解世界的表现形式，人是按照自己的语言形式来接受世界。这种接受形式决定了人的思维、感情、知觉、意识和无意识的格局。语言在动作内化为思维这一过程中起到促进认知发展的作用。本章从文化语言学角度入手，将满—通古斯诸语狩猎词按照狩猎词、捕捞词、采集词进行分类讨论。在此基础上探究满—通古斯诸民族狩猎文化的存在状态。从中不难发现，满—通古斯诸语狩猎词之所以如此繁杂，语义分割细度如此细密，是和满—通古斯诸民族及其先民早期生存的生态环境以及他们善于因地制宜选择生活方式是分不开的。

　　得天独厚的自然馈赠使得狩猎、捕捞、采集成为满—通古斯诸民族及其先民赖以生存的经济基础。传统的狩猎、捕捞、采集经济形成了满—通古斯诸民族及其先民独具特色的物质文化，诸民族语言中存留大量特殊的语义充分反映了发达的狩猎、捕捞、采集文化特征，这是对该地区特定自然环境的一种文化适应。

　　事实上，在狩猎社会里，纯粹的生产方式是不存在的。满—通古斯诸民族及其先民的狩猎、捕捞生产属于依赖自然的攫取型经济类型，猎物收获没有保障且波动性较大，因此野生植物的采集成为食物链的重要补给源。由于满—通古斯诸民族及其先民在漫长的狩猎过程中需要每时每刻对狩猎对象进行细致入微的观察，在满—通古斯诸语中富集了一大批从狩猎对象性别、年龄、外貌形态、颜色、生活习惯等各角度命名的专有名词。满—通古斯诸民族及其先民不仅对禽兽的行为、动作在不同时期的表现有着全面细致地描写，还对禽兽的鸣叫声有着形象生动的摹写。这些词汇虽然具有直观性，但也正说明这种随时都冒着生命危险、富有挑战性的生产方式使得人变的机敏异常，对狩猎对象细微地观察并对其专门命名正是适

① 吴晗编：《朝鲜李朝实录中的中国史料》，中华书局1980年版，第787页。

应了狩猎经济的需要，是具象思维的产物。

满—通古斯诸语中的狩猎工具词种类繁多，其中大多为满—通古斯诸民族及其先民根据动物生活习性制作的捕杀工具。不仅如此，他们还对工具的各部件也极尽描写，虽然在具体语言中狩猎工具词所表现出来的种类或功能存在些许差异，这与满—通古斯诸民族狩猎文化在地域、生活习惯上的不同表现有关，进而表明了各民族的兴趣所在。更重要的是，我们还可以通过满—通古斯诸语狩猎方式词语构拟人类早期的狩猎生产场景。

满—通古斯诸语狩猎词语言结构及其相关形式反映了满—通古斯诸民族及其先民观察和理解所处自然环境及其社会环境的一种角度，以及认识客观世界与人类自身关系的一种认知能力，从这个角度说，满—通古斯诸语的语言结构在很大程度上直接映照了满—通古斯诸民族及其先民的认知能力及其文化的深层心理结构，当然，满—通古斯诸民族的认知能力及思维方式也充分体现在了满—通古斯诸语的语言形式上。

结　　论

　　狩猎词是满—通古斯诸语词汇中比较有特色的一类词。本书从早期辞书《五体清文鉴》《大清全书》《清文总汇》，词典《满汉大辞典》《新满汉大词典》《汉锡简明对照辞典》《鄂汉辞典》《鄂伦春语释译》等工具书以及《满通古斯语族语言词汇比较》《现代锡伯语口语研究》《锡伯语词汇》《鄂温克语词汇》《锡伯语口语研究》《赫哲语》等满—通古斯诸语研究著作中的词汇表，还有满—通古斯诸语早期的调查资料《鄂伦春语汉语对照读本》《鄂温克语汉语对照词汇》《鄂温克语简志》《锡伯语简志》《鄂伦春语简志》《赫哲语简志》等 29 部著作中选取了 1300 多条语料，其中满—通古斯诸语共有词 619 条，具体语言中的特色词 684 条。通过对狩猎词的结构、使用关系、词汇特点以及语义文化内涵进行了科学的论述，进而拓展了满—通古斯语族语言词汇研究的视野。

　　本书对能够体现满—通古斯诸语狩猎文化的有关词语进行梳理，对满—通古斯诸语狩猎词在语音、语义、构造、词汇结构等方面的特征有了更加清晰的认识；对该语族语言狩猎词的细致分类，使我们对该类词有了更加全面、系统的把握；对满—通古斯诸语狩猎词语义文化的分析，使我们对满—通古斯诸民族早期的社会生产生活有了更加精准的解读，以及对该语族诸民族隐藏在语言背后的思维方式有了更加明确的认识。

　　语素作为满—通古斯诸语狩猎词的构成成分，根据其形态变化、意义以及功能首先将其分为构词和构形两种语素。满—通古斯诸语构词语素可分为词根和构词词缀，从音节结构来看，满—通古斯诸语狩猎词的词根多为单音节词根和双音节词根。构词词缀是附加在词根后面的构词语素，不能独立成词。构词词缀既可以改变原词的词汇意义，也可以改变原词的词性。构形语素是黏附在词干后只改变词形而不构成新词的语素，可分为复数、格、态、式和时 5 种。满—通古斯诸语狩猎词的构词法可分为派生法和合成法。派生法是在原词根或词干后面接缀不同的构词词缀，构成与原词根或词缀有某种语义联系的新词的方法，是满—通古斯诸语狩猎词最重要的构词方式。两个或两个以上的词根语素通过句法手段组成一个新词的构词方式被称为复合法，根据两个词根语素之间的组合关系可分为并列、偏正、主谓和支配等四种关系。

满—通古斯诸语狩猎词按照不同的分类标准进行分类。首先按照音节结构类型分类，可将满—通古斯诸语狩猎词分为单音词、双音词、三音词和多音词。在数量上，双音词和三音词占绝对优势，单音词和多音词相对较少。从构词结构类型角度分类，将其分为单纯词、派生词、复合词等。其中，单纯词与派生词最多，复合词相对较少。依据词类结构类型分类，分出名词、动词、形容词、摹拟词等。其中，名词、动词使用率最高。根据语义结构类型分类，可将其分为狩猎词、捕捞词、采集词三大类。甚至在这三大类下面还可按照狩猎对象、狩猎工具、狩猎方式的不同进行二次分类。例如狩猎词下面又可再细分为狩猎对象、狩猎工具、狩猎方式等。

在满—通古斯诸语狩猎词分类梳理的基础上，深入讨论了满—通古斯诸语狩猎词的结构性特征。其特征主要表现在不仅独具大量描写动物肢体类、状貌类词以及狩猎场景的摹拟词，还有一大批意义基本相同，语言使用范围不完全相同，或者在语言使用过程中语义侧重点有细微差别的近义词。在以上讨论中，我们还发现满—通古斯诸语狩猎词中还有一批意义完全相同的等义词。在这里，有必要指出的是，我们在分析该语族语言狩猎词时发现，存在较多的多义词和同音词现象。以上多义词和同音词现象，内部呈现出的连锁型、辐射型和交叉型等语义关系结构类型。另外，满—通古斯诸语狩猎词特有的生命力和使用关系，以及较强的构词能力，更加拓展了人们在语言交流使用中的生命力，丰富了语言交流的内涵与手段。其中，我们着重讨论了动词词尾展现出来的变化丰富的词缀系统。当然，这种词缀系统也在其他动词中使用，但是这种具有丰富词尾变化的动词在满—通古斯诸语狩猎词中占有一定的使用率，甚至成为一个固定的词保留在辞典里。这是因为在当时以狩猎生产为重心的生产、生活条件下，狩猎词是使用率很高的词，形态变化多样的词缀用于狩猎词后面，更加丰富了狩猎词的使用范围，丰富了词的内涵。

满—通古斯诸语狩猎词在语音上出现十分规范的对应现象，我们分别从辅音对应现象与规律、元音对应现象与规律两个方面进行了科学、详尽

的探讨，从而论证了它们产生的基本原理。特别是极其突出而严谨的辅音
对应现象，使我们更加准确地掌握了该语族语言狩猎词语音变化的内在规
律。研究表明，辅音对应现象一般出现在零辅音 ø 与辅音 n、f、g、k、半
元音 j、w 之间，辅音 n 与 ɲ、ŋ 之间，辅音 h 与 k 之间，辅音 f 与 v、p、
b、半元音 w 之间，辅音 tʂ 与 s、tʃ、ʃ 之间，辅音 dz 与 dʒ 之间，半元音
w 与辅音 b、v、f 之间，辅音 t 与 d、r、dz、dʒ 之间，辅音 g 与 r、k、
h、ŋ 之间。以上辅音对应现象一般发生在短元音 a、i、ə、o 的前后，也
有出现在元音 u、ʊ、ʉ 前后的实例，但这种情况比较少。而出现在短元音
a 前后的辅音对应实例最多。辅音对应现象在词首、词中、词尾均有发生。
相对而言，位于词首的实例最多。此外，狩猎词在满语和锡伯语中产生的
辅音对应现象最多。因为满语和锡伯语的书面语具有记录早期语音的功
能，所以出现在满语和锡伯语中的辅音对应现象远比没有文字的赫哲语、
鄂温克语、鄂伦春语里的辅音对应现象更复杂。

满—通古斯诸语狩猎词中，元音对应现象相对于辅音在多样性和特殊
性语音环境下表现出来的复杂性特征而言，呈现出较为严整的对应现象及
规律。满—通古斯诸语狩猎词元音对应现象大多发生在单元音之间，只有
少数实例发生在长元音与短元音之间。具体来讲，后低展唇元音 a 与零元
音 ø、短元音 o、ə、i 以及长元音 aa 之间，后中高圆唇元音 o 与零元音 ø、
短元音 u、ə、i 以及长元音 oo 之间，央中展唇元音 ə、零元音 ø、短元音
o、u、ʉ、i 以及长元音 əə 之间，后中高圆唇元音 u 与零元音 ø 以及短元
音 ʊ、ʉ、o 之间，前高展唇元音 i 与零元音 ø 之间出现了对应现象。而且，
以上对应现象只出现在词中或词尾，相比之下，出现在词中的实例较多。
另外，满—通古斯诸语狩猎词元音对应现象大多出现在辅音 m、n、ŋ、b、
v、d、t、r、l、s、ʂ、dz、dʒ、tʂ、tʃ、g、h、k 与零辅音 ø 的前后。事
实上，对应现象可以讨论的内容很多，还有继续讨论的重要性和必要性。
不可否认的是，我们从现已讨论的内容中，可以把握满—通古斯诸语内部
不同语言之间产生的语音变化现象，甚至可以感受到过去该语族语言共同
体的影子。

从语义场结构系统上看，满—通古斯诸语狩猎词呈现出极其鲜明的层
级性、民族性、多样性特征。满—通古斯诸语狩猎词的语义分割，不仅与
满—通古斯诸民族特定的自然、地理、社会、人文环境等密切相关，同时
也与满—通古斯诸民族对不同事物及同类事物的细致、准确、全面的认知

机制，以及该民族丰富的具象思维方式等有着必然的联系。这种具象思维方式与该民族的生产方式相适应，不断强化本民族成员间的亲昵感和认同感，使他们的语言交流在生产实践中更加高效地使用，从另一个角度来看，诸民族语言的经济实用性，甚至对他们提高生产力水平也产生积极影响。

语言作为文化的深层透镜，是我们所感知、体认和理解世界的表现形式，人是按照自己的语言形式接受世界的。这种接受形式决定了人的思维、感情、知觉、意识和无意识的格局。人类通过语言的巨细无遗，记录了多样化的世界。一种语言的词语反映了操这种语言的人们的兴趣所在。通过满—通古斯诸语狩猎词的语义内涵分析，进而探究满—通古斯诸民族狩猎文化的存在状态，摹拟满—通古斯诸民族早期的狩猎生产场景，从中不难发现，满—通古斯诸民族狩猎词之所以如此繁杂，语义分割细度如此细密，是和满—通古斯诸民族及其先民早期生存的生态环境、因地制宜选择生活方式以及他们在狩猎生产场景下细致周详观察周围事物、事无巨细加以命名分不开的，与他们的具象思维模式有关。

得天独厚的自然馈赠使得狩猎、捕捞、采集生产成为满—通古斯诸民族及其先民赖以生存的基础。传统的狩猎、捕捞、采集经济形成了满—通古斯诸民族及其先民独具特色的物质文化，该语族语言存留的大量特殊语义充分反映了发达的狩猎、捕捞、采集文化特征。综观人类社会发展史，几乎每个族群都经历了采集和狩猎、捕捞的历史阶段。满—通古斯诸民族得益于极其优越的生态环境，更是经历了较为长期的狩猎生产阶段，这也是对该地区特定自然环境的一种文化适应。事实上，纯粹单一的生产方式是不存在的，在狩猎社会里，由于满—通古斯诸民族及其先民的狩猎、捕捞生产属于严重依赖自然的攫取型经济类型，猎物获取没有保障且波动性较大，饮食以肉类为主结构比较单一，采集野生植物的根、茎、叶、果实等用以充饥成为生存的必要选择。由于满—通古斯诸民族及其先民在漫长的狩猎过程中需要每时每刻对狩猎对象进行细致入微的观察，满—通古斯诸语中富集了大量的从性别、年龄、外貌形态、颜色、生活习惯等各角度对狩猎对象加以命名的词语。满—通古斯诸民族及其先民不仅对禽兽的行为、动作在不同时期的表现有着全面、细致的描写，还对禽兽的鸣叫声有着形象生动的摹写。这些词汇虽然具有直观性，但也正说明这种随时都冒着生命危险、富有挑战性的生产方式使得人变的机敏异常，对狩猎对象细微的观察并对其专名正是适应了狩猎经济的需要，是具象思维的产物。

　　满—通古斯诸语中的狩猎工具词种类繁多，其中大多为该语族诸民族及其先民根据动物生活习性制作的捕杀工具。不仅如此，对工具的部件也极尽描写，虽然在具体语言中狩猎工具词所表现出来的种类或功能存在些许差异，这与满—通古斯诸民族狩猎文化在地域、生活习惯上的不同表现有关，进而表明了各民族的关注点略有差异。由于传统狩猎方式受近代先进狩猎工具引入的冲击，狩猎生产词语在没有文字的语言中，如鄂温克语、赫哲语、鄂伦春语中存留不多，但满文中保留下来的大量狩猎方式词语，对还原满—通古斯诸民族早期狩猎生产生活、甚至构拟人类早期的社会生活起到重要作用。

　　满—通古斯诸语狩猎词语言结构及其相关形式反映了该语族诸民族及其先民观察和理解所处自然环境及其社会环境的一种角度，以及认识客观世界与人类自身关系的一种认知能力，从这个角度说，满—通古斯诸语狩猎词的语言结构在很大程度上直接映照了满—通古斯诸民族及其先民的认知能力及其文化的深层心理结构，当然，满—通古斯诸民族的认知能力及思维方式也充分体现在了该语族的语言形式上。

参考文献

一 编著

（汉）班固撰，颜师古注：《汉书·杨雄传》卷八十七，中华书局 1985 年版。

（清）阿桂：《满洲源流考》，孙文良点校，辽宁民族出版社 1988 年版。

（清）曹廷杰：《西伯利亚纪要》，从佩远、赵明岐编《曹廷杰集（上册）》，中华书局 2014 年版。

（清）沈启亮编：《大清全书》，辽宁民族出版社 2008 年影印版。

（清）《五体清文鉴》，民族出版社 1957 年影印版。

（清）杨宾：《柳边记略》，辽沈书社 1985 年影印版。

（清）智宽、培宽编：《清文总汇》，荆州驻防翻译总学刻本，1973 年影印版。

阿荣旗鄂温克族研究会编：《阿伦河流域鄂温克语汉语对照词汇》，鄂温克族研究会、民族出版社 2007 年版。

爱新觉罗·乌拉熙春编：《满语语法》，内蒙古人民出版社 1983 年版。

安俊编：《赫哲语简志》，民族出版社 1986 年版。

安双成编：《汉满大辞典》，辽宁民族出版社 2007 年版。

安双成编：《满汉大辞典》，辽宁民族出版社 1993 年版。

杜·道尔基编：《鄂汉辞典》，内蒙古文化出版社 1998 年版。

杜·道尔基编：《鄂蒙辞典》，民族出版社 2014 年版。

《鄂伦春族简史》编写组编：《鄂伦春族简史》，内蒙古人民出版社 1983 年版。

《鄂温克族简史》编写组编：《鄂温克族简史》，内蒙古人民出版社 1984 年版。

冯天瑜等编：《语义的文化变迁》，武汉大学出版社 2007 年版。

关善保编：《汉锡简明对照辞典》，新疆人民出版社 1989 年版。

郭秀昌编：《锡伯语词汇》，新疆人民出版社 1991 年版。

韩有峰、孟淑贤：《鄂伦春语汉语对照读本》，中央民族学院出版社 1993 年版。

何俊芳编：《语言人类学教程》，中央民族大学出版社 2005 年版。

何青花、莫日根布库编：《鄂伦春语释译》，紫禁城出版社 2011 年版。

贺兴格、其达拉图、阿拉塔编：《鄂温克语词汇》，民族出版社 1983 年版。

《赫哲族简史》编写组编：《赫哲族简史》，黑龙江省人民出版社 1984 年版。

胡增益编：《鄂伦春语简志》，民族出版社 1986 年版。

胡增益编：《新满汉大词典》，新疆人民出版社 1994 年版。

胡增益、朝克编：《鄂温克语简志》，民族出版社 1986 年版。

蒋立松编：《文化人类学概论》，西南师范大学出版社 2007 年版。

金启孮编：《女真文辞典》，文物出版社 1984 年版。

李鹏年、刘子扬、陈锵仪编：《清代六部成语词典》，天津人民出版社 1990 年版。

李树兰、仲谦编：《锡伯语简志》，民族出版社 1986 年版。

李燕光、关捷编：《满族通史》，辽宁民族出版社 2006 年版。

辽宁民族研究所编：《锡伯族史论考》，辽宁民族出版社 1986 年版。

辽宁省档案馆编：《满洲实录》，中华书局 1986 年版。

刘厚生、关克笑、沈微、牛建强编：《简明满汉辞典》，河南大学出版社 1988 年版。

马学良编：《语言学概论》，华中工学院出版社 1981 年版。

《民族问题五种丛书》辽宁省编辑组编：《满族社会历史调查》，民族出版社 2009 年版。

《民族问题五种丛书》内蒙古自治区编辑组编：《鄂伦春族社会历史调查》，民族出版社 2009 年版。

萨希荣编：《简明汉语鄂伦春对照读本》，民族出版社 1981 年版。

《山海经》，方韬译注，中华书局 2012 年版。

《山海经》，史礼心、李军译注，华夏出版社 2005 年版。

商鸿逵、刘景宪、季永海、徐凯编：《清史满语辞典》，上海古籍出版社 1990 年版。

沈阳市民委民族志编纂办公室编:《沈阳锡伯族志》,辽宁民族出版社 1988
　　年版。

佟玉泉、贺灵、吴文龄、穆克登布、卡尔塔里编:《锡伯(满)语词典》,
　　新疆人民出版社 1989 年版。

涂吉昌、涂芊玟编:《鄂温克语汉语对照词汇》,黑龙江省鄂温克族研究
　　会、黑龙江省民族研究所 1991 年版。

王钟翰编:《满族历史与文化》,中央民族大学出版社 1996 年版。

吴晗编:《朝鲜李朝实录中的中国史料》,中华书局 1980 年版。

《锡伯族简史》编写组编:《锡伯族简史》,民族出版社 2008 年版。

新疆少数民族社会历史调查组编:《少数民族史志丛书——锡伯族简史简
　　志合编》,中国社会科学院民族研究所 1963 年版。

新疆维吾尔自治区古籍办编:《旧清语辞典》,新疆人民出版社 1987 年版。

新疆维吾尔自治区民族语言文字工作委员会编:《现代锡伯文学语言正字
　　法词典》,新疆人民出版社 1991 年版。

张公瑾编:《语言与民族物质历史》,民族出版社 2002 年版。

张佳生编:《中国满族通论》,辽宁民族出版社 2005 年版。

中国第一历史档案馆编:《满文老档》,中华书局 1990 年版。

周大鸣编:《人类学导论》,云南大学出版社 2007 年版。

二　专著

爱新觉罗·乌拉熙春:《满语读本》,内蒙古人民出版社 1985 年版。

爱新觉罗·瀛生:《满语杂识》,学苑出版社 2004 年版。

鲍明:《满族文化模式:满族社会组织和观念体系研究》,辽宁民族出版社
　　2005 年版。

朝克:《鄂温克语参考语法》,中国社会科学出版社 2009 年版。

朝克:《满通古斯语族语言研究史论》,中国社会科学出版社 2014 年版。

朝克:《满通古斯诸语比较研究》,民族出版社 1997 年版。

朝克:《现代锡伯语口语研究》,民族出版社 2006 年版。

朝克:《中国鄂温克族》,宁夏人民出版社 2013 年版。

朝克:《满通古斯语族语言词汇比较》,中国社会科学出版社 2014 年版。

朝克:《满通古斯语族语言词源研究》,中国社会科学出版社 2014 年版。

陈建生:《认知词汇学概论》,复旦大学出版社 2008 年版。

丁石庆：《双语族群语言文化的调适与重构——达斡尔族个案研究》，中央
　　民族大学出版社 2006 年版。

恩和巴图：《满语口语研究》，内蒙古大学出版社 1995 年版。

傅朗云、杨旸：《东北民族史略》，吉林人民出版社 1983 年版。

高长江：《文化语言学》，辽宁教育出版社 1992 年版。

葛本仪：《现代汉语词汇学》，商务印书馆 2014 年版。

关莉：《长春锡伯族》，吉林文史出版社 2015 年版。

关伟、关捷：《锡伯族》，辽宁民族出版社 2009 年版。

郭建斌、韩有峰：《中国民族村寨调查丛书——鄂伦春族》，云南大学出版
　　社 2004 年版。

韩有峰：《鄂伦春族历史、文化与发展》，哈尔滨出版社 2003 年版。

韩有峰：《黑龙江鄂伦春族》，哈尔滨出版社 2003 年版。

郝庆云、纪悦生：《赫哲族社会文化变迁研究》，学习出版社 2016 年版。

何群：《狩猎民族与发展——鄂伦春族社会调查研究》，内蒙古文化出版社
　　2002 年版。

贺灵、佟克力：《锡伯族史》，新疆人民出版社 1993 年版。

胡增益：《鄂伦春语研究》，民族出版社 2001 年版。

黄任远：《赫哲族》，辽宁民族出版社 2012 年版。

黄锡惠：《满语地名研究》，黑龙江人民出版社 1998 年版。

季永海、刘景宪、屈六生：《满语语法》，中央民族大学出版社 2001 年版。

江帆：《满族生态与民俗文化》，中国社会科学出版社 2006 年版。

金启孮：《满族的历史与生活——三家子屯调查报告》，黑龙江人民出版社
　　1981 年版。

卡丽娜：《驯鹿鄂温克人文化研究》，辽宁民族出版社 2006 年版。

李树兰、仲谦、王庆丰：《锡伯语口语研究》，民族出版社 1984 年版。

李阳、王焯、董丽娟：《锡伯族文化》，辽宁民族出版社 2011 年版。

凌纯声：《松花江下游的赫哲族》，民族出版社 2012 年版。

刘小萌：《满族从部落到国家的发展》，中国社会科学出版社 2007 年版。

刘小萌：《满族的生活与社会》，北京图书馆出版社 1998 年版。

刘晓春、刘翠兰：《鄂伦春族风情录》，四川民族出版社 1999 年版。

吕光天：《鄂温克族》，民族出版社 1983 年版。

马清华：《文化语义学》，江西人民出版社 2006 年版。

秋浦：《鄂伦春人》，民族出版社 1956 年版。

秋浦：《鄂伦春社会的发展》，上海人民出版社 1978 年版。

秋浦：《鄂温克人的原始社会形态》，中华书局 1962 年版。

申小龙：《中国文化语言学》，吉林教育出版社 1990 年版。

舒景祥：《中国赫哲族》，黑龙江省人民出版社 1999 年版。

束定芳：《现代语义学研究》，上海外语教育出版社 2000 年版。

苏新春：《文化语言学教程》，外语研究与教学出版社 2006 年版。

汪立珍、朝克：《鄂温克族宗教信仰与文化》，中央民族大学出版社 2002
　　年版。

王庆丰：《满语研究》，民族出版社 2005 年版。

吴国华：《语言文化学》，上海外语教育出版社 2006 年版。

吴守贵：《鄂温克族社会历史》，民族出版社 2008 年版。

吴元丰、白英：《清代鄂伦春族满汉文档案汇编》，民族出版社 2001 年版。

徐志民：《欧美语义学导论》，复旦大学出版社 2008 年版。

杨荆楚：《东北渔猎民族现代化道路探索》，民族出版社 1994 年版。

尤志贤、傅万金：《简明赫哲语汉语对照读本》，黑龙江省民族研究所 1989
　　年版。

张杰：《清文化与满族精神：水滴石斋前集》，辽宁民族出版社 2012 年版。

张彦昌、张晰、戴淑艳：《赫哲语》，吉林大学出版社 1989 年版。

张毅、张庆云：《词汇语义学》，商务印书馆 2005 年版。

赵阿平：《满族语言与历史文化》，民族出版社 2006 年版。

赵复兴：《鄂伦春族研究》，内蒙古人民出版社 1987 年版。

赵复兴：《鄂伦春族游猎文化》，内蒙古人民出版社 1991 年版。

赵杰、田晓黎：《语言人类学》，民族出版社 2015 年版。

赵杰：《现代满语研究》，民族出版社 1989 年版。

赵志忠：《满族文化概论》，中央民族大学出版社 2008 年版。

郑东日：《鄂伦春族社会变迁》，延边人民出版社 1985 年版。

朱跃：《语义论》，北京大学出版社 2006 年版。

三　译著

［俄］史禄国：《北方通古斯的社会组织》，吴有刚、赵复兴、孟克译，内
　　蒙古人民出版社 1985 年版。

［美］路易斯·亨利·摩尔根：《古代社会》，杨东莼译，江苏教育出版社2005 年版。

四　期刊论文

波·少布：《渔猎民族的语言文库——评介〈鄂伦春语汉语对照读本〉》，《北方文物》1997 年第 1 期。

朝克、卡丽娜：《论满通古斯诸语言的历史研究》，《黑龙江民族丛刊》2000 年第 4 期。

陈伯霖、唐戈：《谈诱猎方式》，《黑龙江民族丛刊》1999 年第 2 期。

崔莲：《近 20 年来日本有关中国少数民族研究文献简述》，《西南民族学院学报》（哲学社会科学版）2001 年第 6 期。

戴克良：《锡伯族与满语满文》，《历史教学》2009 年第 9 期。

冯君实：《解放前黑河地区鄂伦春族历史调查》，《吉林师范大学学报》1959 年第 3 期。

付黎明、孔德明：《天地材工蕴情愫三江渔猎释民风—松花江下游的赫哲族鱼皮剪纸艺术探赜及其文化索隐》，《民族艺术研究》2012 年第 3 期。

付燕羽：《赫哲族渔业文化及其成因》，《原生态民族文化学刊》2009 年第 2 期。

哈纳斯：《试论鄂伦春族的兽皮文化》，《黑龙江民族丛刊》1993 年第 2 期。

哈纳斯：《试论鄂伦春族桦树皮工艺》，《内蒙古社会科学》1993 年第 1 期。

哈斯巴特尔：《从满语 butambi 词源文化看不同民族关系》，《满语研究》2002 年第 2 期。

韩有峰：《鄂伦春族的传统狩猎方法》，《黑龙江民族丛刊》，1989 年第 3 期。

韩有峰：《鄂伦春族狩猎生产资料和组织形式》，《黑龙江民族丛刊》1988 年第 3 期。

胡增益：《满通古斯辞书概说》，《辞书研究》1997 年第 4 期。

贾光杰：《鄂伦春族的狩猎》，《中国民族》1990 年第 11 期。

卡丽娜、朝克：《外国学者对鄂温克语的研究》，《世界民族》2006 年第 3 期。

卡丽娜：《论驯鹿鄂温克人的兽皮文化》，《中央民族大学学报（哲学社会科学版）》2005 年第 6 期。

孔德明、刘淑玲：《文化生态视野中的赫哲族渔猎造物艺术研究》，《黑龙江民族丛刊》2009 年第 4 期。

李伟佳、刘金明：《浅析民国初年鄂伦春族传统文化的变化》，《黑龙江民族丛刊》2003 年第 6 期。

刘小萌：《从满语词汇考察满族早期的经济生活》，《满语研究》1989 第 2 期。

逯广斌：《黑龙江省大兴安岭地区鄂伦春族经济与社会发展情况的调查与思考》，《黑龙江民族丛刊》1997 年第 1 期。

吕光天：《额尔古纳河鄂温克族的游猎生产方式及其家族公社结构》，《中央民族学院学报》1978 年第 3 期。

满都尔图：《狩猎经济与鄂伦春人的社会发展》，《民族团结》1962 年第 10 期。

任国英：《关于俄罗斯学者对满—通古斯语族民族的研究》，《黑龙江民族丛刊》2001 年第 1 期。

时妍：《满族经济形态变迁的词汇语义探析》，《黑龙江民族丛刊》2013 年第 6 期。

孙华义、陈颖、于杰：《赫哲族传统体育研究——以渔猎活动为例》，《北京体育大学学报》2010 年第 7 期。

唐戈：《东北地区渔猎文化略论》，《黑龙江民族丛刊》2003 年第 6 期。

王波：《从少数民族语言看词语分类的差异》，《中央民族大学学报》2013 年第 6 期。

王俊敏：《狩猎经济文化类型的当代变迁——鄂伦春族、鄂温克族猎民生计调查》，《中央民族大学学报》2005 年第 6 期。

王俊敏：《重说狩猎：鄂伦春族发展问题的生态——经济人类学研究》，《广播电视大学学报》2003 年第 1 期。

王为华：《文化生态学视域中的鄂伦春传统渔猎文化》，《学术交流》2009 年第 6 期。

王晓明、王咏曦：《鄂温克族的狩猎生产》，《黑龙江民族丛刊》1987 年第 3 期。

王钟翰：《清朝满族社会的变迁及其史料》，《中国文化》1996 年第 1 期。

闫沙庆：《鄂温克族的桦树皮文化》，《满语研究》2005 年第 1 期。

于学斌：《论鄂伦春族狩猎文化的特点及其局限性》，《北方文物》1990 年第 3 期。

张国庆：《古代东北地区少数民族渔猎农牧经济特征论》，《北方文物》2006 年第 4 期。

赵阿平：《满语语义文化内涵探析（一）》，《满语研究》1992 年第 2 期。

赵阿平：《满语语义文化内涵探析（三）》，《满语研究》1994 年第 1 期。

赵阿平：《满语语义文化内涵探析（四）》，《满语研究》1994 年第 2 期。

赵阿平：《满语中动物词语的文化含义》，《满语研究》1995 年第 1—2 期。

赵阿平：《满族语言与物质经济文化》，《黑龙江民族丛刊》2010 年第 4 期。

赵复兴：《鄂伦春族古老的陆上交通工具》，《内蒙古社会科学》1998 年第 1 期。

赵复兴：《鄂伦春族四种古老的水上交通工具》，《内蒙古社会科学》1992 年第 2 期。

赵复兴、黎虎、陈齐丽：《鄂伦春人的文化生活》，《民族研究》1959 年第 8 期。

赵复兴：《史禄国和他所著的〈北方通古斯的社会组织〉》，《内蒙古社会科学》1986 年第 2 期。

赵振才：《通古斯—满语与文化》（一—八），《满语研究》1986—1992 年。

五　学位论文

鲍明：《满族文化模式：满族社会组织和观念体系研究》，博士学位论文，中央民族大学，2004 年。

卡丽娜：《驯鹿鄂温克人文化研究》，博士学位论文，中央民族大学，2004 年。

李玉明：《东北民族生存智慧的结晶——论北方民族渔猎工具》，硕士学位论文，吉林艺术学院，2016 年。

梁松：《赫哲族从渔猎走向多元的经济发展研究——以黑龙江省四排赫哲族村为例》，硕士学位论文，中央民族大学，2013 年。

刘彦臣：《清代"国语骑射"政策研究》，博士学位论文，中央民族大学，2010 年。

马天夫:《辽金时期女真渔猎生活的考古学研究》,硕士学位论文,吉林大学,2013 年。

马伊立:《锡伯族传统弓箭文化研究》,硕士学位论文,西北民族大学,2015 年。

孙慧佳:《中国北方少数民族萨满舞蹈结构及功能研究》,博士学位论文,中国艺术研究院,2011 年。

杨光:《赫哲族社会文化变迁研究》,博士学位论文,东北师范大学,2011 年。

赵洁:《新疆锡伯族弓箭民俗文化考察》,硕士学位论文,西北民族大学,2008 年。

附录一

满—通古斯诸语狩猎词汇表

一　满—通古斯诸语狩猎词汇表

（一）狩猎对象词

1. 兽类词

汉语	满语	锡伯语	鄂温克语	鄂伦春语	赫哲语
动物	aʃʃasu	aʃʃasu	aretaŋ	aretan	aretu
野兽	gurgu	gurəgə/gurgə	gurəsəŋ/gərəəsəŋ	gurɐn	gurgə/bujan
虎	tasha	tasha	tasuŋ	tasaki	tasha/jəjəmafa
公虎	muhan tasha	muhan tasha	muhaŋ	mukan	muhan
母虎	birən	birən	birəŋ	birən	birən
彪	targan	targan	targan/targas	targan/targa	targa
狮子	arsalan	arsəlan	atʃʃalaŋ	artʃalan	artʃalan
豹	jarha	jarh	jargaŋ/jargaŋmira	jargan	jargaŋ/jarga
黑豹	karajarha	karjarha	hara jaggaŋ	kara jargaŋ	hara jargaŋ
白豹	ʂanjan jarha	alhuta	gilahuta	gilkuta	gilhuta
金钱豹	dʑihan jarha	jarha	irhis	irkis	irbis
海豹	ləfu	ləfu	ləpɨ	ləpɨ	ləpɨ
貂	səkə	sarhi	sarhi	sarki	sarkə
公貂	luŋgu	luŋgu	luŋgu	luŋgu	luŋgu
母貂	aihʊ	aihu	ajihi	ajiki	ajhu
豻	dʑarhʊ	dʑarhu	gure/gureel	gureel/kureel	gureel

汉语	满语	锡伯语	鄂温克语	鄂伦春语	赫哲语
狼	niohə	niohə/yhə	guskə/tuuggə	guskə/gujkə/ ŋəəlukə	ɲohə/ nəluki/leluki
狐狸	dobi	dov	solahi	sulaki	sulahi
白狐狸	tʂindaha	tʂindaha	tʃindaha	tʃindakan	tʃindahan
沙狐	kirsa	kirs	hirsa	kiras	kirsa
狸	udʐirhi	udʐirhi	ʉdʒirhi	ʉdʒirki	udʒirhi
猞猁	silun	ʂilun	tidʒdʒihi	tibdʒ	ʃəlisuŋ
小猞猁	luka	luka	luka	luka	luka
貉子	əlbihə	əlbəh	əlbəhi	əlbəkə	əlbəhə
熊	ləfu	ləf	ətirgəŋ/ətəggəŋ	ətirgən	mafkə
一岁熊	kʊwatiki	kuatik	ʉtʉhi	ʉtʉki	hutiki
两岁熊	dzʉkturi	dzʉktur	dʒukt/ojogon	dʒukti/ojogon	dʒukti
棕熊	nasin	naʂin	naʃi	naʃi/tʉʉr	naʃin/tuur
公棕熊	sati	sati	sat	sat	sati
母棕熊	nari	nari	sathaŋ	satkan	satigan
黑熊	modzihijan	modzihijan/ jonhun ləfu	modʒihəŋ	modʒikin/ wəŋən	modʒihin
公黑熊	uduwən	uduwən	ətʉgən	ətʉgən	ətugən
母黑熊	dzaira	dzari	sari/matugaŋ	sari/matugaŋ	sari/matuga
猩猩	sirsiŋ	ʂirs	abgaldə	abgaldə	saraman
猿	bonio	boni	saraŋ	saran	saran/saram
猴	monio	monio/moni	monijo/ monio/mojo	moɲo	moɲo
犀牛	ihasi	ihaʂi	iha	ika	iha
野骆驼	təmən gurgu	təmən gurgu	boor	boor	boor
野马	tahi	tahi	tahin	takin	tahin
野骡子	tʂihətəi	tʂihtəi	tʃihʉtʉn/tʃiktʉ	tʃiktʉ	tʂihti
鹿	buhʊ	bohu	bog/kumakaŋ/ orooŋ	kumaka	kumaka
驯鹿	oron	oron	orooŋ	oroon	oroon/tolki
公鹿	mafuta	mavət	mabu	mabu	guran

汉语	满语	锡伯语	鄂温克语	鄂伦春语	赫哲语
母鹿	dʐolo	dʐolo	mabuhaŋ	mabukan	gurahan
鹿羔	fijadʐu	fijadʐu	oʃ	ankanahaŋ	oʃankan
一岁鹿	urɡəsən	urɡəsən	ankanahaŋ	ankan	ankab
两岁鹿	ʂoloŋo mafuta	mavəta	dʑinoho	dʑinoko	dʑinoho
三岁鹿	lorbodo	lorbodo	wənnəne	wənnər	lobodo
野角鹿	irən	irən	irən	irən	irən
驼鹿	kandahan	kandahan	handahaŋ	kandahan	kandahan
驼鹿羔	nijahotʂa	niahotʂa	nekkosa	nerkosa	ɳarhosa
一岁驼鹿	toho	toho	tooho	tooko	toho
两岁驼鹿	anami	anami	anami	anami	anami
母驼鹿	ənijən	əniən	əniən	ənijən	əniən
公驼鹿	amijan	amian	amijan	amijan	amijan
马鹿	ajan	ajan	ajan	ajan	ajan
梅花鹿	suwa buhʊ	bohu	boɡ	boɡ	bohu
狍子	gijao/gio	giu/gio	giwsən/giisəŋ	giwtʃən	giwtʃən
公狍	guran	guran	guraŋ	guran	guran
母狍	fonio	fonio	onijo	onijo	oɳo
两岁狍	dʐursan gio	dʐursan	dʑusaŋ	dʑusan	dʑusan
三岁狍	lorbodo	lorbodo	wənnənə	wənnər	lobodo
黄羊	dʐərən	dʐərən	dʑəɡərən	dʑəɡərən	dʑəɡərən
黄羊羔	indʐiha	indʐih	indʑihaŋ	indʑikan	indʑihan
公黄羊	onon	onon	ono	ono	onon
母黄羊	sirhatʂin	ʂirhatʂin	onohoŋ	onokon	ʃirhatʃin
獐子	sirɡa	ʂirɡa	ʃirɡa/ʃiɡɡa	ʃirɡa	ʃirɡa
公獐	arɡatu	arɡatu	aɡɡat	arɡat	arɡat
母獐	fonijo	fonio	aɡɡathaŋ	arɡatkan	arɡathan
獐羔	marɡan	marɡan	maɡɡa	marɡan	marɡan
獾子	dorɡon	dorɡən	əwəri/əwəə	əwəri/əwər	dorɡon
猪獾	maŋgisu	maŋgis	maŋgis	maŋgis	maŋgis
老獾	ahadan	ahdan	ahadaŋ	akdan	ahadan
獾崽	jandatʂi	jandatʂi	jandaɡ	jandaɡ	jandaʃi

汉语	满语	锡伯语	鄂温克语	鄂伦春语	赫哲语
青鼬	harsa	harsa	harsa	karsa	harsa
艾虎	kurənə	hurən	hʉrəŋ	kʉrən	hurən
兔子	ɡʊlmahʊn	ɡʊlmahʊn / ɡʊlmahən	ɡʊlmahʊŋ / tooli	ɡʊlmakun / tuksaki	ɡʊlmahun
白兔	tʂindahan	tʂindahan	tʃindaha	tʃindaka	tʃindahan
野兔	mamukə	mamukə	mamuhu	mamuku	mamuhə
刺猬	səŋɡə	səŋɡə / səŋə	səŋɡə / səŋəŋ	səŋɡə	səŋkə
鼠兔	ohotono	ohtono	ohtono	ohtono	oktono
鼬鼠	dzˬəlkən	dzˬəlkən	sologi	solugi	solugi
灰鼠	ulhu	ulhu	ʉlʉhi	ʉlʉki	uləhi
松鼠	soison	soisən	əlʉhi	borokto	tʃiŋki
鼹鼠	ohotono / buha	ohtono	ohtono / sohor momo	oktono / bili ənikən	ohtono
跳鼠	alakdaha	alakdaha	alakdaha	alakdaha	alakdaka
豆鼠	dzˬumara	dzˬumar	dzˬombar	dzˬombar	dzˬombar / dzˬomra
盲鼠	muktun	muktun	nomo	nomo	muktun
鼯鼠	dobi / dəjərədobi	dobi / dəjərədobi	dowi	dobi	dowi
黄鼠狼	solohi	solohi	solohi / soolge	soloki / soologe / soolge	soolje
野猪	hamɡiari / biɡan i ulɡijan	taləj velgian	torohi	toroki	niktə
大野猪	aituhʊn	əthun	ajtahuŋ	ajtan	ajtan
公野猪	aidaɡan / jalu	aidaɡan	ajdaɡaŋ	ajdan	ajdan
母野猪	sakda	sakda	sakda	sakda	sakda
野猪崽	mihatʂan	mihtʂan	miktʃa	miktʃa	mihtʃa
出生几个月的野猪	ʂurɡan	surhan	suɡɡa	surɡa	surhan
一岁野猪	nuhən	nuhən	noha	noka	nohan
两岁野猪	ʂorha	sorhə	sorho	sorka	sorhə

续表

汉语	满语	锡伯语	鄂温克语	鄂伦春语	赫哲语
獠牙野猪	haita	haita	ajitta	ajikta	hajikta
将壮野猪	hǝntǝ				
老野猪	hajakta	hajǝkta	ajittalaŋ	ajiktalan	hajiktalan
海獭	lǝkǝrhi	lǝkǝrhi	haligu	kaligu	haligun
水獭	hailun	hailun	ʤʉʉhiŋ	ʤʉʉkin	ʤukun
公水獭	algin	algin	algiŋ	algin	algin
母水獭	uki	uki	uhi	uki	uki
水獭崽	imsǝkǝ	imsǝkǝ	imǝskǝŋ	imǝskǝn	imǝskǝn
旱獭	tarbahi	tarbah/tarva	tarbahi	tarbaki	tarbahi
江獭	lǝkǝrhi	lǝkǝrhi	lǝhǝrhi	lǝkǝrhi	lǝhǝrhi

2. 禽鸟类

汉语	满语	锡伯语	鄂温克语	鄂伦春语	赫哲语
飞禽	dǝjǝrǝ gasha	dǝjǝr	dǝgi	dǝji	gaskǝ
鸟	gasha/tʂǝtʂikǝ	tʂǝtʂikǝ	tʃiikkaŋ/dǝgi	tʃiibkan/dǝji	gaskǝ
凤凰鸟	garudai	garudi	gǝrdi/garddi	gardi	gardi
鸾	garuŋgu	garuŋg/garuŋa	garuŋa	garuŋa	garuŋa
雁	nioŋnijaha	nyŋniah	nonnohi	ŋunnaki	nunnhi/dawgaska
鹈鹕	hutan	hutan	huta	kuta	hutan
鸮	todi/humudu	todi/humudu	todi/toodi	todoŋ/toodoŋ	todiŋ
雀	tʂǝtʂikǝ	tʂǝtʂkǝ	tʃinǝh	tʃinǝkǝ	tʃinihǝ
麻雀	tʂǝtʂikǝ/sisargan	boji tʂǝtʂikǝ	dargunda	tʃinǝkǝ	ukan
斑雀	dudu	dʉd	tuutuge	tuutuge	tuutuge
凭霄小鸟	tugitu	tugit	tugi	tugi	tugit
水花冠红脖子鸟	tʂuŋai	tʂuŋi	tugeel	tugeel	tugil
朱顶红	tʂalihun	tʂalihun	tʃalihuŋ	tʃalikun	tʃalihun

汉语	满语	锡伯语	鄂温克语	鄂伦春语	赫哲语
苇鸟	huŋsi	huŋʂi	huɳtʃi	kuɳtʃi	huɳʃi
元鸟	turaki	turak	turahi	turak	torah
乌鸦	ɢaha	ɢahə/ɢah	aaha/ule/turahi	ɢaaki/turaki	ɢahi
松鸦	isha	isha	isha	iska	isha
花脖鸦	ajan ɢaha	ajan ɢah	ajan	ajan	ajan
燕子	tʂibin	tʂivaɢan	ɢarasuŋ	dʑildʑima	tʃifakun
紫燕	tʂibin	tʂibin	ʃiwiŋ	ʃiwin	ʃiwin
寒燕	bijara	biara	moriŋ ɢarasuŋ	biran	biran
越燕	ɢʊldarɢan	ɢʊldarɢan	urihaŋ	urigan	ɢulaɢan
喜鹊	saksaha	sask	saadʑige	saadʑiga/ʃaadʑija	saksaki
老鹰	ɡijahʊn/jəjin	ɡehʊn/jəjin	ɡihiŋ/ɡikiŋ/mʉri	jeekin/iɡətʃən	jeehən/heetʃən
苍鹰	idulhən	idulhən	idʉlhəŋ	idʉlkən	idulhən
小鹰	ɡijahʊn	ɡiahun	ɡeehuŋ	ɡiakun	ɡiahun
小黄鹰	dz̧afata	dz̧avat	dʑawutta	dʑawuɡta	dʑawuɡta
鱼鹰	suwan	suvan	suwan	suwan	suwan
老雕	damin	diəmin	hektʃəŋ	kektʃen/jektʃən	kiaktʃən
白雕	isuka	isuka	isha	iska	hisuka
海青	ʂoŋkon	ʂoŋkon	ʃoŋhor	ʃoŋkor	ʃoŋkor
海鸥	lilahʊn	lilahun	hilahun/osholoŋko	kilakun/tʃinakun	kilahun
游隼	natʂin	natʂin/laitʂin	natʃiŋ	natʃin	natʃin
燕隼	silmən	ʂilmən	ʃilmən/higgo	ʃilmən	ʃilmən
鸥鹞	jabʂahʊ	jabsah	uliɳtʃi	uliɳtʃi	jabsah
猫头鹰	huʂahʊ/molto	molto	ɡeehiŋ	mərmətə	huŋʃin
林鸮	humʂə	humsə	humɡi	kumɡi	humsə
啄木鸟	toŋsikʊ/fijorhon	tonʂiko	tontohe	tontoki/ilakta	tontoki/toktoki
布谷鸟	kəkuhə/toiton	ɡukku	ɡəkkʉ/həkkʉ	ɡəkkʉ/kəkkʉ	kəku

续表

汉语	满语	锡伯语	鄂温克语	鄂伦春语	赫哲语
丹顶鹤/仙鹤	buləhən	bulhə	bʉlhi	bʉlki	buləhi
丘鹬	jaksarɡan	jaksa/jaksarɡan	jaksa	jaksa	jaksan
鹬	tʂootʂijanli	tʂootʂali	sootʃal	sootʃal	tʃootʃal
灰鹤	kʊrtʂan	kurtʂan	toɡlo	toɡlor	harhira
鹳	wəidz̧un	vəidz̧ən	uriʤi	uriʤin/uriʤi	uriʤin
孔雀	todz̧in	todz̧in	todi/sooldoldə	todi/sooldoldi	todʒin
乌鸡	karaldz̧a	karaldz̧i	ɡarasu/təɡələŋ	ɡarasu/təɡələn	ɡarasu/hoji
野鸡	ulhʊma	olhum	hoɡɡol/ɡorɡol/ʤəɡʉ ʃiikkaŋ	korɡol	olɡum
飞龙鸟/沙鸡	nuturu	nutur	itu	iiŋki	nutru
鹦	ʂoron	soron	soron	soron	soron
鹌鹑	muʂu	muʂu	bədənə	tʃʉtʃuki	tʃutʃuhi
鹭鸶	ɡʊwasihija	ɡuwasihia	ɡotʃihe/watʃihe/ɡiltariŋ dəɡəli	ɡotʃike/watʃiki	ɡuaʃike/watʃiki
鹦鹉	jəŋɡuhə	iŋɡəl	todi	iŋɡəl	todi
小体鹦鹉	jəŋɡuhə	iŋɡəl	iŋɡəhʉ	iŋɡəl	iŋɡəhə
鸥	kilahʊn	kilahun/kilun	ɡilawuŋ/osholoŋko	ɡilaɡun/ɡilun	kilahun/kilun
秃鹫	tashari	tashari	tashari	tashari	tashari
狗鹫	jolo	jolo	jolo	jolo	jolo
鸳鸯	iʤifun nijəhə	nyhi	nihitʃen/aruhaŋka	nikitʃen	n̠un̠ahi
八哥	baŋɡuhə	baŋɡuh	honnoriŋ todi	baŋɡu	baŋɡu
画眉	jadali	jadal	boŋɡoŋalaar ʃiikkaŋ	alaar dəji	jadal
黄鹂	ɡʊdali	ɡulin	ɡulin/ɡorɡolde	ɡuli	ɡulin
白脖乌鸦	ajan ɡaha	ajan ɡah	taŋko	taŋko	taŋko

续表

汉语	满语	锡伯语	鄂温克语	鄂伦春语	赫哲语
青鸦	karahi	karahi	ɡarahi	ɡaraki	ɡarahi
戴胜鸟	indahvn/ indahʊn tʂatʂikə	indahun/ indahun tʂatʂiə	øpøpe	øpøpe/ øpøøpe	əpəbe
斑鸠	bijantʂiol	bijantʂiul	honnoriŋ todi	tuulge	tuulge
莺	dz̧ardz̧i	dz̧ardz̧i	jarɡi	jarɡi	ʥarɡi
鹬	silmən	ʂilmən	silmən	silmən	silmən
天鹅	ɡaru	ɡaru	utʃʃe	urtʃe	urtʃe/hukʃa

3. 兽类动作、行为、状貌以及声响

汉语	满语	锡伯语	鄂温克语	鄂伦春语	赫哲语
狍、鹿崽叫			pitʃaaran/pisanaŋ	pitʃaaran	
公鹿叫			ʉreeraŋ	ureerən	
狍子吼叫				kəəwrən	
狼叫				puunirən	
熊叫				moroorən	
野牛叫声	mu mu				
中等形体野兽 的脚步声				dəwur dəwur	
林间野兽群惊跑声				putur patr	
熊生气声					har har
野猪吃柞树籽儿声					kuwur kuwur
野兽匆忙逃跑貌			halt mʉlt		
驯鹿晃悠貌			løøndə øøndə		
肥大体重熊的体形				ləkur ləkur	
小松鼠小步快跑貌				tʃokur tʃokur	

4. 野兽禽鸟肢体部位

汉语	满语	锡伯语	鄂温克语	鄂伦春语	赫哲语
甲壳	huru	kur	hʉr	kʉrə	hurə
獠牙	arɡan	arhən	sojo	sojo	sojo
尾鬃硬毛	sika	şika	saha/ʃiɡasu	saka/ʃilɡasu	saha/ʃiɡasu
蹄心	uman	uman	umo	umo	umon
蹄掌	wijahan	viaha	weha	weka	wiha
尾巴	untʂəhən	untʂihən	iɡɡi	irɡi	ilɡi
野马印子	doron	doron	doron	doron	doron
角	uihə	vih	iiɡi	iiɡə	iiɡə/ɡujan
角根	ɡili	ɡili	ɡil	ɡil	ɡili
鹿茸	funtu	funtu	pəntʉ	pəntʉ	funtu
兽类下颏	baldaha	baldah	baldah	baldak	baldah
兽类㽪皮	tʂabi	tʂavi	sawi	tʃabi	tʃabi
兽蹄	fatha	fath	taha/uruun	taka/uruun	fatha
爪子	wasiha	sohurkə	sabbatta	sarbaktan	fatha
兽类指甲	oʂoho	osoh	uʃiha	uʃika	uʃiha
翅膀	asha	ash	aʃiɡə/dəttəle	aʃaki/dəbtilə	aʃiki/dəksə
毛	funijəhə	funih	iŋatta	iŋakta	yhtə
厚毛	luku	luku	luku/luhu	luku	luku
短毛	nirɡa	nirɡa	noɡɡa	norɡa	nirɡa
卷毛	hoshori	hoshor	bodʒdʒiɡir	bordʒiɡir	orɡol
绒毛	noŋɡari	noŋɡar	noŋɡar	noŋɡar	noŋɡar
毛梢	solmin	solmin	solmi	solmi	solmin
皮	sukʊ	sokə	nanda	nana	nasa
皮毛	furdəhə	furdəh	ʉrdəh	ʉrdək	furdəh
狍皮	ɡihi	ɡihi	ɡihi	ɡilatʃi	ɡihi
貂皮	səkətʂi	sərtʂi	bɔlɡa	bɔlɡa	bɔlɡa
黑貂皮	sahaltʂa	sahaltʂa	sahatʃi	sakatʃi	sahaltʃa
猞猁狲皮	silutʂi	şilutʂi	tidʒdʒihitʃi	tibdʒikitʃi	ʃəlisuŋtʃi
狐狸皮	dobitʂi	hontʂi	dohitʃi/solahii	dokitʃi/sulakibtʃi	dobitʂi/sulahitʃi

续表

汉语	满语	锡伯语	鄂温克语	鄂伦春语	赫哲语
去毛皮	ilgin	ilgin	ilgiŋ	ilgin	ilgin
去毛鹿皮	buhi	buhi	buhi	buki	buhi
股子皮	sarin	sarin	sarin	sarin	sarin
皮条	uʂə	uʂə	sor	sor	sor
兽类乳房	dələn	dələn	dələŋ	dələn	dələn
胎盘	təbku	təbku	təbkə	təbkə	təbku
胚内血块	balakta	balaktə	balatta	balakta	balaktə
兽胎	sutʂi	sutʂi	sutʃi	sutʃi	sutʃi
鸟蛋	umhan	umhan	umtto	umukta	omukto
蛋壳硬皮	tʂotho	tʂoth	tʃotho	tʃotko	tʃothon
蛋壳嫩皮	numriha	numrih	numur	numuri	numurhan
蛋清	ʂoho	ʂoho	soho / ʃilgi	soko / ʃilgi	sohə / ʃilgi
蛋黄	joho	joho	uuggu	uurgu	urgu
羽毛	fuŋgla	fuŋgal / fuŋal	uŋgal	uŋgal / iŋakta	fuŋgal / fufuktə
啄木鸟斑毛	jolokto	joloktə	jolokto	jolokto	jolokto
尾羽	gindatʂan	gindatʂan	gindah	gindaka	gindahan
氄毛	nuŋgari	nuŋgar	noŋgar / nooŋgar	noŋgar	nuŋgar
鸟嘴	əŋgə	əŋgə / əŋə	toŋgo / toŋko / toŋkoŋko	toŋki	toŋgi
嗉囊	koŋgolo	koŋgol / koŋol	nuŋgar / nooŋgar	noŋgar	nuŋgar
鸟鸡胸脯	aladʐan	aldʐan	aldʒan	aldʒa	aldʒan
斑纹	bədəri	bədər	bədəri	bədəri	bədər
兽尾白毛	ikdaki	ikdaki	hikdaha	kikdaka	hikdaka
驼峰	bohoto	bohtə	bohto	bokto	bohtə
掌	fatha				
后蹬	fərgə				
鹰条	ʂoʂon				
独角鹿茸				tʃutʃahe	
两杈鹿茸				dʒuurməten	

续表

汉语	满语	锡伯语	鄂温克语	鄂伦春语	赫哲语
三杈鹿茸				ilanmaan	
四杈鹿茸				tijinmaan	
五杈鹿茸				tuŋaamaan	
六杈鹿茸			niŋumə		
鹿角				puh karaan	
鹿鞭				kmaha ʃumun	

5. 兽类皮毛制品

汉语	满语	锡伯语	鄂温克语	鄂伦春语	赫哲语
毛皮长袍	dəhələ	dəhəl	dəəl/sʉʉŋ	dəəl/sʉʉn	dəhəl
狍皮衣	dʐibtʂa	dʐivtʂa	dʒuwa	dʒuba	haʃihi
长毛短皮衣	dahʊ	dahə	daha	daka	dahə
稀毛皮衣	gabthʊwa	gatha	sʉʉbtʃi/garma	sʉʉbtʃi/karimna	garha
鹿狍皮衣	katʂiki	katʂiki	haʃihi	kaʃiki	kaʃih
去毛皮衣	nami	nami	namitʃi	namiktʃi	nami
涉水皮裤	oloshon	olushən	olooŋko	oloŋko/olooŋko	oluŋkə
无毛皮裤	aduhi	aduhi	aduhi	aduki	aduhi
鹿皮衣	nami	nami	namig	namig	nami butʃan
兽筋细线	toŋgo/toŋo	toŋ	toŋko	toŋgo	toŋgo
狍皮帽子	gihi mahala	gih mahal	giisəŋi nanda aawuŋ	giwtʃəktʃi aawun	giwtʃin nasə awuŋ
皮手闷子	dobtolokʊ	dobtoloku	hatʃimi	katʃimi	hatʃimi

（二）狩猎工具

1. 弓

汉语	满语	锡伯语	鄂温克语	鄂伦春语	赫哲语
弓	bəri	bəri	bəri/bər	bər	bəri
弓别	misa	misa	misa	misa	misa

续表

汉语	满语	锡伯语	鄂温克语	鄂伦春语	赫哲语
弓弦	uli	uli	uli	uli	uli
弓脑	bokson	bokson	boksoŋ	bokson	bokson
弓梢	igən	igən	igən	igən	igən
弓垫子	təbhə	təvhə	təbhə	təbkə	təbhə
弓套	bəridobon	bəriji dovton	togoŋ	togon	bərini dobon
弓罩	otʂika	otʂika	otʃiha	otʃika	otʃiha
弓弩子	taŋgikʋ/taŋiʋ	taŋgiku/taŋiku	taaŋgu	taaŋgiku	taaŋgihu

2. 箭

汉语	满语	锡伯语	鄂温克语	鄂伦春语	赫哲语
箭	niru	nyrə	niru/nor	niru/luki	niru/luki
小箭	dolbi niru	dolbi nyrə	dolbi nor	dolbi luki	dolbi luki
大箭	kəifu	kəivu	hiwʉ	kiwʉ	kifu
长箭	madzʅan	madzʅan	madʑaŋ	madʑan	madʑan
快箭	kalbikʋ	kalbiku	halbihu/halgi	kalbiku/kalgi	kalbiku/halgi
水箭	dzʅəsəri	dzʅəsəri	dʑəsər	dʑəsər	dʑəsəri
火箭	tʂuniru	tua nyrə	toɡ nor	togluki	tooluki
哨箭	dzʅan	dzʅan	dʑan	dʑan	dʑan
带哨箭	dzʅaŋga/dzʅaŋa	dzʅaŋga/dzʅaŋa	dʑaŋga	dʑaŋga	dʑaŋga
无哨箭	sudu	sudu	sudu	sudu	sudu
梅针箭	sirdan	ʂirdan	ʃidda	ʃirda	ʃirda
角头箭	dzʅoro	dzʅor	dʑor	dʑor	dʑor
扁头箭	ganada	ganada	ganda	ganda	ganda
箭头铁刃	orgi	orgi	orgi/oggi	orgi	orgi
箭头铁脊	kuhən	kuhən	hʉgʉ	kʉgʉ	hugu
箭羽	dəthə	dəthə	dəktə	dəktə	dəthə
箭匣	kobdon	kobdon	hobdo	kobdo	hobdon
箭筒	dzʅəbələ	dzʅəvəl	dʑəwəl	dʑəwəl	dʑəbəl
箭罩	jaki	jaki	jaɡi	jaɡi	jaɡi

汉语	满语	锡伯语	鄂温克语	鄂伦春语	赫哲语
马箭	nijamnijan				
长披箭	madʐan				
大披箭	kəifu niru				

3. 枪支弹药

汉语	满语	锡伯语	鄂温克语	鄂伦春语	赫哲语
枪	mijaotʃan	mijaotʂun	miisaŋ	miwtʃan	miawtʃiaŋ
猎枪	hijantʂi	hiantʂi	hijaŋka	kijaŋka	kijaŋtʃi
熊枪					mafka ɢita
瞄准器眼	səndʐi	səndʐi	səndʑi	səndʑi	səndʑi
枪冲条	tʂirgəku	tʂirgəku	tʃirgəhu	tʃirgəkʉ	tʃirgəku
枪机子	həŋkiləku	həŋkiləku	həŋkiləŋ	kəŋkilən	həŋkiləhu
枪套	homhon	homhon	homhoŋ	komkon	homkon
子弹	muhalijan	muhalin	muhaleŋ / mooleŋ	mukalen / moolen	muhalian
子弹袋					kuatʃi
火药	tuwai okto	tuwai okto	dari	dari	tuwa okto
火药罐	ʂumgan	sumgan	sumga	sumga	sumgan
枪的火门	ʂan	san	ʃeen	ʃeen	ʃan
导火线	tuwai sibərhn	tuwaiʂivərhən	bilda	bilda	bilda

4. 其他狩猎工具

汉语	满语	锡伯语	鄂温克语	鄂伦春语	赫哲语
扎枪	ɢida	ɢida	ɢida	ɢida	ɢida
短扎枪	nama ɢida	nama ɢida	nama ɢida	nama ɢida	nama ɢida
带钩扎枪	wataŋga ɢida / wataŋa ɢida	wataŋa ɢida	wataŋga ɢida	wataŋga ɢida	wataŋga ɢida
马尾套子	hurkan	hurkan	hukkan / huɢa	kurka	hurka

汉语	满语	锡伯语	鄂温克语	鄂伦春语	赫哲语
猞猁套子	ʂəbən	səvən	səbuŋ	səbʉn	səbun
禽鸟套子	masalaku	masalku	masalhuŋ	masalkun	masalku
走兽套子	ila /wəʂən	ila	ila /ʉʃiŋki	ila /ʉʃiŋki	ila
哨子/虎哨	fitʂakʊ/murakʊ	fitʃaku/murku	pisaŋka	pitʃaŋka	fitʃaku/fuləgiku/uriaku
口哨	fitʂakʊ	fitʃaku	pisahu	pitʃaku	fitʃaku
夹子	gədz̡i	gədz̡i	hatʃʃihu	kaptʃiku	kaptʃiku
野兽夹子	gədz̡i	gədz̡i	gədʑiŋ	gədʑin	gədʑin
夹子弓	mudan	mudan	mudan/tʃor	mudan	mudan
夹子嘴	santʂiha	santʂiha	santʃiha	santʃika	santʃiha
夹子舌	iləŋgu/iləŋu	iləŋgəi/ləŋə	iləŋgə	iləŋgə	iləŋgu
夹子支棍	soŋgiha/soŋiha	soŋgiha/soŋiha	soŋgiho	soŋgiŋko	soŋgiha
鹰网	toʃihija/tosihia	toʂihia	toʃiha/toorga	toʃika/toron	toʃiha/toksa
野鸡网	algan	algan	taawa	alga	algan/uku
兔网	asu	asu	asuŋ/uhu	asun/uku	asu/uku
腰刀	loho	lohə	lohon	lokon	lohə
棍子	mukʂan	muksan	dagasuŋ	mʉkərin	mo
棒	maitu	maitu	dəŋtʃi/gasu	dəŋtʃi/gasu	bans/gasu
犁刀	hadz̡un				
陷机				kafirəku	

（三）狩猎方式词语

1. 狩猎相关的词

汉语	满语	锡伯语	鄂温克语	鄂伦春语	赫哲语
狩猎	gurguʂən	gurəguʂən	bəjʉ	bəjʉn	bəjun/bəju
冬猎	hoihan	hoihan	hojhan	kojkan	hojhan
秋猎	saha/aba	saha/ava	saha/aw	saka/ab	saha/aba
渔猎	butha	butha	butha	butha	butha

续表

汉语	满语	锡伯语	鄂温克语	鄂伦春语	赫哲语
春猎	otori	otor	otor	otor	otor
夏猎	ulun ɡida –				
早猎				timaanan	
晚猎			sigtʃenəŋ	çihçəməərən	
畋猎	aba				
围猎	saha				
哨鹿围	muran				

2. 狩猎动作及场景

汉语	满语	锡伯语	鄂温克语	鄂伦春语	赫哲语
打围	abala –	avalə –	bəjʉ	bəjʉ	abala –
下钢丝绳套	tulə –	tulu –	tʉrʉ –	tʉrʉ –	tulə –
杀	wa –	wa –	waa –	waa –	wa –
动作缓慢	bəbərʂə –	bəburʂə –	bəbəldʒə –	bəbudʒə –	bəbudʒə –
动作笨拙	motʂodo –	motʂudə –	moŋkido –	moŋkido –	motʃudo –
乱扑乱打	abura –	vdərə –	apu –	apu –	afu –
射	ɡabta –	ɡavtə –	ɡappa –	ɡarpa –	ɡabta – /karfu –
打偏	kəltərə –	kəltərə –	həltərə –	kəltərə –	həltərə –
打中	ɡoi –	ɡœ	naat – /əndə –	naw –	naɡab – /nambu –
捆绑	huthu –	hutə –	bohi – /hʉkkʉ –	boki –	bohi –
围堵、围赶	hasi – /haŋgabu –	haʂi –	haʃi –	kaʃi –	haʃi –
扣弦上弓	tabu –	tavə –	tabu – /jakʃi –	tabu – /jaktʃi –	tabu – /jaktʃi –

二　满—通古斯诸语狩猎生产条件下的捕捞词汇表
（一）捕捞对象
1. 捕捞对象名称

汉语	满语	锡伯语	鄂温克语	鄂伦春语	赫哲语
蛙	ərhə	ərh/vaksən	ərihi	ərəki	ərih/wakʃən

汉语	满语	锡伯语	鄂温克语	鄂伦春语	赫哲语
青蛙	dz̦uwali/haʂima	haʂimol	moriŋ ərihi	morin ərikə	morinwakʃən
蝌蚪	koki/mahʋ	koki/mahu	iggiləŋ	irgilən	ilgilən
鱼	nimaha	nimha	imaha/oshoŋ	imaka/olo	imaha
公鱼	atuha	athə	atuha	atuka	atuha
母鱼	atu	at	atu	atu	atu
鱼秧子	honika	honikə	onir/homka	onir/tiʃə	oniga/ʧafa
小鱼	nisiha	nisha	niʧa	niʧa	nisha
鲤鱼	mudz̦uhu	murgu/hardak	mərgə/gilbahe	mʉrgu	murgu/hartəku
小鲤鱼	siri	ʂir	ʃili/kəəlben	ʃili/kəəlben	ʃiri
鲇鱼	duwara	duvar	daahi	daaki	daahi/ʃifan
鲫鱼	oŋoʂon	oŋoʂon	həltəhʉ	kəltək	abtəhə
狗鱼	gəoʂən	guʂən	suuruldu	ʧukʧumun	guʧən/ʃifan
鳊花鱼	haihʋwa	haihua	hajgu	kajgu	hajgu/hajguʧi
鲭鱼	fusəli	fusəli	ʉsʉl	ʉsəl	usul
鳔鱼	takʋ	takə	tahu	takun/taku	takun/takan
鳟鱼	dz̦əlu	dz̦ələ	ʤəələ	ʤəəlʉ	ʤəlu/sakana
泥鳅鱼	ujaʂan	ujaʂən	ujasa/morgoŋ	uja/ʤibgən	uja
鳇鱼	adz̦in	adz̦in	aʤiŋ	aʤin	aʤin
白鱼	niomoʂon	ʂaŋannimha	saʧihi	saʧiki	ʤaʧihi
金鱼	botʂoŋgo	aiʂinnimha	altan oshoŋ	altan olo	aiʃinimaha
草根鱼	funimaha	vunimha	hərə	kərə	kuərə
细鳞鱼	niomoʂon	niomʂən	jora	jora	jorun
赤稍	suŋgada	suŋgada	suŋga	suŋga	suŋgad
柳根池	ulumə	ulumə	ʉlʉm	ʉləm	ulumə
松花鱼	foŋsoŋgi	foŋsoŋi	ogsoŋgi	ogsoŋgi	ogsoŋgi
牛尾鱼	ihan untʂəhə	ihan untʂəh	ʉhʉr iggi	ʉkʉr irgi	ihan irgi
葫芦仔鱼	farsa	fars	arsa	arsa	farsa/tenfu
河鱼	birai nimaha	nimha	oshoŋ	okʧun	okʧun
白鲅鱼	jabsa	jabsa	jabsa/gilgaŋ	jabsa/gilgan	jabsa
重嘴鱼	tubəhə	tubəhə	ʤʉwəhe	ʤʉwəkə	tubəhə

续表

汉语	满语	锡伯语	鄂温克语	鄂伦春语	赫哲语
鲟鱼	kirfu	kirvu	hirbə/hibbə	kirbʉ	kitfutʃin
大马哈鱼			hirata	keeta	tawa
黑鱼/鳗鱼	hʊwara	howro	howor/moroldʒi	kowor	huwar
干鲦鱼	sətʂu	sətʂə	sətʃə	sətʃə	sətʃu
筋斗鱼	kurtʂin	kurtʂin	urtʃi	urtʃin	kurtʃin
花季鱼	ooha	ooha	uwaha	uwaga	uləŋgə
大头鱼	lakatʂan	laktʂan	laksan	laksa	lakatʃan/koŋtʃu
方口鳙头鱼	dafaha	davahə	dawah	dawak	dawahə
白漂鱼	həihulə	həihulə	jarhuŋ	jarukun	jaruhun
白带鱼	gijaltu	gialtu	giltu	giltun	gialtun
白鲦子鱼	lioho	liohə	loho/nitʃa	loko	lioho
白鲩鱼	uja	uja	uja	uja	uja
鲳鱼	taihʊwa	taihə	tajihu	tajigu	taigu
黄鱼	muʂur/muʂurhu	musər	mʉsər	mʉsʉr	musur
鲸鱼	sargadẓi	sargadẓi	sargaldʒi	sargan	sargaldʒi
鳝鱼	məihətu	məihətə	moroldʒi	morgoldʒi	mehətə
鲹鱼	hadara	hadra	adar	kadra	hadar
细鳞梭鱼	ukuri	ukuri	ugur	ugur/uur	uguri
鳘鱼	tʂimə	tʂimə	ʃimgəŋ	ʃimgən	tʃimə/tʃiməgən
鲈鱼	sahamha	sahamhə	saham	sakam	sakam
海马	malta	malta	arma	arma	malta
河豚	kosha	kosha	hosha	koska	kosha
海参	kidẓimi	kidẓim	hidʒim	kidʒim	kidʒimi
鲨鱼	dulannimaha	ʂajy	dəpʉ	dəpʉ	dəpu
螃蟹	katuri	katuri	samura/hatʃtʃohe	samur/kabtʃoke	tʃamur/tʃanu
鳖/甲鱼	aihʊma	aihum	ajahu	ajakum	ajihum
龟	əihumə	əihum	gawal/məgdəŋ	kawal	kawalan
蚌	tahʊra	tahʊr	tahira/hisʉhʉ	takira	takira
海螺	burən	burən	bʉrən/pʉrə	bʉrən/pʉrə	burən
螺	hʊja	huja	tʃuhər/olgiŋ	tʃuker	tʃukektə
贝	fijaha	fijaha	hisuŋ/əhʉ	kisuŋ	kisuŋ

汉语	满语	锡伯语	鄂温克语	鄂伦春语	赫哲语
虾	sampa	sampa	ɡabkur/sabbe	ɡabkur	ɡabkur
河蟹	katuri	katur	hatʃtʃohe	kabtʃike	kabtʃihe
狗鱼			suurlute oshuŋ	tʃuhtʃumun	ɡuətʃən
串丁子鱼	·		huleŋ oshuŋ	morko	ɡuŋɡuli
嘎牙子鱼			aliwtʃan	aliwtʃan	tʃitʃakən
鲢鱼			ləntə	lənʃə	taktʃhun
哲罗鱼				dʒəlii	sakana
小鱼				ŋetʃa	okutʃun
片达湖鱼			ɡərbə		
小蜇鱼			hudusaŋ		
胖头鱼					kontʃu
牛尾巴鱼					ihanwutʃihə
黑鱼					koŋoro
怀头鱼					huaitʃi
牙罗鱼			jaru	jaruu	
老头鱼				moŋɡotə	
花子鱼			huruu		
黄柳根鱼				aʃahta	
鮎鱼	duwara		hutmal		
大鮎鱼			daahi		
小鮎鱼			daaki		
鲶鱼					çifan
七星鱼				tʃiirin	natəsaŋə
红尾鱼					suŋkata
白鳔子鱼				jaruhan	iaruxuŋ
片达湖鱼				ɡərpe	
花翅鱼				katara	
海鱼	mədəri nimaha		nanuni oshuŋ	talaji olo	
江鱼				çirkəl olo	
湖泡鱼				amuitʃi olo	

2. 捕捞对象各部位

汉语	满语	锡伯语	鄂温克语	鄂伦春语	赫哲语
鱼鳔	fuka	vək	ugar	ugar	ugər
鱼鳍	fəthə	səŋəl	səli	səlir/sərbə	səŋəl
前鳍	utʂika	utʂkə	utʃiha	utʃika	utʃikə
后鳍	fəthə	fəthə	əthə	ətkə	fəthə
鱼鳞	əsihə	əsihə	əʃihə/dʒahile	əʃihtə	əʃihə
鱼鳃	səŋgələ	səŋgəl/səŋəl	səŋgəl/mərə	səŋkər/ʃarna	səŋgəl
鱼刺	haga	hagə	haga	kaga	hagə
鱼白	usata	usat	usat	usat	usatə
鱼油	nomin	nomin	nomin	nomin	nomin
鱼子	tʂurhʊ	tʂurhu	tʃurhu	tʃurku	tʃurhu
鱼卵鱼子	tʂərguwə	tʂərgu	tʉrgʉ	tʉrigʉ	turigu/tuʃə
鱼群	maru	mar	maar	mara	marə
鱼翅				ʃərpə	
鱼泡				kəmtənhi	imaha fukha
鱼肚					imaha hukin
田鸡油	nomin				
壳盖	huru				
蛤蟆癞	fuhu				

3. 鱼制品

汉语	满语	锡伯语	鄂温克语	鄂伦春语	赫哲语
鱼皮	nimahai sukʊ	nimahaji soə	naŋgi	naŋgi	sobuk
鱼皮衣	akʊmi	akumi	akumi	akumi	akumi
鱼皮靴	nimahai sukʊ gʊlha	nimhaji sukə gulha	naŋgi unta	naŋgi ulka	sobku gulha
鱼肉	nimhai jali	nimhaji jəli	oshoni ʉldʉ	oloji	nimhaji uləsə
烤鱼					imahə
腌鱼					tikəta
鱼酱				olo tʃaŋ	

续表

汉语	满语	锡伯语	鄂温克语	鄂伦春语	赫哲语
鱼粉				olo urutə	
鱼汤					çilə
炖的鱼					huliəktə
拌菜生鱼					talkə
燎鱼片					dalkətə
鱼肉粥					moŋku puta

（二）捕捞工具

1. 网具

汉语	满语	锡伯语	鄂温克语	鄂伦春语	赫哲语
网	asu	as	alaɡaŋ	alaɡa/aalɡa	alaɡa/adila/aku
兜网	daihan	daihan	dajha	dajka	dajihan
抄网	şodokʊ	şodoku	Sodohu	sodoku	sodoku
网边	hərɡin	hərɡin	hərɡiŋ	kərɡin	hərɡin
网边绳	həşən	həsən	həʧəŋ	kəʧən	həsən
大围网	hʊrhan				
尖网	hʊrilakʊ				
把网	jarɡijalakʊ asu				
拦河网	daŋdali			pirahan aalka	
顺水网	jajakʊ asu				
袖网	ulhi asu				
旋网	dʐarɡijalakʊ			nutanki aalka	
抬网	bandan asu				
网坠子	irukʊ			aalka dʐuun	
网脚子	ilmən			aalka ərkuun	
网稀	sarɡijan				
织网样木	tomoo				
织网边	mitşiha ara –				

汉语	满语	锡伯语	鄂温克语	鄂伦春语	赫哲语
织网线轴	dʐibin sarba				
织网线轴	sarfu				
渔网				aalka	auʧi
小渔网				niʧuhun aalka	adili
网梭					sarəka
网板					sarəfo
网渔具				alka putaŋki	
大网				əktəaalka	

2. 钓具

汉语	满语	锡伯语	鄂温克语	鄂伦春语	赫哲语
鱼钩	goho / dəhə	goho	əmhəŋ	əmkən	uməkən
小鱼钩	adʐigə goho	adʐig goho	əmhəʧən	əmkəʧən	uməkəʧən
鳇鱼钩	adʐin goho	adʐin goho	ərəhəŋ	ərəkən	kərəʧkə
三齿甩钩	ilanweihəi goho	ilanvih goho	ilagar	jagar	jakar
大掠钩	amba goho	ambu goho	əlkuŋ	əlkun	əlku
倒须钩	watan	vatan	wata	wata	watan
挂钩	dəhə	dəhə	dəgə	dəgə	dəgə
鲤鱼钩	mudʐuhuigoho	murgujigoho	duŋgu	duŋgu	duŋgu / tunku
拎钩	gohon	gohon	goholoŋ	gokoloŋko	goholoku
鱼饵	bətən	bətən	bətə / məhə	bətə / məkən	bə
鱼钩尖	adan	adan	ada	ada	adan
鱼漂子	hokton / tʂabihan	hokton	hoktoŋ	kokton	hokton
鱼钩线	sidzin	ʂidʐin	ʃilagaŋ	ʃilugaŋ	ʃiʤin
钓鱼竿	wəlmijəku	vəlmiku	majiŋ / naji	majin / naji	majin / najin
跑钩 / 鱼漂	tʂabihan				
快当钩					kitə
冬拎钩					haiʧiʧo
挂钩	masan bətən			lahthuki muhəə	

3. 船

汉语	满语	锡伯语	鄂温克语	鄂伦春语	赫哲语
船	dzˌahʊdai	dzˌhudi	ʤewe/porohor	ʤewe/porkoor/moŋgo/moŋko	ʤewe/təmtəkən/tikakə
渡船	kobuŋgo dzˌahʊdai	dzˌhudi	porohor	porkoor	təmtəkən
桦皮船	tolhon wəihu	vəihu	moŋko	mogo/moŋko	umərtʃən
独木船	wəihu	vəihu	hotoŋko/moŋgo	kotoŋko/mogo	otoŋki
划船	məlbiku dzˌahʊdai	məlbiku dzˌhudi	səliguн	səliguн	wəihu
帆船	kotoli dzˌahʊdai	kotoli dzˌhudi	ʤewe	ʤawi	ʤawi
快艇、快船	dzˌaha	vəihu	gulban	gulban	gulban
舟	dzˌahʊdai/wəihu	vəihə	ʤewe	ʤawi	ʤawi
木筏	ada	ada	sal	sal	ada
船棚子	əlbəku	əlbəku	bʉkkʉl	bʉrkʉl	dalu
船舵	tuwantʂihijakʊ	duəs	hirwʉŋ	kirwʉn	hirwun
船桨	səlbi	səlbi	səlbiŋ/səlbiŋkə	səlbin	səlbin/kiawli
船滑轮	ʂurdəbuku	surdəkə	əggiŋkə	ərgiŋkə	surdəkə
船底	fərə	vəihui fər	ərə/ər/alam	ərə/alam	ərən
船头	hoŋko	hoŋkə	hoŋgo	koŋgo	hoŋko
船艄	hudə	hud	hʉd	kʉd	hud
船舷	taltan	taltan	talta	talta	taltan
篙子	ʂuruku	ʂuruku	suruhu	suruku	suruku
桨桩	ʂan	ʂan	ʃaŋ	ʃan	ʃan
划子	səlbikʊ	səlbiku	səlihʉ	səlikʉ	səlbihu
桅木	siltan	ʂiltan	ʃiron/solo	ʃiron	ʃiltan/ʤəŋkən
帆	kotoli	kotoli	ədiwʉŋki	ədiwʉŋki	kotolo
渔船			sɵɵŋ ʤahʉde	ələ məŋkə	

续表

汉语	满语	锡伯语	鄂温克语	鄂伦春语	赫哲语
桨				halbi	
桨、棹				dʒawaliŋkʉ	

4. 其他捕捞工具

汉语	满语	锡伯语	鄂温克语	鄂伦春语	赫哲语
鱼叉	dzˌofoho	dzˌovho	dʒowuhu	dʒobuku	dʒobuku
冰穿子	bon	bon	tʃaleer/saleer	tʃalin	boŋ
冰兜	fo	vo	oog	oog	ogon
撬棍	tʂoban	tʂoban	ʉliŋkə	tʉgidiwʉn	wan
鱼篓子	loshan	losha	losha	loska	tarani
鱼兜子	şodokʊ	şodoku	sodohu	sodoku	sodoku
鱼笼	uku	uku	ukur/uhur	ukur	uku
鱼簖子	huwədzˌən	huwədzˌən/hədzˌən	haadi	kaadin	haadi
鱼罩	tubi	tubi	tubi/hʉmʉ	tubi/kʉmʉ/tiri	tubi
鱼梁	fakʊ				kaati haɑdi
拦鱼簖子	fasin irən/huwədzˌən				
打鱼嘴撑	haŋgabukʊ				
渔篓					uməkəŋ
鱼刀					imaha khiothu
鱼储笼			ʉleŋkʉ	ələtuunki	imahə tarəni
鱼皮口袋					sopuku foloku
渔具			əshuŋ bʉtaŋkʉ	ələputaŋki	
穿鱼条子			səənku	ʃəənku	
套鱼竿				urka məən	
套鱼套				ələ	

（三）捕捞方式

汉语	满语	锡伯语	鄂温克语	鄂伦春语	赫哲语
撒网	sara –	sari –	sara –	sari –	sari –
挂	lakija –	liəkə –	loho –	loko –	loho –
钩	goholo –	goholo –	goholo –	goholo –	goholo –
钩上/别上	tabu –	tavu –	tabu – / tawuha –	tabu – / tabuka –	tabu –
钩住	bərgələ – / dəhələ –	bərgələ – / dəhələ –	bərgələ – / ʃidə –	bərgələ –	bərgələ –
用脚钩	takʃija –	tahʂa –	taʃi –	taʃi –	taʃi –
钓鱼	wəlmija –	vəlmi –	əmhəŋdə –	əməkəndə –	uməkəʧə –
划船	səlbi –	səlbi –	səlbi – / səli –	səlbi – / səli –	səlbi – / giawli –
冻硬雪面	tʂakdʐa –	tʂakdʐə –	ʧʼagʤi –	ʧʼagʤi –	ʧʼagʤa –
砸破	məidʐ̩əbu –	məidʐ̩əbu –	bisla –	biʧla –	biʧla – / kirkilə –
挂	lakija –	liəkə –	loho –	loko –	loho –
凿冰眼			mʉnada –		
凡物漏网	ʂəolhuhə				
椎水震小鱼	malaʂa –				

三　满—通古斯诸语狩猎生活条件下的采集词汇表
（一）采集对象
1. 野果

汉语	满语	锡伯语	鄂温克语	鄂伦春语	赫哲语
樱桃	iŋtori	iŋtori	intoor/toor	intosə	intoro
葡萄	mutʂu	mutʂu /puto	mʉʧuttʉ/almar	mʉʧʉktʉ/puto	muʧəktə/puto
瓜	həŋkə	həŋkə	həŋkə	həŋkə	həŋkə
酸枣	sorotu	ʂoroto	sorto/ʃawag	sorto	sorito/ʤə
山丁子	uli	uli	ʉlir	ʉliktə/mʉliktə	uliktə
稠李子	jəŋgə	jəŋgə/əŋə	iŋəttə	iŋəktə	iŋəktə
香榧	fiʃa	fiʃa	iʃa	iska	fiʃan

续表

汉语	满语	锡伯语	鄂温克语	鄂伦春语	赫哲语
李子	fojoro	fojoro	liis	ulaɡan	fojər
沙果	joŋɡari / joŋari	joŋari	aaliɡ	aaliɡ	joŋari
核桃	masəusiha	huʂiha faha	hota/həətʉr	koota	koota
山核桃	huʉsihan	huʂihan	huʃiɡaŋ	kuʃiɡaŋ	huʃiɡaŋ
榛子	dz̻isiha	dz̻iʂiha	ʃiʃikta /tʃʉtʃʃʉ	ʃiʃikta	ʃiʃikta
栗子	dz̻antʂuhʊn usiha	dz̻antʂuhun usha	hattaɡɡul	sartukul	sartuhul
核/果核	faha	fah/vah	omo	tʃəmə	us
石榴	usəri	usəri/usər	anar	anar	anar
山楂	umpu	umpu	umpori/tolon	umpor/tolom	umpuri/tolom
无花果	ilhakʊ tubihə	ilhakʊ tubihə	iɡɡa aʃiŋ dʑ imis	kulɡar	hulɡar
果仁	faha	faha	ahatta/sum	akakta/sumur	ahaka/sumur
瓜子	duŋɡaausə	duŋa usə	həril	kəril	həril
瓜藤	dz̻ushə	dz̻uʂihə	dʑalɡa	dʑalɡa	dʑulɡə
果汁	ʂuɡi	suhi	suhi	suki	suhi
果壳	notho	notho	notho	notko	notho
果籽硬壳	donho	donhu	donohoŋ	donoko	donho
果脐	uləŋɡu/uləŋu	uləŋɡə/uləŋə	ʉləɡʉ	ʉləɡʉ	uləɡə
杏子	ɡuiləhə	ɡuiləhə	ɡʉjləsʉŋ/ɡʉjləs	ɡʉjləsun	ɡuiləhə
杨梅	dz̻andz̻uri	dz̻andz̻uri	dʑandʑi	dʑandʑi	dʑandʑir
酸梅	dz̻usuri	dz̻ysuri	dʑisʉr	dʑisʉri	dʑisuri
松树籽	huʊri/huʊrifaha	huri	huriktu/booŋɡo	kuriktu	kuri

2. 野菜

汉语	满语	锡伯语	鄂温克语	鄂伦春语	赫哲语
野菜	biɡani soɡi	biɡaniʂoɡə	sooɡɡa	soorɡi	solɡi
荠菜	abuha	abuha	awah	awuka	abuh
韭菜	səŋkulə	ʂimkəl/səmkəl	haləər	kaləər	səŋkulə
韭菜花	sorson	sorson	sorso	sorso	sorso
苋菜	fijələn	fiələn	sabbalʤi	sabbalʤi	ahlaʃi soɡi
沙葱	əŋɡulə/əŋulə	əŋɡulə/əŋulə	əŋgɯl	əŋgɯl	əŋgul
蕨菜	fuktala	fuktala	udal	udal	uktala
百合	dz̪oktonda	dz̪oktond	ʤokton	ʤokton	ʤoktond
野韭菜	tana	tana	haleer	kaleer	tana/səŋkulə
柳蒿芽	əmpi	əmpi	hɯmbil	kɯmpil/kɯmbil	umpil
野葱	suŋɡina/suŋina	suŋɡin/suŋin	suŋɡiŋ	suŋɡin	suŋɡina/suduli
细野葱	uŋɡə/uŋə	uŋɡ/uŋə	maŋɡir	maŋɡir	maŋɡir
野蒜	haisanda	haisanda	sanda	sanda	suanda
黄花菜	niohə subə	niohə subə	ɡiloski	dilooʧi	diloshi
小根菜	matʂa	matʂa	maser	maser	maser

3. 菌类

汉语	满语	锡伯语	鄂温克语	鄂伦春语	赫哲语
蘑菇	səntʂə	səntʂə	mөөɡə	mөөɡə	moɡo
榛蘑	dz̪isiha səntʂə	dz̪isiha səntʂə	ʤisatta	ʤisakta	ʤisakta
榆蘑	hailan səntʂə	helin səntʂə	heelasuŋ mөөɡə	kajlasun mөөɡə	hailən moɡo
木耳	santʂa	santʂa	bohotta	bukakta	buhakta/moʃan

4. 药材采集

汉语	满语	锡伯语	鄂温克语	鄂伦春语	赫哲语
人参	orhoda	orhoda	orhudə/orɡude	orkudə	orhoda
艾草	suiha	ʂyha	sujha	sujka	suiha
野艾草	ʂanjan	sanjan	aɡi	aɡi	aɡi

汉语	满语	锡伯语	鄂温克语	鄂伦春语	赫哲语
黄艾	ərəmu	ərəm	hərəəl	kərəəl	ərəm
蜂蜜	hibsu	hibsu	bal	balu	balu/kiokso

5. 生产采集

汉语	满语	锡伯语	鄂温克语	鄂伦春语	赫哲语
靰鞡草	fojo	fojo	hajakta/ajakta	ajakta	hajakta/haikta
桦树皮	alan/tolhon	alan	tal	tal	talakun
柳条	burɡa	bərha	burɡaŋ/boɡɡoŋ	burɡan	burɡan
松树	dʐakdan	dʐaɡda/hirha	ʤaddan/ʤadda	ʤaɡada/ʤaɡda	ʤaɡda/homkur
水松	mukdan	mukdan	moddan/modda	moɡdan	modan/mukdan
果松	holdon	holdon	holdo	koldo	holdon
落叶松	isi	iʂi	irəəttə	irəəktə	irəktə
红松	fulɡijan dʐakdan	fəlɡianhirha	aʃaha	kolton	faʃikə
松脂	sahəs	sahəs	sahaɡ	sakaɡ	sahas
梧桐	uraŋɡa	uraŋɡa	uraŋɡa	uraŋɡa	uraŋɡa
山桐子	ilho	ilho	ilho	ilko	ilho
桑树	nimalan	nimalan	nimal	nimala	nimalan
白桦树	fija	fia	tʃaalbaŋ/saalbaŋ	tʃaalban	tʃalaban
黑桦树	tʂikʊran	tʂikuran	tibhur	bibkur	bibkur
桦树皮	alan/tolhon	alan	tal	tal	talakun
柳树	fodoho	botho/bərha/mimi həlin	botohoŋ	botohon/ʃeekta	botoho
柳条	burɡa	bərha	burɡaŋ/boɡɡoŋ	burɡan	burɡan
河柳	ərsulən	ərsulən	suha	suka	suha
红柳	tijəmurhun	tiəmurhun	ulikta	ikaktin	tiwərhun
核桃树	masəusihai moo	huʂihfaha helin	hotasoŋ	koota moo	koota mo
山核桃树	hʊsihan moo	huʂhan moo	huʃiɡaŋ moo	kuʃiɡan moo	huʃiɡan mo

6. 桦树皮制品

汉语	满语	锡伯语	鄂温克语	鄂伦春语	赫哲语
桦皮篓	kaitʂa	kaitʂa	hasa	kasa	hajsa
桦皮桶	absa	avəs	amas	amas	amas
敞口桦皮桶	daŋsaha	daŋsah	salha	salkan	daŋsah
桦皮水桶			muuliŋki	muuliŋki	
桦皮针线盒			awʃa	awʃa	
桦皮嫁妆盒			adamala	adamala	
桦皮帽盒			məltʃun	məltʃun	
桦皮烟荷包			mata	mata	
桦皮摇篮				əmkə	əmkə
桦皮哨子				pitʃaawʊn	pitʃaawʊn
桦皮仓库				əwulən	əwulən

（二）采集工具

汉语	满语	锡伯语	鄂温克语	鄂伦春语	赫哲语
斧子	suhə	suho	suhu/suhə	sʉkə	suhə
剜刀	uhʊkʊ	uhkə	ʉhʉhʉ	ʉkʉkʉ	uhukə
弯刀	gijakda	giakdə	gikda	gikda	gikda
采挖草根木具	subari	suvar	suwar	suwar	suwar
刀	huwəsi/kusi	kuʂi	ʉshəŋ	ʉskən/koto	kuʃi/koto
刀尖	dubə	duvə	ilgəŋ/sugʉr	ilgən/sugʉr	iligən
刀把	fəsin	fəʂin	əʃi	əʃi	əʃin
小刀柄	dasin	daʂin	daʃiŋ	daʃin	daʃin
刀刃	dzˌəjen	dzˌəjin	dʒəgi/dʒəji	dʒəjen	dʒəjen
刀背	gəntʂəhən	gəntʂəhən	nala	nala	nala
刀鞘	homhon	homhən	homogoŋ	komogoŋ/ənəkin	homogon/korimki
棍子	mukʂan	muksan	dagasuŋ	mʉkərin	mo

汉语	满语	锡伯语	鄂温克语	鄂伦春语	赫哲语
棒	maitu	maitu	dəntʃi/gasu	dəntʃi/gasu	bans/gasu
杖	təifun	tivi mo	gata	gat	gatsun
杆子	siltan	ʂiltan	ooni	oni	dargun
柳编箱	ʂulhʊ	sulhu	sʉlhʉ	sʉlku	sulhu
柳编笸箩	polori	polori	olori/bural	olori/bural	polər
小簸箕	sisəku/galbura	saisə ɕiskə/galvər	ʃisuhu/seedʑi	ʃisəku	ʃisəku
篓子	losha/saksu	losha/barə	losha	loska	loshan
整木圆形无把容器	sihan	ʂihan	ongol	koŋkildʑi	sahan
桶	hunio	huni	hoŋgə/tulma/mʉʉləŋki	kʉŋgə/təwəŋkə/mʉʉləŋki	hunug/kuntʃu
木桶	moohunio	moohuni	hoŋgə	kʉŋgə	kuntʃu
大木桶	hohon	hoho	hoho	kokon	hohon
铁桶（带把儿）	waidukʊ	waidək	wəjdərə	wəjdərə	wəjduk
铁桶	tʂilak	tʂilak	soolug/solig	tʃolug	tʃoolug
茶桶	doŋmu	domu	doŋomu	dogomu	domu
小水桶	tatakʊ	tataku	howo	kobo	hobo
提水桶	təbun	təvun	mʉʉləŋ	mʉʉlən	mulən
桶提梁	babun	bəvun	bawur	babur	babur
桶把手	səndz_i	səndz_i	səŋdʑi	səndʑi	səndʑi
桶箍	wəren	vəren	ərə	ərən	ərən
筐子	ʂoro	sorə	səəltʃə	tʃəəltʃə	soro
提筐	saisaha	saisahə	sasaha/sasha	saisaka	sasakə
竹筐	fikaʂoro	fikʂorə	sʉs səəltʃə	sʉs tʃəəltʃə	hos soro
大筐子	kudə	kudə	hʉdə	kʉdə	hudə
荆条篓子	saksu	saksu	saksa	saksa	saksə
笸箩	polori	polor	polor	polor	polor
小笸箩	nionioru	ninor	polohoŋ	polor	n̪on̪or
桦皮篓	kaitʂa	kaitʂa	hasa	kasa	hajsa

续表

汉语	满语	锡伯语	鄂温克语	鄂伦春语	赫哲语
口袋	fulhʊ	fulhu/tahal	ulhu/tʉkkʉ	ulku/kuudi	ulku
小口袋	fadu	vadən	utaha	utaka	utan
半大口袋	sumala	sumal	sumal	sumal	sumal
细长口袋	fulhʊsun	ulhʊsun/tahal	uluhuŋ	ulukun	uluhun
布口袋	fulhʊ	fulh	uluŋku	uluŋku	fuluku
皮口袋	sukʊfulhʊ	sokəfolh	uthuŋ	məŋgər	nasafuluku
小皮口袋	dʐumaŋgi/ dʐumaŋi	dʐuman/ dʐumaŋi	ʉruŋkʉ	ʉrʉku	uruŋku/ nasakota

（三）采集方式

汉语	满语	锡伯语	鄂温克语	鄂伦春语	赫哲语
采	guru –	gurə –	urə –	urə –	gurə –
捧	oholijo –	oholu –	homila –	komla –	ohujlə –
夹	kabtʂi – / hafira –	kavtʂi – / havira –	hatʃtʃi –	kabtʃi –	kabtʃi – / sabkila –
掐	huhʊra – / tʂijalə –	hahuru –	hahuri –	kahuri –	hahuri –
拔	isi –	tatə –	sogo –	tagdi –	tata –
摘选	sili – /sondʐo – / tukijə –	sili – /sondʐi –	ʃili – /soŋgo –	ʃili – /soŋgo –	ʃili – /soŋdʒo –
捡	tuŋgijə – / tuŋiə –	tuŋgi – / tuŋi –	tʉŋkə –	təmkʉ –	tʉŋkə –
拾	tomso – / tuŋgijə –	tiŋi –	tewe –	tiwa –	tuŋə –
连根拔	bolokon tata –	bolk tatə –	boltat –	boltat –	boltat –
摘（花）	fata –	fatə –	wata –	wata –	fatə –
摘（野菜）	guru – /tata –	guru –	mira – /mara –	mara –	mira –
摘（野果）	guri –	guri –	mʉli –	mʉli – /mʉrʉ –	muli – /muru –
摘（帽子）	su –	suo –	suga –	sugu –	su –

汉语	满语	锡伯语	鄂温克语	鄂伦春语	赫哲语
断掉	laktʂabu –	laktʂəbu –	tʉʃibʉ –	tʉʃibʉ –	moktogi –
弄断	lashala –	lashala –	pʉʃit –	pʉʃit –	lashala –
撅断棍	moksolo – / bila –	mohsulu –	hoŋtʃot –	koŋtʃot –	mohsulu –
折断	tʂakala – / moksolo –	tʂakalə –	tʃahala –	tʃakala –	tʃihali –
割断	məitə –	mitə –	tʉʃibʉ –	tʉʃibʉ –	tʉʃihə –
砍断	moksolo –	mohsulu –	moktolo –	moktolo –	moktolo –
割（刀）	fajita – /faita –	faita –	mii – /ʤisʉ	mii – /ʤisʉ	mii – / hoji – ʤisu –
剜、挖	warda –	fətə –	ətʉ – /ətə – / ʉlə –	ətʉ – /ətə – / ʉlə –	fətə –

附录二

满语狩猎词汇表

一　满语狩猎词汇表

aba bargija – 收围

aba sara – 撒围

abasinda – 争射

aba 畋猎

abala – 打围

abtukʋla – 中非致命处

abura – 乱扑乱打

adabu – 使排列行围

adandu – 齐排列行围

aduhi 无毛皮裤

ahadan 老獾

ahʋra – 吓伏卧兽

ahʋri hʋjari 吓伏卧兽声

aidagan 公野猪

aihada – 跳跃

aihʋ 母貂

aituhʋn 大野猪

aja – 扑拉

ajan 马鹿

abkai buhʋ 天鹿

ajan gaha 白脖乌鸦、花脖鸦

akjin 距

aksa – 鸟惊飞

aladʐan 鸟鸡胸脯

alajan 蹼子

alakdaha 跳鼠

alakdaha 跳兔网

alda 半大猪

algan 野鸡网

algin 公水獭

alha uihə bəri 花水牛角面弓

amdun 粘子

amijan 公驼鹿

anami 两岁驼鹿

aŋ 骆驼叫声

ara – 推围

arga – 山上赶兽

argan 獠牙

argatu 公獐

arsalan 狮子

arsələn 狻麂

asha 翅膀

ashaŋga 有翅的

asi –/haŋgabu – 围堵、围赶

aʃʃasu 动物

asu 兔网

ba – 鼠盗洞

babuhan 五指巴掌

bahara soŋko 不得的踪迹

balakta 盘牙野猪

balakta 胚内血块

balakta 衣胳膊

baldaha 兽类下颏

banihʊn 伤重必得

baŋga 盗开洞

baŋguhə 八哥

bəbərʃə – 动作缓慢

bədəri 斑纹

bəridobon 弓套

bəri 弓

bəthələku 打鹞鹰的囮

bijantʃiol 斑鸠

bijara 寒燕

biohala – 打住又脱落

birən 母虎

bodo – 相地趋兽

bohoto 驼峰

bokson 弓脑

boli – 唤鹰

bolibu – 使唤鹰

bolikʊ 谎皮

bolin 鸟媒子

bonio 猴

bono – məgabta – 往下射

buha uihə bəri 野牛角面弓

buhi 去毛鹿皮

buhʋ 鹿

buləhən 丹顶鹤/仙鹤

burgoʃamə nijamnija – 争射

buta – 打牲

butha 渔猎

buthaʃara 捕鹰网

çib səmə 箭急貌

dabali dulə – 漫山起

dadari 打骚鼠的器

dahala – 追赶伤兽

dahʊ 长毛短皮衣

daldahan 垫板

dalhʊwan 粘杆子

dali – 赶兽使回

damdʐalamə 箭穿横担

damin 老雕

dan 打鷛雁套子

darabu – 鹰狗熟练

dari – 兽擦人过

daribu – 些微擦着

dasa – 整围

dasihi – 鹰击物

dəbdərə – 雏鸡搧翅

dəbsitə – 不住的扇翅

dəhələ 毛皮长袍

dəjə – 飞

dəjərə gasha 飞禽

dəkədə – 飞起

dələn 奶崽子

dələn 兽类乳房

dəsihi 打骚鼠的绷子

dəthə 箭羽

dijalin 光头箭

do – 落者

dobi 鼯鼠

dobi jasha 打狐狸套子

dobi 狐狸

dobitşi 狐狸皮

dobtolokʊ 皮手闷子

dobu – 蹲鹰

dobukʊ 鹰架子

dolbi niru 小箭

don 一翅落地

dorgon 獾子

doron 野马印子

dosi – 射中

dosika – 进去了

dubi – 熟化了

dubsi – 扇翅

dudu 斑雀

durgi – 斑鸠鸣

duthə 翅翎

dzafa – 鹰拿住

dzafakʊ urhubuhə bəri 通把弓

dzafata 小黄鹰

dzaira 母黑熊

dzak dzik 群鸟齐鸣声

dzalakʊ 鸟媒子

dzan 哨箭

dzaŋgə 带哨箭

dzardzi 莺

dzarhʊ 豺

dzəbələ 箭筒

dzəkə bəri 接脑弓

dzəlkən 鼬鼠

dzərən 黄羊

dzərəri 水箭

dzibtşa 狍皮衣

dzihan jarha 金钱豹

dzirgə – 朱顶红鸣

dzisla – 鸟啼

dzolo 母鹿

dzoro 角头箭

dzukturi 两岁熊

dzumara 豆鼠

dzuru soŋgiha fithəku bəri 双机弩

dzursan gio 两岁狍

ədundasihikʊ 撩风

əlbihə 貉子

əldzə bəri 鱼鳃弓

ənijən 母驼鹿

əntşəhən 尾

əŋgə 鸟嘴

far səmə 人马众多

fasilan niru 燕尾披箭

fatha bəri 牛蹄弓

fatha 兽蹄

fatha 蹄

fatha 掌

fədzilən 打雀鸟马尾套子

fənfulijər 兽中伤口着地倒伏

fərgə 后蹬

fidzirə – 擦地飞

fijadzu 鹿羔

fijəilə – 鹰飘起

fijələn 嘴丫黄

fintə – 兽惊奔避

fithəku bəri 弩弓

fitʂa – 哨狍

fitʂakʊ 口哨

fitʂakʊ/murakʊ 哨子/虎哨

fonijo 母獐

fonio 母狍

for for 野马鼻喘息声

forgoʂomə nijamnija 换射

fori – 打桩

fosok 兽猛起声

fosok 兽猛起声

funijəhə 毛

funtu 鹿茸

funtura – 猪拱地

funturaʂa – 只是拱地

fuŋgla 羽毛

fuŋsan 腺疙瘩

furdəhə 皮

fusuri guŋgulu 芙蓉冠

gabta – 射

gabthʊwa 稀毛皮衣

gaha 乌鸦

gaifi nijamnija – 绕马脖子射

gala futa 打雕的套子

gala – 放箭手动

gala 围翼

ganada 扁头箭

ganada 鸭嘴箭

gari – 乌鸦鸣

garma niru 兔儿叉箭

garu 天鹅

garudai 凤凰鸟

garuŋgʊ 鸾

gasha/tʂətʂikə 鸟

gədʐi sinda – 下夹子

gədʐi 夹子

gədʐi 野兽夹子

gəhu 雀点头

gibuhʊ 麂鹿

gida 扎枪

gidala – 枪扎

gihi mahala 狍皮帽子

gihi 狍皮

gijahʊn makta – 放鹰

gijahʊn 小鹰

gijahʊn/jəjin 老鹰

gijaŋka bəri 通角弓

gijaŋsi – 狗挣叫

gijao 狍子

gijar gijar 猴叫声

gijar gijar 禽鸟忽鸣声

gijob səmə 近中声

gili 角根

gina 打貂鼠银鼠的压木

gindatʂan 盖尾

gindatʂan 尾羽

giŋgin 狗项下支棍

giŋsi – 狗哼哼

glʊmahʊn asu 兔网

gobolo – 野鸡落树

gofoho 打树上雀套子

goi – 打中

goi – 中了

gotşi – 紧围

gʊ – 狗恶叫声

gʊdali 黄鹂

gʊdzˌa – 兽蹭树

gʊdzˌandu – 众兽跳舞

gugulu 顶毛

gui gui 赶兽声

gui gui 赶兽声

guksurə – 鸟雉唤雌

gʊldargan 越燕

gʊlmahʊn 兔子

guŋgulu 凤头

gʊr gar 群鸟飞鸣声

guran 公狍

gurgu 野兽

gurguşən 狩猎

gʊwa – 狗叫

gʊwanu – 众狗齐叫

gʊwasihija 鹭鸶

guwə – 鸟鸣

ha 核网

hab səmə 正中声

habtaşa – 疾飞

hadahai 一直带着箭

hadzˌun 犁刀

hahʊru 狗掐子

haihan 鹰芍

haijakta 盘牙老野猪

hailun 水獭

haita 獠牙野猪

haitşan 上风呐喊射狍

hajakta 老野猪

hamgiari 野猪

haŋgon 铃

harh out 打虎豹犬的木笼

haribu – 兽被围住

harsa 青鼬

hatşiŋganijamnijan 花马箭

həhə dəthə 翅次翎

həntəniru 叉披箭

həntə 将壮野猪

həŋkiləku 枪机子

hətumbu – 养过冬

hib səmə 深入状

hidzˌantşila 夏鹿牝牡

hijantşi 猎枪

hijob səmə 骲头坠地声

hijoŋ səmə 箭去有力声

hijor hijar 野马眼岔喷鼻声

hijor səmə 箭翎声

hisha – 兽挨着过

hoihan 冬猎

hoihan 围场

hokso – 野鸡鸣

hoktoşa – 雨过高处行猎

homhon 枪套

horon giraŋgi 虎威骨

hoshori 卷毛

hʊja – 鹰鹋声

hʊjasun 脚绊

hujə 射雕的窑

hʊji – 哄虎

hukşəmbu – 笼鹰

hulun murakʊ 鹿哨子

humʂə 林鸮

huŋ hijoŋ 野马群行声

huŋsi 苇鸟

hurən 打獾的木筒子

hurəo 鸟脊背

hʊrka 打雀鸟马尾套子

hurkan 马尾套子

huru 甲壳

huʂahʊ 猫头鹰

hʊtan 鹈鹕

huthu – 捆绑

ibə – 前进

idʒifun nijəhə 鸳鸯

idulhən 苍鹰

igən 弓梢

ihasi 犀牛

ikdaki 兽尾白毛

ila 走兽套子

iləŋgu/iləŋu 夹子舌

ilgin 去毛皮

ili – 架鹰

imsəkə 水獭崽

indahʊn sinda – 放狗

indahvn/indahʊn tʂətʂikə 戴胜鸟

indan 有翎无铁箭

indzˌiha 黄羊羔

irən 野角鹿

isha 松鸦

isibu – 初次调练鹰狗

isihi – 抖毛

isuka 白雕

jabʂahʊ 鸥鸦

jadali 画眉

jaki 箭罩

jaksargan 丘鹬

jandatʂi 獾崽

jarha 豹

jasa – 熬鹰

jasha 跌包

jədun 鹿套头

jəntu 穿翅

jəŋguhə 小体鹦鹉

jəŋguhə 鹦鹉

joho 蛋黄

jolo 狗鹫

jolokto 啄木鸟斑毛

joro 髇头

kabkib 众犬撕咬

kalbikʊ 快箭

kali – 鹰飘去

kalumi – 箭透皮

kandahan 驼鹿

kaŋgaramə 射着皮毛

kara – 护群

karahi 青鸦

kara jarha 黑豹

karaldzˌa 乌鸡

karan 远瞭望

kas səmə 箭略擦着声

katʂiki 鹿狍皮衣

kəifu niru 大披箭

kəifu 大箭

kəkuhə 布谷鸟

kəltərə – 打偏

kəmin 骨血糖

kəmki – 赶着咬

kəŋsi – 可鸹鸣

kərkibi 狗怒连叫

kətə kata 野马蹄踏石声

kidaki 鹰尾根白毛

kijab səmə 团聚貌

kijar 生鹰叫声

kilahʊn 鸥

kirsa 沙狐

kiru – 惊伏

kitala 翎管

kobdon 箭匣

kohodo – 雉鸡声

koikon 膆尖

koŋgolo 嗉囊

koŋgolo 嗉子

kuhən 箭头铁脊

kuŋgur 众野马行声

kur 虎兽相据声

kurənə 艾虎

kuskurə – 雉奋飞

kʊlisita – 惊慌

kʊrtʂan 灰鹤

kʊwas 兔饨击物声

kʊwatiki 一岁熊

ləkərhi 海獭

ləkərhi 江獭

ləsu – 擦地慢飞

lib səmə 刺入状

lilahʊn 海鸥

loho 腰刀

loo – 狼狗号叫声

lorbodo 三岁鹿

lorbodo 三岁狍

lubu 墩子箭

luka 小猞猁

lukduhʊn 鸟疵毛

lukdurə – 疵了毛

luku 厚毛

luŋgu 公貂

madz̟an 长箭

madz̟an 长披箭

mafuta 公鹿

maitu 棒

malara – 张了

mamukə 野兔

mangisu 猪獾

margan 獐羔

masalaku 禽鸟套子

məirən 围肩

mələ – 从下践行

midz̟əhudə – 撒欢

mihatʂan 野猪崽

mijaŋ miŋ 狍鹿叫声

mijaotʂan 枪

mijar mijar 獐狍鹿羔疾叫声

mijoo tʂala – 放枪

milarabu – 展开

misa 弓别

mlta bəri 长角弓

modz̟ihijan 黑熊

motʂodo – 动作笨拙

mu mu 野牛叫声

mudan 夹子弓

muhalijan 子弹

muhan tasha 公虎

mukdu – 云起

mukə gotşirə bəri 吸水弓

mukşan 棍子

muktun 盲鼠

mumana – 鹿打泥

muŋ maŋ 鹿鸣声

mura – 哨鹿

muran 哨鹿围

muşu gidara asu 顶网

muşu 鹌鹑

nama gida 短扎

nami 鹿皮衣

nami 去毛皮衣

naŋgu 打獾貉的木墩

nasin 棕熊

nari 母棕熊

natşin 游隼

nərəbu – 重射伤兽

nəsi 蹄爪

nijahaşa – 放犬捉牲

nijahotşa 驼鹿羔

nijamanija – ra dzukən 骑射差劲

nijamanijara əhə 骑射不好

nijamnija – 马上射兽

nijamnijan 马箭

nijəhə tatra asu 拉野鸭网

nimaha gabtara şaka 射鱼叉箭

ninki – 牡鹿找牝

niohən 狼

niokan 蓬矢

nioŋdu 翅大翎

nioŋnijaha 雁

nirga 短毛

nirkmə bai – 牡鹿寻子

niru 箭

niru 披箭

noŋgari 绒毛

norgilamə 箭铁半边蹭着

noro – 栖止

nuhən 一岁野猪

numriha 蛋壳嫩皮

nuŋgari 毹毛

nuturu 飞龙鸟/沙鸡

obgija 打雕的水囮子

ofi 打野鸡脚套子

oholdzon 打野鸡的活套子

ohotono 鼹鼠

ohotono 鼠兔

oihorila – 伤轻不得

oloshon 涉水皮裤

onon 公黄羊

oŋki – 闻声嗅避去

or 虎猛叫声

orgi 箭头铁刃

orho şoforku 撩草

orhon 飘翎

oron 驯鹿

oşo 三指巴掌

oşoho 兽类指甲

oşoholo – 用爪

otori 春猎

otʂika 弓罩

pəs pas 野马蹄磕跘声

potor patar 群鸟齐飞声

putur 大鸟忽飞声

sab səmə 箭擦过声

sab sib səmə 众箭声

sab 咬住

saha 秋猎

saha 围猎

sahaltʂa 黑貂皮

sai – 咬

saibu – 被咬

sakda 母野猪

saksaha 喜鹊

santʂiha 夹子嘴

sara – 展翅

sarin 股子皮

sati 公棕熊

səbkə – 纵扑

səbta – 射兽

səkə 貂

səkətʂi 貂皮

səlmin 地弩

səndz̞i 瞄准器眼

səŋgə 刺猬

səŋgələ 冠子

səsə 转轴上的铜丝

səsilə – 分群

sidz̞in 脚线

sihəʂə – 摇尾

sika 尾鬃硬毛

silmən 燕隼

silmən 鹞

silun 猞猁

silutʂi 猞猁狲皮

siŋgija – 掖箭

sira 腿桄

sirbaʂa – 摆尾

sirdan 梅针箭

sirga 獐子

sirsiŋ 猩猩

sob səmə 正中着

soiho 鸟尾椿

soilo – 飞腾

soison 松鼠

solmin 毛梢

solohi 黄鼠狼

so – məgabta – 乱射

soŋgiha 夹子支棍

soŋgo – 水邠鸟

soŋko faida – 寻踪

subərhə 苗子

suçiləhəbi 兽怀胎

sudu niru 无哨披箭

sudu 无哨箭

suksurə – 飞下击物

suksurə – 鸟松毛

sukʊ 皮

suli – 鸟雀噪

suntan 网兜

sʊna 牵狗皮

sutʂi 兽胎

suwa buhʊ 梅花鹿

suwan 鱼鹰

ʂan 枪的火门

ʂanjan jarha 白豹

ʂəbən 猞猁套子

ʂoforo – 抓住

ʂoho 蛋清

ʂoloŋo mafuta 两岁鹿

ʂoŋkon 海青

ʂoogə 翅稍小硬翎

ʂorha 两岁野猪

ʂoron 鹦

ʂoʂon 鹰条

ʂumgan 火药罐

ʂurdə – 转迷卧兽

ʂurdəku 转轴

ʂurgan 出生几个月的野猪

ʂusə – mə tata – 从下抽箭

ʂwə wəhə bəri 通面弓

ta – 打住

tab səmə 弦落垫声

tabu – 扣弦上弓

tabu – 笼住

tabu – 支打牲器

tahi 野马

tʂihətəi 野骡子

takija 鸟膝

taktʂiha bəri 木弓

taŋgiku 弓弩子

taŋgilaku 弹弓

tarbahi 旱獭

tas səmə 箭擦着声

tas tis səmə 箭擦蹭着声

tasha 虎

tasha gabtara niru 射虎披箭

tasha gabtara salmin niru 射虎弩箭

tashari 秃鹫

tashʊ 嗉底

tatamə niru 抹角披箭

təbhə 弓垫子

təbku 胎盘

təhəuihə bəri 野羊角面弓

təksinniru 齐披箭

təmən gurgu 野骆驼

tər səmə 整齐貌

todi 鸹

todʐin 孔雀

toho 一岁驼鹿

toma – 收拢

tomo – 栖息

tomorhon 鹰帽子

toŋgo 兽筋细线

toŋsi – 布谷鸟鸣

toŋsikʊ 啄木鸟

tor 野马喷鼻声

tosihija 鹰网

tʂabi 兽类朕皮，指兽类胸腹部和腋
下的毛皮

tʂalihʊn 朱顶红

tʂamna – 复抓住

tʂaŋ səmə 弹硬弓弦声

tʂətʂikə 麻雀

tʂətʂikətatara asu 拉雀网

tʂətʂikə 吹筒

tʂətʂikə 雀

tʂibin 燕子

tʂibin 紫燕
tʂiksi – 喜鹊鸣
tʂimilan 倒吸哨子
tʂindaha 白狐狸
tʂindahan 白兔
tʂirgəku 枪冲条
tʂoŋki – 嗛食
tʂootʂijanli 鹂
tʂotho 蛋壳硬皮
tʂuniru 火箭
tʂu 逐猎犬声
tʂumtʂura – 兽躜草
tʂuŋai 水花冠红脖子
tʂurhʊn 飞一翅
tufun də – 对蹬射
tugitu 凭霄小
tuhə 打骚鼠的簰子
tuhəbuku horho 滚笼
tulə – 下钢丝绳套
tulə – 下网套
turaki 元鸟
tusihijala – 违爪
tuwai okto 火药
tuwai sibərhən 导火线
uduwən 公黑熊
udʐirhi 狸
uhiʂə – 燕衔泥
uhʊmaniru 月牙披箭
uihə 角
uihənŋə 有角的
ukəiihan i uihə bəri 水牛角面弓
uki 母水獭
uku 串笼
ulbi – 鼠跳树枝
ulgijan tu – 打野猪围
ulhu 灰鼠
ulhʊma 野鸡
ulhʊmalaga 野鸡网
uli 弓弦
ulun gida – 夏猎
uman 蹄心
umhan 鸟蛋
undaʂa – 春雪上赶兽
unijələ 鹿尾根黄毛
untʂəhə golmin buhʊ 麈鹿
untʂəhən 尾巴
urəhələhə bəri 缠筋弓
urgəʂən 一岁鹿
urlə – 田鼠续窝
urulə – 雉肥难飞
uʂə 皮条
uturi atʂa – 合围
uturi fəksi – 跑蠹合围
uturi 围两头
wa – 杀
wada – 狗嗅寻牲
wainahabi 歪斜了
wasiha 爪子
wasihala – 爪刨地
wasihala – 抓
wataŋga gida 带钩扎枪
wəidʐun 鹳
wəihə 牙
wijahan 蹄掌

二 满语狩猎生产条件下的捕捞词汇表

ada 木筏

adan 鱼钩尖

adʐigə goho 小鱼钩

adʐin goho 鳇鱼钩

adʐin 鳇鱼

aihʋma 鳖

aihʋma 甲鱼

akʋmi 鱼皮衣

amba goho 大掠钩

asu 网

atu 母鱼

atuha 公鱼

bandan asu 抬网

bərgələ – 钩住

bətən 鱼饵

birai nimaha 河鱼

birai 螺蛳

boiholohobi 打住又脱落

bon 冰穿子

botʂoŋgo 金鱼

buli – 水面吞食

burən 海螺

da fata 网杆总绳

dafaha 方口鳊头鱼

daihai 笊网

daihan 兜网

daŋdali 拦河网

daŋdali – 下拦河网

dəhə 挂钩

don hada – 钉桩下挂网

dulannimaha 鲨鱼

duwara 鲇鱼

dʐaha 快艇、快船

dʐahʋdai 船

dʐahʋdai/wəihu 舟

dʐargijalakʋ 旋网

dʐəlu 白肚鳟鱼

dʐəlu 鳟鱼

dʐibin sarba 织网线轴

dʐofoho 鱼叉

dʐuwal 青蛙

əihumə 龟

əjəbukʋ asu 粘网

əlbəku 船棚子

ərhə 田鸡

ərhə 蛙

əsihə 鱼鳞

əsihəŋgə 有鳞的

fakʋ 鱼梁

farsa 葫芦仔鱼

fasin irən 拦鱼簿子

fatar səmə 活跳

fəktʂəku 毒鱼药

fərə 船底

fəthə 后鳍

fəthə 鱼鳍

fijaha 贝

fo 冰

foŋsoŋgi 松花鱼

funimaha 草根鱼

fuhu 蛤蟆癞

fuka 鱼鳔

fusəli 鲭鱼

gəoʂən 狗鱼

gijaban gida – 叉鱼下木亮子

gijaltu 白带鱼

girinəfulə – 敲冰打鱼

godu – 鱼跃

goho 鱼钩

goholo – 钩

gohon 拎钩

gʊbada – 翻跰

gʊdu – 鱼摆子

hadara 鲹鱼

hadz̧ila – 下赶网

hafirakʊ 螃蟹夹子

haga 鱼刺

haidansisi – 下大叉钩

haihʊwa 鳊花鱼

halfijan niamha 鳊鱼

haŋgabukʊ 打鱼嘴撑

harhʊda – 搅水呛鱼

həihulə 白漂鱼

hərə – 捞鱼

hərgin 网边

həʂən 网边绳

hokton 鱼漂子

honika 鱼秧子

honokta 面条鱼

hoŋko 船头

hudə 船艄

hʊja 海螺狮

hʊja 螺

hʊrhada – 大网打鱼

hʊrhan 大围网

hʊrilakʊ 尖网

huru 壳盖

huruŋgə 有壳的

hʊwara 黑鱼/鳗鱼

huwədz̧ən 鱼簿子

ihan untʂəhə 牛尾鱼

ilanweihəi goho 三齿甩钩

ilmən 网脚子

irukʊ 网坠子

jabsa 白鲛鱼

jabsa 白鲮鱼

jajakʊ asu 顺水网

jargijalakʊ asu 把网

jaru 鲮鱼

jasa 网眼

kabari 鱼发泡

kalian 鼋

kalimu 房鱼

katuri 河蟹

katuri 螃蟹

kəilən 鼋

kidz̧imi 海参

kirfu 鲟鱼

kobuŋgo dz̧ahʊdai 渡船

koki 蝌蚪

kosha 河豚

kotoli dz̧ahʊdai 帆船

kotoli 帆

kurtʂin 筋斗鱼

lakatʂan 大头鱼

lakija – 挂

lioho 白鲦子鱼

loshan 鱼篓子

malaʂa – 椎水震小鱼

malta 海马

maru 鱼群

marula – 鱼成群

masan bətən 挂钩

mədəridorgon 海獭

mədəri katuri 海蟹

mədəri nimaha 海鱼

mədəri sampa 海虾

məidzʐəbu – 砸破

məihətu 鳝鱼

məlbiku dzʐahʊdai 划船

mitʂiha ara – 织网边

mudzʐuhu 鲤鱼

mudzʐuhui goho 鲤鱼钩

muʂur 黄鱼

nimaha 鱼

nimahai sukʊ gʊlha 鱼皮靴

nimahai sukʊ 鱼皮

nimaʂa – 打鱼

nimhai jali 鱼肉

niomoʂon 白鱼

niomoʂon 细鳞鱼

nisiha 小鱼

nomin 田鸡油

nomin 鱼油

odundu – 齐跃

oŋgoʂon 鲫鱼

ooha 花季鱼

patar pitir 鱼儿蹦跳的声音

sahamha 鲈鱼

sampa 虾

sara – 撒网

sarfu 织网线轴

sarqadzʐi 鲸鱼

sargijan 网稀

səlbi 船桨

səlbi – 划船

səlbikʊ 划子

səŋgələ 鱼鳃

sətʂu 干鲦鱼

sidzʐin 鱼钩线

siltan 桅木

siri 小鲤鱼

sontʂoho futa 旋网顶绳

sotki 海鲫鱼

suŋgada 赤稍

ʂan 桨

ʂariʂa – 鱼翻白

ʂəolhuhə 凡物漏网

ʂodo – 笼网中鱼

ʂodokʊ 抄网

ʂodokʊ 鱼兜子

ʂurdəbuku 船滑轮

ʂuruku 篙子

ʂuʂujarukʊ 捕蟹诱子

tabu – 钩上/别上

tahʊra notho 蛤蜊壳

tahʊra 蚌

tahʊra 蛤蜊

taihʊwa 鲳鱼

taimpa 小螺蛳

taksija – 用脚钩

takʊ 鳑鱼

taltan 船舷

tama 鞋底鱼

taŋka – 掷石击水震小鱼

todʐi – 击水赶鱼

tolhon wəihu 桦皮船

tolon tolo – 点火把叉鱼

tomoo 织网样木

torho moo 网杆

tʂabihan 跑钩/鱼漂

tʂakdʐa – 冻硬雪面

tʂan nimaha 龙肝鱼

tʂaŋka – 掷石击冰震死冰下小鱼

tʂərguwə 鱼卵鱼子

tʂimə 鲦鱼

tʂoban 撬棍

tʂurhʊ 鱼子

tubəhə 重嘴鱼

tubi 鱼罩

tubi – 罩鱼

tukijəku asu 罾网

tuŋku tə – 凿冰叉鱼

tuwantʂihijakʊ 船舵

uja 白鲩鱼

ujaʂan 泥鳅鱼

uku 鱼笼

ukuri 细鳞梭鱼

ulhi asu 袖网

ulumə butara sə sirgə asu 细丝粘网

ulumə 柳根池

usata 鱼白

utʂika 前鳍

watan 倒须钩

wəihu 独木船

wəlmijə – 钓鱼

wəlmijəku 钓鱼竿

三　满语狩猎生活条件下的采集词汇表

absa 桦皮桶

abuha 荠菜

alan 桦树皮

alan/tolhon 桦树皮

babun 桶提梁

bigani sogi 野菜

bolokon tata – 连根拔

burga 柳条

burga 柳条

daŋsaha 敞口桦皮桶

dasin 小刀柄

donho 果籽硬壳

doŋmu 茶桶

dubə 刀尖

duŋgaausə 瓜子

dʐakdan 松树

dʐandʐuri 杨梅

dʐantʂuhʊnusiha 栗子

dʐəjən 刀刃

dʐisiha 榛子

dz̧isiha səntʂə 榛蘑

dz̧oktonda 百合

dz̧umaŋgi 小皮口袋

dz̧ushə 瓜藤

dz̧usuri 酸梅

əmpi 柳蒿芽

əŋgulə 沙葱

ərəmu 黄艾

ərsulən 河柳

fadu 小口袋

faha 果仁

faha 核/果核

fajita – 割（刀）

fata – 摘（花）

fəsin 刀把

fija 白桦树

fijələn 苋菜

fika ʂoro 竹筐

fisha 香榧

fodoho 柳树

fojo 靰鞡草

fojoro 李子

fuktala 蕨菜

fulgijan dz̧akdan 红松

fulhʊ 布口袋

fulhʊ 口袋

fulhʊsun 细长口袋

gəntʂəhən 刀背

gijakda 弯刀

guiləhə 杏子

guri – 摘（野果）

guru – /tata – 摘（野菜）

hailan səntʂə 榆蘑

haisanda 野蒜

həŋkə 瓜

hibsu 蜂蜜

hohon 大木桶

holdon 果松

homhon 刀鞘

huhʊra – 掐

hunio 桶

hʊri/hʊrifaha 松树籽

hʊsihan moo 山核桃

hʊsihan 山核桃

huwəsi 刀

ilhakʊ tubihə 无花果

ilho 山桐子

iŋtori 樱桃

isi – 拔

isi 落叶松

jəŋgə 稠李子

joŋgari 沙果

kabtʂi – 夹

kaitʂa 桦皮篓

kudə 大筐子

laktʂabu – 断掉

lashala – 弄断

losha 篓子

maitu 棒

masəusiha 核桃

masəusihai moo 核桃树

matʂa 小根菜

məitə – 割断

moksolo – 撅断棍

moksolo－砍断

moohunio 木桶

mukdan 水松

mukʂan 棍子

mutʂu 葡萄

nimalan 桑树

niohə subə 黄花菜

nionioru 小筐箩

notho 果壳

oholijo－捧

orhoda 人参

polori 柳编筐箩

polori 筐箩

sahəs 松脂

saisaha 提筐

saksu 荆条篓子

santʂa 木耳

səndʐi 桶把手

səntʂə 蘑菇

səŋkulə 韭菜

sihan 整木圆形无把容器

sili－摘选

siltan 杆子

sisəku 小簸箕

sorotu 酸枣

sorson 韭菜花

su－摘（帽子）

subari 采挖草根木具

suhə 斧子

suiha 艾草

sukʊfulhʊ 皮口袋

sumala 半大口袋

suŋgina 野葱

ʂanjan 野艾草

ʂoro 筐子

ʂugi 果汁

ʂulhʊ 柳编箱

tana 野韭菜

tatakʊ 小水桶

təbun 提水桶

təifun 杖

tijəmurhun 红柳

tomso－拾

tʂakala－折断

tʂikʊran 黑桦树

tʂilak 铁桶

tuŋgijə－捡

uhʊkʊ 剜刀

uləŋgu 果脐

uli 山丁子

umpu 山楂

uŋgə 细野葱

uraŋga 梧桐

uru－采

usəri 石榴

waidukʊ 铁桶（带把儿）

warda－剜、挖

wəren 桶箍

附录三

锡伯语狩猎词汇表

一 锡伯语狩猎词汇表

aduhi 无毛皮裤

ahdan 老獾

aidagan 公野猪

aihu 母貂

ajan 马鹿

ajan gah 白脖乌鸦

ajan gah 花脖鸦

alakdaha 跳鼠

aldʐan 鸟、鸡胸脯

algan 野鸡网

algin 公水獭

alhuta 白豹

amian 公驼鹿

anami 两岁驼鹿

argatu 公獐

arhən 獠牙

arsəlan 狮子

ash 翅膀

aʃʃasu 动物

asu 兔网

avalə – 打围

balaktə 胚内血块

baldah 兽类下颏

baŋguh 八哥

bəburʂə – 动作缓慢

bədər 斑纹

bəri 弓

bəriji dovton 弓套

biara 寒燕

bijantʃiul 斑鸠

birən 母虎

bohtə 驼峰

bohu 鹿

bohu 梅花鹿

boji tʂətʂikə 麻雀

bokson 弓脑

boni 猿

buhi 去毛鹿皮

bulhə 丹顶鹤/仙鹤

butha 渔猎

dahə 长毛短皮衣

dəhəl 毛皮长袍

dəjər 飞禽

dələn 兽类乳房

dəthə 箭羽

diəmin 老雕

dobtoloku 皮手闷子

dolbi nyrə 小箭

dorgən 獾子

doron 野马印子

dov 狐狸

dʉd 斑雀

dz̩an 哨

dz̩aŋga 带哨箭

dz̩ardz̩i 莺

dz̩arhu 豺

dz̩ari 母黑熊

dz̩avat 小黄鹰

dz̩əlkən 鼬鼠

dz̩ərən 黄羊

dz̩əsəri 水箭

dz̩əvəl 箭筒

dz̩ivtʂa 狍皮衣

dz̩olo 母鹿

dz̩or 角头箭

dz̩uktur 两岁熊

dz̩umar 豆鼠

dz̩ursan 两岁狍

əlbəh 貉子

əniən 母驼鹿

əŋgə 鸟嘴

əthun 大野猪

fath 兽蹄

fijadz̩u 鹿羔

fitʂaku 口哨

fitʂaku/murku 哨子/虎哨

fonio 母狍

fonio 母獐

funih 毛

funtu 鹿茸

fuŋgal 羽毛

furdəh 皮毛

gahə 乌鸦

ganada 扁头箭

garu 天鹅

garudi 凤凰鸟

garuŋg 鸢

gatha 稀毛皮衣

gavtə－射

gədz̩i 夹子

gədz̩i 野兽夹子

gehun 老鹰

giahun 小鹰

gida 扎枪

gih mahal 狍皮帽子

gihi 狍

gili 角根

gindatʂan 尾羽

giu 狍子

gœ 打中

gukku 布谷鸟

gulin 黄鹂

gulmahən 兔子

guran 公狍

gurəgə 野兽

gurəguʂən 狩猎

guwasihia 鹭鸶

gʋldargan 越燕

hailun 水獭

haita 獠牙野猪

hajəkta 老野猪

harsa 青鼬

haşi – 围堵、围赶

həŋkiləku 枪机子

hiantşi 猎枪

hoihan 冬

homhon 枪套

hontşi 狐狸皮

hoshor 卷毛

humsə 林鸮

huŋşi 苇鸟

hurən 艾虎

hurkan 马尾套子

hutan 鹈鹕

hutə – 捆绑

idulhən 苍鹰

igən 弓梢

ihaşi 犀牛

ikdaki 兽尾白毛

ila 走兽套子

iləŋgəi 夹子舌

ilgin 去毛皮

imsəkə 水獭崽

indz̧ih 黄羊羔

iŋgəl 小体鹦鹉

iŋgəl 鹦鹉

irən 野角鹿

irga 短毛

isha 松鸦

jabsah 鸥鸮

jadal 画眉

jaki 箭罩

jaksa 丘鹬

jandatşi 獾崽

jarh 豹

jarha 金钱豹

joho 蛋黄

jolo 狗鹫

joloktə 啄木鸟斑毛

kalbiku 快箭

kandahan 驼鹿

karjarha 黑豹

karahi 青鸦

karaldz̧i 乌鸡

katşiki 鹿狍皮衣

kəivu 大箭

kəltərə – 打偏

kilahun 鸥

kirs 沙狐

kobdon 箭匣

koŋgol 嗉囊

kuatik 一岁熊

kuhən 箭头铁脊

kur 甲壳

kurtşan 灰鹤

ləf 熊

ləfu 海豹

ləkərhi 海獭

ləkərhi 江獭

lilahun 海鸥

lohə 腰刀

lorbodo 三岁狍

lorbodo 三岁鹿

luka 小猞猁

luku 厚毛

luŋgu 公貂

madz̟an 长箭

maitu 棒

mamukə 野兔

maŋgis 猪獾

margan 獐羔

masalku 禽鸟套子

mavət 公鹿

mavəta 两岁鹿

mihtʂan 野猪崽

mijaotʂun 枪

misa 弓别

modz̟ihijan 黑熊

molto 猫头鹰

monio 猴

motʂudə - 动作笨拙

mudan 夹子弓

muhalin 子弹

muhan tasha 公虎

muksan 棍子

muktun 盲鼠

muʂu 鹌鹑

nama gida 短扎枪

nami 鹿皮衣

nami 去毛皮

nari 母棕熊

naʂin 棕熊

natʂin 游隼

niahotʂa 驼鹿羔

niohə 狼

noŋgar 绒毛

nuhən 一岁野猪

numrih 蛋壳嫩皮

nuŋgar 氄毛

nutur 飞龙鸟/沙鸡

nyhi 鸳鸯

nyŋniah 雁

nyrə 箭

obi 鼯鼠

ohtono 鼹鼠

ohtono 鼠兔

olhum 野鸡

olushən 涉水皮裤

onon 公黄羊

orgi 箭头铁刃

oron 驯鹿

osoh 兽类指甲

otor 春猎

otʂika 弓罩

saha 秋猎

sahaltʂa 黑貂皮

sakda 母野猪

san 枪的火门

santʂiha 夹子嘴

sarhi 貂

sarin 熟好的皮

sask 喜鹊

sati 公棕熊

səndz̟i 瞄准器眼

səŋgə 刺猬

sərtʂi 貂皮

səvən 猞猁套子

sohurkə 爪子

soisən 松鼠

sokə 皮

solmin 毛梢

solohi 黄鼠狼

soŋgiha 夹子支棍

sorhə 两岁野猪

soron 鹦

sudu 无哨箭

suka 白雕

sumgan 火药罐

surhan 出生几个月的野猪

sutʃi 兽胎

suvan 鱼鹰

ʃika 尾鬃硬毛

ʃilmən 燕隼

ʃilmən 鹞

ʃilun 猞猁

ʃilutʃi 猞猁狲皮

ʃirdan 梅针箭

ʃirga 獐子

ʃirhatʃin 母黄羊

ʃirs 猩猩

ʃoho 蛋清

ʃoŋkon 海青

tahi 野马

taləj velgian 野猪

taŋgiku 弓弩子

tarbah 旱獭

targan 彪

tasha 虎

tashari 秃

tavə – 扣弦上弓

təbku 胎盘

təmən gurgu 野骆驼

təvhə 弓垫

todi 鸧

todʐin 孔雀

toho 一岁驼鹿

tonʃiko 啄木鸟

toŋ 兽筋细线

toʃihia 鹰网

tʃalihun 朱顶红

tʃavi 兽类肷皮

tʃətʃikə 鸟

tʃətʃkə 雀

tʃibin 紫燕

tʃihtəi 野骡子

tʃindaha 白狐狸

tʃindahan 白兔

tʃirgəku 枪冲条

tʃivagan 燕子

tʃootʃali 鹬

tʃoth 蛋壳硬皮

tʃuŋi 水花冠红脖子鸟

tua nyrə 火箭

tugit 凭霄小鸟

tulu – 下钢丝绳套

turak 元鸟

tuwai okto 火药

tuwai ʃivərhən 导火线

uduwən 公黑熊

udʐirhi 狸

uki 母水獭

ulhu 灰鼠

uli 弓弦

uman 蹄心

umhan 鸟蛋

untʂihən 尾巴

urgəsən 一岁鹿

uʂə 皮条

vdərə 乱扑乱打

vəidzˌən 鸘

viaha 蹄掌

vih 角

wa – 杀

wataŋa gida 带钩扎枪

二　锡伯语狩猎生产条件下的捕捞词汇表

ada 木筏

adan 鱼钩尖

adzˌig goho 小鱼钩

adzˌin 鳇鱼

adzˌin goho 鳇鱼钩

aihum 鳖/甲

aiʂinnimha 金鱼

akumi 鱼皮衣

ambu goho 大掠钩

as 网

at 母鱼

athə 公鱼

bərgələ –/dəhələtahʂa – 用脚钩

bətən 鱼饵

bon 冰穿子

burən 海螺

daihan 兜网

davahə 方口鳔头鱼

dəhə 挂钩

duəs 船舵

duvar 鲇鱼

dzˌələ 鳟鱼

dzˌhudi 船

dzˌhudi 渡船

dzˌovho 鱼叉

əihum 龟

əlbəku 船棚子

ərh 蛙

əsihə 鱼鳞

fars 葫芦仔

fəthə 后鳍

fijaha 贝

foŋsoŋi 松花

fusəli 鲭鱼

gialtu 白带鱼

goho 鱼钩

goholo – 钩

gohon 拎钩

guʂən 狗鱼

hadra 鲹

hagə 鱼刺

haihua 鳊花鱼

haʂimol 青蛙

həihulə 白漂鱼

hərgin 网边

həsən 网边绳

hokton 鱼漂子

honikə 鱼秧

hoŋkə 船头

howro 黑鱼/鳗鱼

hud 船艄

huja 螺

huwədzʐən 鱼簖子

ihan untʂəh 牛尾

ilanvih goho 三齿甩钩

jabsa 白鲅鱼

katur 河蟹

katuri 螃蟹

kidzʐim 海鱼

kirvu 鲟鱼

koki 蝌蚪

kosha 河鱼

kotoli dzʐhudi 帆船

kotoli 帆

kurtʂin 筋斗鱼

laktʂan 大头鱼

liəkə – 挂

liohə 白鲦子

losha 鱼篓子

malta 海鱼

mar 鱼群

məidzʐəbu – 砸破

məihətə 鳝鱼

məlbiku dzʐhudi 划船

murgu 鲤鱼

murguji goho 鲤鱼钩

musər 黄鱼

nimahaji sokə 鱼皮

nimha 河鱼

nimha 鱼

nimhaji jəli 鱼肉

nimhaji sukə gulha 鱼皮靴

niomʂən 细鳞

nisha 小鱼

nomin 鱼油

oŋoʂon 鲫鱼

ooha 花季鱼

sahamhə 鲈鱼

sargadzʐi 鲸鱼

sari – 撒网

səlbi 船桨

səlbi – 划船

səlbiku 划子

səŋəl 鱼鳍

səŋgəl 鱼鳃

sətʂə 干鲦

suŋgada 赤鱼

surdəkə 船滑轮

ʂajy 鲨鱼

ʂan 桨桩

ʂaŋannimha 白鱼

ʂidzʐin 鱼钩线

ʂiltan 桅木

ʂir 小鲤鱼

ʂodoku 抄网

ʂodoku 鱼兜子

ʂuruku 篙子

tahʊr 蚌

taihə 鲳鱼

takə 鳒鱼

taltan 船舷

tavu – 钩上/别上

tʂakdzˌə – 冻硬雪面

tʂərgu 鱼卵鱼子

tʂimə 鳠鱼

tʂoban 撬棍

tʂurhu 鱼子

tubəhə 重嘴鱼

tubi 鱼罩

uja 白鲩

ujaʂən 泥鳅

uku 鱼笼

ukuri 细鳞梭鱼

ulumə 柳根

usat 鱼白

utʂkə 前鳍

vatan 倒须钩

vəihə 舟

vəihu 独木船

vəihu 桦皮船

vəihu 快艇、快船

vəihui fər 船底

vək 鱼鳔

vəlmi – 钓鱼

vəlmiku 钓鱼竿

vo 冰兜

vunimha 草根

三　锡伯语狩猎生活条件下的采集词汇表

abuha 荠菜

alan 桦树皮

anjan 野艾草

avəs 桦皮桶

bərha 柳条

bəvun 桶提梁

bigani ʂogə 野菜

bolk tatə – 连根拔

botho 柳树

daŋsah 敞口桦皮桶

daʂin 小刀柄

domu 茶桶

donhu 果籽硬壳

duŋa usə 瓜子

duvə 刀尖

dzˌagda 松树

dzˌandzˌuri 杨梅

dzˌantʂuhun usha 栗子

dzˌəjin 刀刃

dzˌiʂiha 榛

dzˌiʂiha səntʂə 榛蘑

dzˌoktond 百合

dzˌuman 小皮口袋

dzˌuʂihə 瓜藤

dzˌysuri 酸梅

əmpi 柳蒿芽

əŋgulə 沙葱

ərəm 黄艾

ərsulən 河柳

fah 核/果核

faha 果仁

faita – 割（刀）

fatə – 摘（花）

fəlgianhirha 红松

fəşin 刀把

fətə – 剜、挖

fia 白桦树

fiələn 苋菜

fik şorə 竹筐

fisha 香榧

fojo 靰鞡

fojo 靰鞡草

fojoro 李子

fuktala 蕨菜

fulh 布口袋

fulhu/tahal 口袋

gəntşəhən 刀背

giakdə 弯刀

guiləhə 杏子

guri – 摘（野果）

guru – 摘（野菜）

hahuru – 掐

haisanda 野蒜

helin səntşə 榆蘑

həŋkə 瓜

hibsu 蜂蜜

hoho 大木桶

holdon 果松

homhən 刀鞘

huni 桶

huri 松树籽

huşhan moo 山核桃树

huşih faha helin 核桃树

huşiha faha 核桃

huşihan 山核

ilhakʋ tubihə 无花果

ilho 山桐子

iŋtori 樱桃

işi 落叶松

jəŋgə 稠李子

joŋari 沙果

kaitşa 桦皮篓

kavtşi – 夹

kudə 大筐子

kuşi 刀

laktşəbu – 断掉

lashala – 弄断

losha/barə 篓子

maitu 棒

matşa 小根菜

mitə – 割断

mohsulu – 撅断棍

mohsulu – 砍断

moohuni 木桶

mukdan 水松

muksan 棍子

mutşu 葡萄

nimalan 桑树

ninor 小筐笺

niohə subə 黄花菜

notho 果壳

oholu – 捧

orhoda 人参

polor 筐笺

polori 柳编筐笺

sahəs 松脂

saisahə 提筐

saisə 小簸箕

saksu 荆条篓子

santʂa 木耳

səndʐi 桶把手

səntʂə 蘑菇

sili – 摘选

sorə 筐子

sorson 韭菜花

suhi 果汁

suho 斧子

sulhu 柳编箱

sumal 半大口袋

suŋgin 野葱

suo – 摘（帽子）

suvar 采挖草根木具

şihan 整木圆形无把容器

şiltan 杆子

şimkəl 韭菜

şoroto 酸枣

şyha 艾草

tana 野韭菜

tataku 小水桶

tatə – 拔

təvun 提水桶

tiəmurhun 红柳

tiŋi – 拾

tivi mo 杖

tʂakalə – 折断

tʂikuran 黑桦树

tʂilak 铁桶

tuŋgi – 捡

uhkə 剜刀

uləŋgə 果脐

ulhʊsun/tahal 细长口袋

uli 山丁子

umpu 山楂

uŋ 细野葱

uraŋga 梧桐

urə – 采

usəri 石榴

vadən 小口袋

vəren 桶箍

waidək 铁桶（带把儿）

附录四

赫哲语狩猎词汇表

一 赫哲语狩猎词汇表

abala – 打围

aduhi 无毛皮裤

afu – 乱扑乱打

ahadan 老獾

ajan 马鹿

ajan 花脖鸦

ajdan 公野猪

ajhu 母貂

ajtan 大野猪

alakdaka 跳鼠

aldʒan 鸟、鸡胸脯

algan 野鸡网

algin 公水獭

amijan 公驼鹿

anami 两岁驼鹿

ankab 一岁鹿

aretu 动物

argat 公獐

argathan 母獐

artʃalan 狮子

asha 虎

aʃiki 翅膀

asu 兔网

balaktə 胚内血块

baldah 兽类下颏

bans 棒

baŋgu 八哥

bəbudʒə – 动作缓慢

bədər 斑纹

bəjun 狩猎

bəri 弓

bərini dobon 弓套

bilda 导火线

biran 寒燕

birən 母虎

bohi – 捆绑

bohtə 驼峰

bohu 梅花鹿

bokson 弓脑

bolga 貂

boor 野骆驼

buhi 去毛鹿皮

buləhi 丹顶鹤/仙鹤

butha 渔猎

dahə 长毛短皮衣

dəhəl 毛皮长袍

dələn 兽类乳房

dəthə 箭羽

dobitʂi 狐狸皮

dolbi luki 小箭

dorgon 貛子

doron 野马印子

dowi 鼯鼠

dʒan 哨箭

dʒaŋga 带哨箭

dʒargi 莺

dʒawugta 小黄鹰

dʒəbəl 箭筒

dʒəgərən 黄羊

dʒəsəri 水箭

dʒinoho 两岁鹿

dʒor 角头箭

dʒukti 两岁熊

dʒukun 水獭

dʒusan 两岁狍

dz̻ombar 豆鼠

əlbəhə 貉子

əniən 母驼鹿

əpəbe 戴胜鸟

ətugən 公黑熊

fatha 兽蹄

fatha 爪子

fitʃaku 口哨

fitʃaku 哨子/虎哨

funtu 鹿茸

fuŋgal 羽毛

furdəh 皮毛

gabta - 射

gahi 乌鸦

ganda 扁头箭

garahi 青鸦

garasu 乌鸡

gardi 凤凰鸟

garha 稀毛皮衣

garuŋa 鸢

gaskə 飞禽

gaskə 鸟

gədʒin 野兽夹子

giahun 小鹰

gida 扎枪

gihi 狍皮

gilhuta 白豹

gili 角根

gindahan 尾羽

giwtʃən 狍子

giwtʃin nasə awuŋ 狍皮帽子

guaʃike 鹭鸶

gulagan 越燕

gulin 黄鹂

gurahan 母鹿

guran 公鹿

guran 公狍

gureel 豺

gurgə 野兽

hajikta 獠牙野猪

hajiktalan 老野猪

haligun 海獭

har har 熊生气声

harhira 灰鹤

harsa 青鼬

haʃi – 围堵、围赶

haʃihi 狍皮衣

hatʃimi 皮手闷子

həltərə – 打偏

həŋkiləhu 枪机子

hikdaka 兽尾白毛

hisuka 白雕

hobdon 箭匣

hojhan 冬猎

homkon 枪套

hugu 箭头铁脊

humsə 林鹗

huŋʃi 苇鸟

huŋʃin 猫头鹰

hurə 甲壳

hurən 艾虎

hurka 马尾套子

hutan 鹈鹕

hutiki 一岁熊

idulhən 苍鹰

igən 弓梢

iha 犀牛

iigə 角

ila 走兽套子

iləŋgu 夹子舌

ilgi 尾巴

ilʃin 去毛皮

iməskən 水獭崽

indʒihan 黄羊羔

iŋgəhə 小体鹦鹉

irbis 金钱豹

irən 野角鹿

isha 松鸦

jabsah 鸥鹗

jadal 画眉

jagi 箭罩

jaksan 丘鹬

jandaʃi 獾崽

jeehən 老鹰

jolo 狗鹫

jolokto 啄木鸟斑毛

kafirəku 陷机

kalbiku 快箭

kandahan 驼鹿

kaptʃiku 夹子

kaʃih 鹿狍皮

kəku 布谷鸟

kiaktʃən 老雕

kifu 大箭

kijaŋtʃi 猎枪

kilahun 鸥

kilahun 海鸥

kirsa 沙狐

kuatʃi 子弹袋

kumaka 鹿

kuwur kuwur 野猪吃柞树籽儿声

ləhərhi 江獭

ləpʉ 海豹

lobodo 三岁鹿

lobodo 三岁狍

lohə 腰刀

luka 小猞猁

luku 厚毛

luŋgu 公貂

madʒan 长箭

mafka gita 熊枪

mafkə 熊

mamuhə 野兔

maŋgis 猪獾

margan 獐羔

masalku 禽鸟套子

miawtʃiaŋ 枪

mihtʃa 野猪崽

misa 弓别

mo 棍子

modʒihin 黑熊

moɲo 猴

motʃudo – 动作笨拙

mudan 夹子弓

muhalian 子弹

muhan 公虎

muktun 盲鼠

nagab – 打中

nama gida 短扎枪

nami butʃan 鹿皮衣

nami 去毛皮衣

nasa 皮

naʃin 棕熊

natʃin 游隼

niktə 野猪

nirga 短毛

niru 箭

nohan 一岁野猪

noŋgar 绒毛

numurhan 蛋壳嫩皮

nunnhi 雁

nuŋgar 氄毛

nuŋgar 嗉囊

nutru 飞龙鸟/沙鸡

ȵarhosa 驼鹿羔

ȵohə 狼

ȵuȵahi 鸳鸯

ohtono 鼹鼠

oktono 鼠兔

olgum 野鸡

oluŋkə 涉水皮

omukto 鸟蛋

onon 公黄羊

oɲo 母狍

orgi 箭头铁刃

orgol 卷毛

orgumakafirəku 捕雉陷机

oroon/tolki 驯鹿

oʃankan 鹿羔

otʃiha 弓罩

otor 春猎

puʃuku dələni 狍面具

saha 秋猎

saha 尾鬃硬毛

sahaltʃa 黑貂

sakda 母野猪

saksaki 喜鹊

santʃiha 夹子嘴

saraman 猩猩

saran 猿

sari 母黑熊

sarin 股子皮

sarkə 貂

sati 公棕熊

satigan 母棕熊

səbuuku 捕貂网

səbun 猞猁套子

sənʤi 瞄准器眼

səŋkə 刺猬

silmən 鹞

sohə 蛋清

sojo 獠牙

solmin 毛梢

solugi 鼬鼠

soŋgiha 夹子支棍

soolje 黄鼠狼

sor 皮条

sorhə 两岁野猪

soron 鹦

sudu 无哨箭

sulahi 狐狸

sumgan 火药罐

surhan 出生几个月的野猪

suʧi 兽

suwan 鱼鹰

ʃan 枪的火门

ʃəlisuŋ 猞猁

ʃəlisuŋʧi 猞猁

ʃilmən 燕隼

ʃiŋarəkafirəku 捕鼠陷机

ʃirda 梅针箭

ʃirga 獐子

ʃirhaʧin 母黄羊

ʃiwin 紫燕

ʃoŋkor 海青

taaŋgihu 弓弩子

tabu 扣弦上弓

tahin 野马

taŋko 白脖乌鸦

tarbahi 旱獭

tashari 秃鹫

təbhə 弓垫子

təbku 胎盘

todi 鹦鹉

todig 鸨

toʤin 孔雀

toho 一岁驼鹿

tontoki 啄木鸟

toŋgi 鸟嘴

toŋgo 兽筋细线

tooluki 火箭

torah 元鸟

toʃiha 鹰网

tʂihti 野骡子

tugil 水花冠红脖子鸟

tugit 凭霄小鸟

tulə 下钢丝绳套

tuulge 斑鸠

tuutuge 斑雀

tuwa okto 火药

ʧabi 兽类歘皮

ʧalihun 朱顶红

ʧifakun 燕子

ʧindahan 白狐狸

ʧindahan 白兔

tʃinihə 雀

tʃiŋki 松鼠

tʃirgəku 枪冲条

tʃootʃal 鹬

tʃothon 蛋壳硬皮

tʃutʃuhi 鹌鹑

udʒirhi 狸

ukan 麻雀

uki 母水獭

ukotʃən 猎袋

uləhi 灰鼠

uli 弓弦

ʊlmahun 兔子

umon 蹄心

urgu 蛋黄

uriako 鹿哨子

uridʒin 鹳

urtʃe 天鹅

uʃiha 兽类指甲

wa－杀

wataŋga gida 带钩扎枪

wiha 蹄掌

yhtə 毛

二　赫哲语狩猎生产条件下的捕捞词汇表

abtəhə 鲫鱼

ada 木筏

adan 鱼钩尖

adili 小渔网

adʒin 鳇鱼

aiʃinimaha 金鱼

ajihum 鳖/甲鱼

akumi 鱼皮衣

alaga 网

atu 母鱼

atuha 公鱼

autʃi 渔网

bə 鱼饵

bərgələ－钩

bitʃla－/kirkilə－砸破

boŋ 冰穿子

burən 海螺

çifan 鲙鱼

çilə 鱼汤

daahi 鲇鱼

dajihan 兜网

dalkətə 燎鱼片

dalu 船棚子

dawahə 方口鳊头鱼

dawaurgutʂu 大马哈鱼干

dəgə 挂钩

dəpu 鲨鱼

duŋgu 鲤鱼钩

dʒatʃihi 白鱼

dʒawi 帆船

dʒawi 舟

dʒəlu 鳟鱼

dʒewe 船

dʒobuku 鱼叉

əlku 大掠钩

ərən 船底

ərih 蛙

əʃihə 鱼鳞

farsa 葫芦仔鱼

fəthə 后鳍

fusəli 青根鱼

gabkur 虾

gialtun 白带鱼

gilin 大马哈鱼脊干

goholo – 钩

goholoku 拎钩

guətʃən 狗鱼

gulban 快艇、快船

guŋguli 串丁子鱼

gutʃən 狗鱼

haɑdi 鱼簰子

hadar 鲹鱼

hagə 鱼刺

haitʃitʃo 冬拎钩

hajgu 鳊花鱼

hərgin 网边

həsən 网边绳

hirwun 船舵

hokton 鱼漂子

hoŋko 船头

huaitʃi 怀头鱼

hud 船艄

huliəktə 炖的鱼

huwar 黑鱼/鳗鱼

iaruxuŋ 白鳔子鱼

ihan irgi 牛尾鱼

ihanwutʃihə 牛尾巴鱼

ilgilən 蝌蚪

imaha fukha 鱼泡

imaha hukin 鱼肚

imaha khiothu 鱼刀

imaha 鱼

imahə tarəni 鱼储笼

imahə 烤

iopu 细脊鱼

jabsa 白鲮鱼

jakar 三齿甩钩

jaruhun 白漂鱼

jorun 细鳞鱼

kaati haɑdi 鱼梁

kabtʃihe 河蟹

kawalan 龟

kərətʃkə 鳇鱼钩

kətʃijadəda 大马哈鱼骨头

kidʒimi 海参

kisug 贝

kitə 快当钩

kitfutʃin 鲟鱼

konahətə 小乌鱼

kontʃu 胖头鱼

koŋoro 黑鱼

kosha 河豚

koti 发罗鱼

kotolo 帆

kuərə 草根鱼

kurtʃin 筋斗鱼

labtaha 鱼片

lakatʃan 大头鱼

lioho 白鲦子鱼

loho – 挂

majin 钓鱼竿

malta 海马

marə 鱼群

mehətə 鳝鱼

moŋku puta 鱼肉粥

morinwakʃən 青蛙

murgu 鲤鱼

musur 黄鱼

natəsaŋə 七星鱼

nimhaji uləsə 鱼

nisha 小鱼

nomin 鱼油

ogon 冰兜

ogsoŋgi 松花鱼

oktʃun 河鱼

okutʃun 小鱼

olgtɕə 鱼条

oniga 鱼秧子

otoŋki 独木船

sakam 鲈鱼

sakana 哲罗鱼

sao sao 鱼甩尾

sarəfo 网板

sarəkə 网梭

sargaldʒi 鲸鱼

sari – 撒网

səlbi – 划船

səlbihu 划子

səlbin 船桨

səŋəl 鱼鳍

səŋgəl 鱼鳃

sətʃə 赶鲦鱼

sətʃu 干鲦鱼

səuhəŋ 油炸鱼

siçymo 大马哈鱼偏脊皮里肉外干

siədəri 大马哈鱼偏脊贴骨肉干

sobku gulha 鱼皮靴

sobuk 鱼皮

sodoku 抄网

sodoku 鱼兜子

sopuku foloku 鱼皮口袋

sulka 刨花

suŋgad 赤梢

suŋkata 红尾鱼

surdəkə 船滑轮

suruku 篙子

ʃan 桨

ʃidʒin 鱼钩线

ʃiltan 桅木

ʃiri 小鲤鱼

tabu – 钩上／别上

taigu 鲳鱼

takira 蚌

taktʃhun 鲢鱼

takun 鳟鱼

talkə 拌菜生鱼

talkə 刹生鱼

taltan 船舷

tarani 鱼篓子

tashən 鱼松

taʃi – 用脚钩

tawa 大马哈鱼

təmtəkən 渡船

tikəta 腌鱼

tubəhə 重嘴鱼

tubi 鱼罩

turigu 鱼卵鱼子

tʃafa 大马哈鱼籽干

tʃagʤa－冻硬雪面

tʃamur 螃蟹

tʃargatʂa 鱼干

tʃimə 鳖鱼

tʃitʃakən 嘎牙子鱼

tʃukektə 螺

tʃurhu 鱼子

ugər 鱼鳔

uguri 细鳞梭鱼

uja 白鲩鱼

uja 泥鳅鱼

uku 鱼笼

uləŋgə 花季鱼

ulumə 柳根池

uməkən 鱼钩

uməkəŋ 渔篓

uməkətʃə－钓鱼

uməkətʃəŋ 小鱼钩

umərtʃən 桦皮船

usatə 鱼白

usul 鲭鱼

utʃikə 前鳍

wan 撬棍

watan 倒须钩

wəihu 划船

wuməkən 小鱼钩

wuŋkə 季花鱼

wurkəsə 大马哈鱼肚囊干

yopu 牙布沙鱼

三　赫哲语狩猎生活条件下的采集词汇表

abuh 荠菜

agi 野艾草

ahaka 果仁

ahlaʃi sogi 苋菜

amas 桦皮桶

anar 石榴

babur 桶提梁

balu/kiokso 蜂蜜

bans 棒

bibkur 黑桦树

boltat－连根拔

botoho 柳树

buhakta/moʃan 木

burgan 柳条

ʤagda 松树

ʤanʤir 杨梅

daŋsah 敞口桦皮桶

dargun 杆子

daʃin 小刀柄

ʤəjən 刀刃

diloshi 黄花菜

ʤisakta 榛蘑

ʤisuri 酸梅

ʤoktond 百合

domu 茶桶

donho 果籽硬壳

ʤulgə 瓜藤

əŋgul 沙葱

ərəm 黄艾

ərən 桶箍

əʃin 刀把

faʃikə 红松

fatə – 摘（花）

fətə – 剜、挖

fishan 香榧

fojər 李子

fuluku 布口袋

gatsun 杖

gikda 弯刀

guiləhə 杏子

gurə – 采

hahuri – 掐

hailən mogo 榆蘑

hajakta 靰鞡草

hajsa 桦皮篓

həŋkə 瓜

həril 瓜子

hobo 小水桶

hohon 大木桶

holdən 果松

homogon 刀鞘

hos soro 竹筐

hudə 大筐子

hulgar 无花果

hunug 桶

huʃigan mo 山核桃

huʃigaŋ 山核桃

ilho 山桐子

iligən 刀尖

intoro 樱桃

iŋəktə 稠李子

irəktə 落叶松

joŋari 沙果

kabtʃi – /sabkila – 夹

koota 核桃

koota mo 核桃树

kuntʃu 木桶

kuri 松树籽

kuʃi 刀

lashala – 弄断

loshan 篓子

maŋgir 细野葱

maser 小根菜

mii – 割（刀）

mira – 摘（野菜）

mo 棍子

modan 水松

mogo 蘑菇

mohsulu – 撅断棍

moktogi – 断掉

moktolo – 砍断

mulən 提水桶

muli – 摘（野果）

mutʃəktə 葡萄

nala 刀背

nasafuluku 皮口袋

nimalan 桑树

notho 果壳

ŋoŋor 小筐箩

ohujlə – 捧

orhoda 人参

polər 柳编筐箩

polor 筐箩

sahan 整木圆形无把容器

sahas 松脂

saksə 荆条篓子

sartuhul 栗子

sasakə 提筐

səndʑi 桶把手

səŋkulə 韭菜

solgi 野菜

sorito 酸枣

soro 筐子

sorso 韭菜花

su – 摘（帽子）

suanda 野蒜

suha 河柳

suhə 斧子

suhi 果汁

suiha 艾草

sulhu 柳编箱

sumal 半大口袋

suŋgina 野葱

suwar 采挖草根木具

ʃili – 摘选

ʃisəku 小簸箕

ʃiʃikta 榛子

talakun 桦树皮

talakun 桦树皮

tana 野韭菜

tata – 拔

tiwərhun 红柳

tuŋə – 拾

tuŋkə – 捡

tʉʃihə – 割断

tʃalaban 白桦树

tʃihali – 折断

tʃoolug 铁桶

uhukə 剜刀

uktala 蕨菜

uləgə 果脐

uliktə 山丁子

ulku 口袋

uluhun 细长口袋

umpil 柳蒿芽

umpuri 山楂

uraŋga 梧桐

uruŋku 小皮口袋

us 核/果核

utan 小口袋

wəjduk 铁桶（带把儿）

附录五

鄂温克语狩猎词汇表

一 鄂温克语语狩猎词汇表

abgaldə 猩猩

aduhi 无毛皮裤

aggat 公獐

aggathaŋ 母獐

ahadaŋ 老獾

ajan 花脖鸦

ajan 马鹿

ajdagaŋ 公野猪

ajihi 母貂

ajitta 獠牙野猪

ajittalaŋ 老野猪

ajtahuŋ 大野猪

ala 花色公驯鹿

alakan 花色母驯鹿

alakdaha 跳鼠

aldʒan 鸟、鸡胸脯

algiŋ 公水獭

amijan 公驼鹿

anami 两岁驼鹿

ankanahaŋ 一岁鹿

apu – 乱扑乱打

aretaŋ 动物

aʃigə 翅膀

asuŋ 兔网

atʃʃalaŋ 狮子

balatta 胚内血块

baldah 兽类下颏

bəbəldʒə – 动作缓慢

bədəri 斑纹

bəjʉ 打围

bəjʉ 狩猎

bəri 弓

bilda 导火线

birəŋ 母虎

bodʒʤigir 卷毛

bədɵnə 鹌鹑

bog 鹿

bog 梅花鹿

bohi – 捆绑

bohto 驼峰

boksoŋ 弓脑

bolga 貂皮

boŋgoŋalaar ʃiikkaŋ 画眉

boor 野骆驼

buhi 去毛鹿皮

bʉlhi 丹顶鹤/仙鹤

butha 渔猎

çie ru 种鹿

dagasuŋ 棍子

daha 长毛短皮衣

dargunda 麻雀

dari 火药

dəəl 毛皮长袍

dəgi 飞禽

dəktə 箭羽

dələŋ 兽类乳房

dəŋʧi 棒

dohiʧi 狐狸皮

dolbi nor 小箭

doron 野马印子

dowi 鼺鼠

ʤan 哨箭

ʤaŋga 带哨箭

ʤawutta 小黄鹰

ʤəgərəŋ 黄羊

ʤəsər 水箭

ʤəwəl 箭筒

ʤinoho 两岁鹿

ʤor 角头箭

ʤukt 两岁熊

ʤusaŋ 两岁狍

ʤʉʉhiŋ 水獭

ʤuwa 狍皮衣

dzˌombar 豆鼠

əla jieptie 桦树皮、犴背皮制成的鹿
　拌棍

əlbəhi 貉子

əlʉhi 松鼠

əməgən 桦木制成的鞍子

əniən 母驼鹿

ətirgən 熊

ətʉgən 公黑熊

əwəri 獾子

gaaha 乌鸦

ganda 扁头箭

gappa－射

garahi 青鸦

garasu 乌鸡

garasuŋ 燕子

garuŋa 鸢

gəʤiŋ 野兽夹子

geehiŋ 猫头鹰

geehuŋ 小鹰

gəkkʉ 布谷鸟

gərdi 凤凰鸟

gida 扎枪

gihi 狍皮

gihiŋ/gikiŋ/mʉri 老鹰

giisəŋi nanda aawuŋ 狍皮帽子

gil 角根

gilahuta 白豹

gilawuŋ 鸥

gindah 尾羽

giwsən 狍子

goʧihe 鹭鸶

gulin 黄鹂

gulkəŋ 灰色公驯鹿

gʉlmahuŋ 兔子

guraŋ 公狍

gure 豺

gurəsəŋ 野兽

guskə 狼

halbihu 快箭

haligu 海獭

halt mult 野兽匆忙逃跑貌

handahaŋ 驼鹿

hara jaggaŋ 黑豹

harsa 青鼬

haʃi – 围堵、围赶

haʃihi 鹿狍皮衣

hatʃimi 皮手闷子

hatʃʃihu 夹子

həhhu həhhu 布谷鸟声

hektʃəŋ 老雕

həltərə – 打偏

həŋkiləŋ 枪机子

hijaŋka 猎枪

hikdaha 兽尾白毛

hilahun 海鸥

hirsa 沙狐

hiwu 大箭

hobdo 箭匣

hoggol 野鸡

hojhan 冬猎

homhoŋ 枪套

honnoriŋ todi 八哥

honnoriŋ todi 斑鸠

hotɕial 雪白公驯鹿

hugu 箭头铁脊

hukkan 马尾套子

humgi 林鹑

huŋtʃi 苇鸟

hur 甲壳

hurəŋ 艾虎

huta 鹈鹕

idulhəŋ 苍鹰

igən 弓梢

iggi 尾巴

iha 犀牛

iigi 角

ila 走兽套子

iləŋgə 夹子舌

ilgiŋ 去毛皮

iməskəŋ 水獭崽

indʑihaŋ 黄羊羔

iŋatta 毛

iŋgəhu 小体鹦鹉

irən 野角鹿

irhis 金钱豹

isha 白雕

isha 松鸦

itəŋ 三岁公驯鹿

itu 飞龙鸟/沙鸡

jagi 箭罩

jaksa 丘鹬

jandag 獾崽

jargaŋ 豹

jargi 莺

jieukaŋ 两岁公驯鹿

jin makə 犴腿皮制成的搭子

jolo 狗鹫

jolokto 啄木鸟斑毛

ka ŋala 落叶松做的木铃

karakədz̟in 纯黑公驯鹿

kətur 七岁驯鹿

kie lipaoptin 犴干角与桦树制成的鞍
　子接头

kir təhər 八岁驯鹿

ko ma lan 犴头皮、熊皮的雨衣

komnotie 纯黑母驯鹿

ləhərhi 江獭

ləpʉ 海豹

lohon 腰刀

ləɵndə ɵɵndə 驯鹿晃悠貌

luka 小猞猁

luku 厚毛

luŋgu 公貂

mabu 公鹿

mabuhaŋ 母鹿

madʒaŋ 长箭

magga 獐羔

mamuhu 野兔

maŋgis 猪獾

masalhuŋ 禽鸟套子

miisaŋ 枪

miktʃa 野猪崽

misa 弓别

modʒihəŋ 黑熊

monijo 猴

moŋkido – 动作笨拙

moriŋ garasuŋ 寒燕

motəŋ 六岁驯鹿

mudan 夹子弓

muhaleŋ 子弹

muhaŋ 公虎

naat – 打中

nama gida 短扎枪

namig 鹿皮衣

namitʃʃi 去毛皮衣

nanda 皮

naʃi 棕熊

natʃiŋ 游隼

nekkosa 驼鹿羔

nie mahar 四岁以后的母驯鹿

nie mokan angənuhaŋ 一岁母驯鹿

nihitʃen 鸳鸯

niŋumə 六杈鹿茸

niowalakana 五岁驯鹿

niru 箭

nogga 短毛

noha 一岁野猪

nomo 盲鼠

nonnohi 雁

noŋgar 毽毛

noŋgar 绒毛

numur 蛋壳嫩皮

nuŋgar 嗉囊

oʨangənahaŋ 一岁驯鹿

ohtono 鼹鼠

ohtono 鼠兔

olooŋko 涉水皮裤

onijo 母狍

ono 公黄羊

onohoŋ 母黄羊

ɵpɵpe 戴胜鸟

orgi 箭头铁刃

oroon 驯鹿

oʃ 鹿羔

otʃiha 弓罩

otor 春猎

pəntʉ 鹿茸

pisahu 口哨

pisaŋka 哨子/虎哨

pitʃaaran 狍、鹿崽叫

pogəti 白黑公驯鹿

pogətitɕian 白黑母驯鹿

poloŋ tɕieŋ 灰色母驯鹿

saadʒige 喜鹊

sabbatta 爪子

saha 秋猎

saha 尾鬃硬毛

saha 棕色母驯鹿

sahakaŋ 棕色公驯鹿

sahatʃi 黑貂皮

sakda 母野猪

santʃiha 夹子嘴

saraŋ 猿

sarhi 貂

sari 母黑熊

sarin 股子皮

sat 公棕熊

sathaŋ 母棕熊

satɕiu li 两岁母驯鹿

sawi 兽类肷皮

səbʉŋ 猞猁套子

sədʒi 瞄准器眼

səŋŋə 刺猬

sigtʃenəŋ 晚猎

silmən 鹞

soho/ʃilgi 蛋清

sojo 獠牙

sol kie 孕鹿

solahi 狐狸

solmi 毛梢

sologi 鼬鼠

solohi 黄鼠狼

soŋgiho 夹子支棍

sootʃal 鹬

sor 皮条

sorho 两岁野猪

soron 鹦

sudu 无哨箭

sugga 出生几个月的野猪

sujiuhan angənuhaŋ 一岁公驯鹿

sumga 火药罐

sutʃi 兽胎

suwan 鱼鹰

suubtʃi 稀毛皮衣

ʃeen 枪的火门

ʃidda 梅针箭

ʃilmən 燕隼

ʃirga 獐子

ʃiwiŋ 紫燕

ʃoŋhor 海青

taaŋgu 弓弩子

taawa 野鸡网

tabu – 扣弦上弓

taha 兽蹄

tahin 野马

taŋko 白脖乌鸦

tarbahi 旱獭

targan 彪

tashari 秃鹫

tasuɡ 虎

təbhə 弓垫子

təbkə 胎盘

təni nə 鹿头皮制的鞍垫子

tiʤʤihi 猞猁

tiʤʤihitʃi 猞猁猁皮

tie gaptəŋ 犴背皮制成的胸带

todi 鸬

todi 孔雀

todi 鹦鹉

tog nor 火箭

toglo 灰鹤

togoŋ 弓套

tontohe 啄木鸟

toŋgo 鸟嘴

toŋko 兽筋细线

tooho 一岁驼鹿

torohi 野猪

toʃiha 鹰网

tugeel 水花冠红脖子鸟

tugi 凭霄小鸟

turahi 元鸟

tʉrʉ - 下钢丝绳套

tuutuge 斑雀

tɕialkə 白驯鹿

tɕionoho 两岁驯鹿

tɕiʃkir 雪白母驯鹿

tʃalihuŋ 朱顶红

tʃihʉtʉn 野骡子

tʃiikkaŋ 鸟

tʃindaha 白兔

tʃindaha 白狐狸

tʃinəh 雀

tʃirgəhʉ 枪冲条

tʃotho 蛋壳硬皮

uanmnomie 三岁驯鹿

uhi 母水獭

uhi 犴背皮制成的笼头

ujo valakana 四岁公驯鹿

uli 弓弦

uliŋtʃi 鸥鹑

umo 蹄心

umtto 鸟蛋

uno nu nie 三岁母驯鹿

uŋgal 羽毛

uriʤi 鹳

urihaŋ 越燕

uʃiha 兽类指甲

utʃtʃe 天鹅

uuggu 蛋黄

ʉʤirhi 狸

ʉlʉhi 灰鼠

ʉrdəh 皮毛

ʉreeraŋ 公鹿叫

ʉtʉhi 一岁熊

waa - 杀

wataŋga gida 带钩扎枪

weha 蹄掌

wənnəne 三岁鹿

wənnənə 三岁狍

二　鄂温克语狩猎生产条件下的捕捞词汇表

ada 鱼钩尖

adar 鲹鱼

adʒiŋ 鳇鱼

ajahu 鳖/甲鱼

akumi 鱼皮衣

alagaŋ 网

aliwtʃan 嘎牙子鱼

altan oshoŋ 金鱼

arma 海马

arsa 葫芦仔鱼

atu 母鱼

atuha 公鱼

bərgələ –/ʃidə – 钩住

bətə 鱼饵

bisla – 砸破

bʉkkʉl 船棚子

bʉrən 海螺

daahi 大鲇鱼

daahi 鲇鱼

daaki 小鲇鱼

dajha 兜网

dawah 方口鳜头鱼

dəgə 挂钩

dəpʉ 鲨鱼

dʒəələ 鳟鱼

dʒewe 船、帆船、舟

dʒewe 帆船

dʒewe 舟

dʒowuhu 鱼叉

dʉngu 鲤鱼钩

dʒʉwəhe 重嘴鱼

ədiwʉŋki 帆

əggiŋkə 船滑轮

əlkuŋ 大掠钩

əmhəŋdə – 钓鱼

əmhətʃəŋ 小鱼钩

ərə 船底

ərəhoŋ 鳇鱼钩

ərihi 蛙

əʃihə 鱼鳞

əthe 后鳍

gabkur 虾

gawal 龟

gərbə 片达湖鱼

gilan gilan 鱼鳞一闪一闪

giltu 白带鱼

goholo – 钩

goholoŋ 拎钩

gulban 快艇、快船

gur 细鳞梭鱼

haadi 鱼簜子

haga 鱼刺

hajgu 鳊花鱼

hatʃtʃohe 河蟹

həltəhʉ 鲫鱼

hərgiŋ 网边

hətʃəŋ 网边绳

hidʒim 海参

hirata 大马哈鱼

hirbə 鲟鱼

hirwʉŋ 船舵

hisuɡ 贝

hoktoŋ 鱼漂

hoŋɡo 船头

hosha 河豚

hotoŋko 独木船

howor 黑鱼/鳗鱼

hөrө 草根鱼

huruu 花子鱼

hʉd 船艄

hʉdʉsaŋ 小蜇鱼

hʉleŋ oshʉŋ 串丁子鱼

hʉtmal 鲇鱼

iggiləŋ 蝌蚪

ilaɡar 三齿甩钩

imaha 鱼

jabsa 白鲮鱼

jarhuŋ 白漂鱼

jarʉ 牙罗鱼

jora 细鳞鱼

laksan 大头鱼

ləntə 鲢鱼

loho 白鲦子鱼

loho – 挂

losha 鱼篓子

maar 鱼群

majiŋ 钓鱼竿

mhəŋ 鱼钩

moŋko 桦皮船

mөrɡө 鲤鱼

moriŋ ərihi 青蛙

moroldʒi 鳝鱼

mʉnada – 凿冰眼

mʉsər 黄鱼

nanʉni oshʉŋ 海鱼

naŋɡi unta 鱼皮靴

naŋɡi 鱼皮

nitʃa 小鱼

nomin 鱼油

oɡsoŋɡi 松花鱼

onir 鱼秧子

ooɡ 冰兜

oshoni ʉldʉ 鱼肉

oshoŋ 河鱼

өshʉŋ bʉtaŋkʉ 渔具

porohor 渡船

saham 鲈鱼

sal 木筏

samura 螃蟹

sara – 撒网

sarɡaldʒi 鲸鱼

satʃihi 白鱼

səənku 穿鱼条子

səlbi – /səli – 划船

səlbiŋ 船桨

səli 鱼鳍

səliɡʉŋ 划船

səlihʉ 划子

səŋɡəl 鱼鳃

səʃə 干鲦鱼

sodohu 抄网

sodohu 鱼兜子

sөөŋ dʒahʉde 渔船

suŋɡa 赤稍

suruhu 篙子

suuruldu 狗鱼

suurlute oshuŋ 狗鱼

ʃaŋ 桨桩

ʃilagaŋ 鱼钩线

ʃili 小鲤鱼

ʃimgəŋ 鳖鱼

ʃiron 桤木

tabu –/tawuha – 钩上/别上

tahira 蚌

tahu 鳑鱼

tajihu 鲳鱼

talta 船舷

taʃi – 用脚钩

tubi 鱼罩

turgu 鱼卵鱼子

ʧagʤi – 冻硬雪面

ʧaleer 冰穿子

ʧuhər 螺

ʧurhu 鱼子

ugar 鱼鳔

uja 白鲩鱼

ujasa 泥鳅鱼

ukur 鱼笼

urʧi 筋斗鱼

usat 鱼白

uʧiha 前鳍

uwaha 花季鱼

uhur iggi 牛尾鱼

uleŋku 鱼储笼

uliŋkə 撬棍

ulum 柳根池

usul 鲭鱼

wata 倒须

三 鄂温克语狩猎生活条件下的采集词汇

aalig 沙果

agi 野艾草

ahatta 果仁

amas 桦皮桶

anar 石榴

aʃaha 红松

awah 荠菜

bal 蜂蜜

bawur 桶提梁

bohotta 木耳

boltat – 连根拔

botohoŋ 柳树

burgaŋ 柳条

dagasuŋ 棍子

daʃiŋ 小刀柄

dəŋʧi 棒

donohoŋ 果籽硬壳

doŋomu 茶桶

ʤaddan 松树

ʤalga 瓜藤

ʤanʤi 杨梅

ʤəgi 刀刃

ʤisatta 榛蘑

ʤisur 酸梅

ʤokton 百合

əŋʧul 沙葱

ərə 桶箍
əʃi 刀把
ətʉ – 剜、挖
gata 杖
gikda 弯刀
giloski 黄花菜
gʉjləsʉŋ 杏子
hahuri – 掐
hajakta 靰鞡草
haləər 韭菜
haleer 野韭菜
hasa 桦皮篓
hattaggul 栗子
haʧʧi – 夹
heelasuŋ mɵɵgɵ 榆蘑
həŋkə 瓜
hərəəl 黄艾
həril 瓜子
hoho 大木桶
holdo 果松
homila – 捧
homogoŋ 刀鞘
hoŋgə 木桶
hoŋgə 桶
hoŋʧot – 撅断棍
hota 核桃
hotasoŋ 核桃树
howo 小水桶
hʉdə 大筐子
hʉmbil 柳蒿芽
huriktu 松树籽
huʃigaŋ moo 山核桃
huʃigaŋ 山核桃
igga aʃiŋ ʤimis 无花果
ilgəŋ 刀尖
ilho 山桐子
intoor 樱桃
iŋətta 稠李子
irəətta 落叶松
isha 香榧
liis 李子
losha 篓子
maŋgir 细野葱
maser 小根菜
mii – 割（刀）
mira – 摘（野菜）
moddan 水松
moktolo – 砍断
mɵɵgɵ 蘑菇
mʉli – 摘（野果）
mʉʧʉttʉ 葡萄
mʉʉləŋ 提水桶
nala 刀背
nimal 桑树
notho 果壳
olori 柳编筐箩
omo 核/果核
oŋgol 整木圆形无把容器
ooni 杆子
orhudə 人参
polohoŋ 小筐箩
polor 筐箩
pʉʃit – 弄断
sabbalʤi 苋菜

sahag 松脂

saksa 荆条篓子

salha 敞口桦皮桶

sanda 野蒜

sasaha 提筐

səəltʃə 筐子

səŋʤi 桶把手

sogo – 拔

soogga 野菜

soolug 铁桶

sorso 韭菜花

sorto 酸枣

suga – 摘（帽子）

suha 河柳

suhi 果汁

sujha 艾草

sumal 半大口袋

suŋgiŋ 野葱

suwar 采挖草根木具

suhu 斧子

sulhu 柳编箱

sus səəltʃə 竹筐

ʃili – 摘选

ʃiʃikta 榛子

ʃisuhu 小簸箕

tal 桦树皮

tewe – 拾

tibhur 黑桦树

tuŋkə – 捡

tuʃibu – 断掉

tuʃibu – 割断

tʃaalbaŋ 白桦树

tʃahala – 折断

udal 蕨菜

ulhu 口袋

ulikta 红柳

uluhuŋ 细长口袋

uluŋku 布口袋

umpori 山楂

uraŋga 梧桐

urə – 采

utaha 小口袋

uthuŋ 皮口袋

uhuhu 剜刀

uləgu 果脐

ulir 山丁子

uruŋku 小皮口袋

ushəŋ 刀

wata – 摘（花）

wəjdərə 铁桶（带把儿）

附录六

鄂伦春语狩猎词汇表

一　鄂伦春语狩猎词汇表

abgaldə 猩猩

aduki 无毛皮裤

ajan 花脖鸦

ajan 马鹿

ajdan 公野猪

ajiki 母貂

ajikta 獠牙野猪

ajiktalan 老野猪

ajtan 大野猪

akdan 老獾

alaar dəji 画眉

alakdaha 跳鼠

alʤa 鸟、鸡胸脯

alga 野鸡网

algin 公水獭

alʉtʃi 狍皮犴皮底鞋

amijan 公驼鹿

anami 两岁驼鹿

ankan 一岁鹿

ankanahaŋ 鹿羔

aŋŋʉrikʃa 春天狍皮

apu – 乱扑乱打

aretan 动物

argat 公獐

argatkan 母獐

armʉʃi 狍皮犴皮套裤

artʃalan 狮子

asun 兔网

aʃaki 翅膀

balakta 胚内血块

baldak 兽类下颏

baŋgu 八哥

bəbʉʤə – 动作缓慢

bədəri 斑纹

bəjʉ 打围

bəjʉn 狩猎

bər 弓

bilda 导火线

biran 寒燕

birən 母虎

bog 梅花鹿

boki – 捆绑

bokson 弓脑

bokto 驼峰

bolɡa 貂皮

boor 野骆驼

borʤiɡir 卷毛

borokto 松鼠

buki 去毛鹿皮

butha 渔猎

buuntʃi 冬季狍皮

bʉlki 丹顶鹤/仙鹤

çihçəməə rən 晚猎

daka 狍皮短大衣

daka 长毛短皮衣

dari 火药

dəəl 毛皮长袍

dəji 飞禽

dəktə 箭羽

dələn 兽类乳房

dəŋtʃi 棒

dəwur dəwur 中等形体野兽的脚步声

dijimə 单指狍皮手套

dobi 鼹鼠

dogdon 狍皮袜

dokitʃi 狐狸皮

dolbi luki 小箭

doron 野马印子

ʤan 哨箭

ʤaŋga 带哨箭

ʤawugta 小黄鹰

ʤəgərən 黄羊

ʤəsər 水箭

ʤəwəl 箭筒

ʤilʤima 燕子

ʤinoko 两岁鹿

ʤor 角头箭

ʤuba 狍皮衣

ʤukti 两岁熊

ʤusan 两岁狍

ʤuurməten 两杈鹿茸

ʤʉʉkin 水獭

dzombar 豆鼠

əlbəkə 貉子

ənijən 母驼鹿

ətirgən 熊

ətʉgən 公黑熊

əwəri 獾子

gaaki 乌鸦

ganda 扁头箭

garaki 青鸦

garasu 乌鸡

gardi 凤凰鸟

garpa – 射

garuŋa 鸢

gəʤin 野兽夹子

gəkkʉ 布谷鸟

giakun 小鹰

gida 扎枪

gil 角根

gilagun 鸥

gilatʃi 狍皮

gilkuta 白豹

gindaka 尾羽

giwtʃəktʃi aawun 狍皮帽子

giwtʃən 狍子

gotʃike 鹭鸶

gʉlami 春秋狍皮袍子

gulantʃi 夏天狍皮

guli 黄鹏

gulur galar 野猪瞪圆眼珠看人貌

guran 公狍

gureel 豺

gulmakun 兔子

gɯrən 野兽

gɯskə 狼

idɯlkən 苍鹰

igən 弓梢

iigə 角

iiŋki 飞龙鸟/沙鸡

ika 犀牛

ila 走兽套子

ilanmaan 三杈鹿茸

iləŋgə 夹子舌

ilgin 去毛皮

iməskən 水獭崽

indʒikan 黄羊羔

iŋakta 毛

iŋgəl 小体鹦鹉

iŋgəl 鹦鹉

irən 野角鹿

irgi 尾巴

irkis 金钱豹

iska 白雕

iska 松鸦

iwukʃərki 狍皮裤

jagi 箭罩

jaksa 丘鹬

jandag 獾崽

jargan 豹

jargi 莺

jeekin 老鹰

jolo 狗鹫

jolokto 啄木鸟斑毛

kalbiku 快箭

kaligu 海獭

kandahan 驼鹿

kapiʃan 狍皮背包

kaptʃiku 夹子

kaptɯrga 狍皮烟荷包

kara jargaŋ 黑豹

karimna 夏狍皮袍子

karsa 青鼬

kaʃi – 围堵、围赶

kaʃiki 鹿狍皮衣

katʃimi 皮手闷子

kəəwrən 狍子吼叫

kektʃen 老雕

kəltərə – 打偏

kəŋkilən 枪机子

kərəkə 秋天狍皮

kijaŋka 猎枪

kikdaka 兽尾白毛

kilakun 海鸥

kiras 沙狐

kiwɯ 大箭

kmaha ʃumun 鹿鞭

kobdo 箭匣

kojkan 冬猎

kokol 双指狍皮手套

komkon 枪套

koŋgitʃan 皮口袋

korgol 野鸡

kuhujuhʃə 狍脖子皮

kumaha intʃihaanin 鹿胎

kumaka 鹿

kumgi 林鸮

kuŋtʃi 苇鸟

kurka 马尾套子

kuta 鹈鹕

kuɡu 箭头铁脊

kurə 甲壳

kurən 艾虎

ləkərhi 江獭

ləkur ləkur 肥大体重熊的体形

ləpu 海豹

lokon 腰刀

luka 小猞猁

luku 厚毛

luŋgu 公貂

mabu 公鹿

mabukan 母鹿

madʑan 长箭

mamuku 野兔

maŋgis 猪獾

margan 獐羔

masalkun 禽鸟套子

mərmətə 猫头鹰

miktʃa 野猪崽

misa 弓别

miwtʃan 枪

modʑikin 黑熊

moɲ̟o 猴

moŋkido – 动作笨拙

morooɾən 熊叫

mudan 夹子弓

mukalen 子弹

mukan 公虎

muʉkərin 棍子

nama gida 短扎枪

namig 鹿皮衣

namiktʃi 去毛皮衣

nana 皮

naʃi 棕

natʃin 游隼

naw – 打中

nerkosa 驼鹿羔

nikitʃen 鸳鸯

niru 箭

noka 一岁野猪

nomo 盲鼠

noŋgar 绒毛

noŋgar 毹毛

noŋgar 嗉囊

norga 短毛

numuri 蛋壳嫩皮

ɳoɲohohʃə 熊皮

ɳunnaki 雁

ohtono 鼠兔

oktono 鼹鼠

oloŋko 涉水皮裤

onijo 母狍

ono 公黄羊

onokon 母黄羊

orgi 箭头铁刃

oroon 驯鹿

otʃika 弓罩

otor 春猎

ɵpɵpe 戴胜鸟

pəntʉ 鹿茸

pərr 大鸟忽飞声

pitʃaaran 狍、鹿崽叫

pitʃaku 口哨

pitʃaŋka 哨子/虎哨

puh karaan 鹿角

putur patr 林间野兽群惊跑声

puunirən 狼叫

saadʒiga 喜鹊

saka 秋猎

saka 尾鬃硬毛

sakatʃi 黑貂皮

sakda 母野猪

santʃika 夹子嘴

saran 猿

sarbaktan 爪子

sari 母黑熊

sarin 股子皮

sarki 貂

sat 公棕熊

satkan 母棕熊

səbʉn 猞猁套子

sǝndʒi 瞄准器眼

sǝŋŋǝ 刺猬

silmǝn 鹞

sojo 獠牙

soko 蛋清

solmi 毛梢

soloki 黄鼠狼

solugi 鼬鼠

soŋgiŋko 夹子支棍

sootʃal 鹬

sor 皮条

sorka 两岁野猪

soron 鹨

sudu 无哨箭

sulaki 狐狸

sumga 火药罐

surga 出生几个月的野猪

sutʃi 兽胎

suubtʃi 稀毛皮衣

suwan 鱼鹰

ʃeen 枪的火门

ʃəktuwun 狍腿皮褥子

ʃilmən 燕隼

ʃirda 梅针箭

ʃirga 獐子

ʃiwin 紫燕

ʃoŋkor 海青

ʃun 冬狍皮袍子

taaŋgiku 弓弩子

tabu – 扣弦上弓

taka 兽蹄

takin 马

taŋko 白脖乌鸦

taraana 碎狍皮小褥子

tarbaki 旱獭

targan 彪

tasaki 虎

tashari 秃鹫

təbkə 弓垫子

təbkə 胎盘

tibdʒ 猞猁

tibdʒikitʃi 猞猁狲皮

tijinmaan 四杈鹿茸

timaanan 早猎

todi 孔雀

todog 鸹

togluki 火箭

toglor 灰鹤

togon 弓套

tokikʃa ərki 犴皮裤

tontoki 啄木鸟

toŋo 兽筋细线

toŋki 鸟嘴

tooko 一岁驼鹿

toroki 野猪

toʃika 鹰网

tugeel 水花冠红脖子鸟

tugi 凭霄小鸟

tuŋaamaan 五杈鹿茸

turak 元鸟

tuutuge 斑雀

tʉrʉ – 下钢丝绳套

tʃabi 兽类歃皮

tʃalikun 朱顶红

tʃiibkan 鸟

tʃikami 狍腿皮靴

tʃiktʉ 野骡子

tʃindaka 白兔

tʃindakan 白狐狸

tʃinəkə 麻雀

tʃinəkə 雀

tʃirgəkʉ 枪冲条

tʃokur tʃokur 小松鼠小步快跑貌

tʃotko 蛋壳硬皮 tuulge 斑鸠

tʃutʃahe 独角鹿茸

tʃʉtʃʉki 鹌鹑

uki 母水獭

uli 弓弦

uliŋtʃi 鸥鹁

umo 蹄心

umukta 鸟蛋

uŋgal 羽毛

ureerən 公鹿叫

uridʒin 鹳

urigan 越燕

urtʃe 天鹅

uʃika 兽类指甲

uurgu 蛋黄

ʉdʒirki 狸

ʉla 狍皮被

ʉlʉki 灰鼠

ʉlʉku 狍皮烟口袋

ʉrdək 皮毛

ʉtʉki 一岁熊

waa – 杀

wataŋga gida 带钩扎枪

weka 蹄掌

wənnər 三岁狍

wənnər 三岁鹿

二 鄂伦春语狩猎生产条件下的捕捞词汇表

aalka ərkuun 网脚子

aalka kəptə wun 渔网漂

aalka tөnөŋ 网节

aalka 渔网

ada 鱼钩尖

adʒin 鳇鱼

ajakum 鳖/甲鱼

akumi 鱼皮衣

alaga 网

aliwtʃan 嘎牙子鱼

alka putaŋki 网渔具

altan olo 金鱼

amuitʃi olo 湖泡鱼

arma 海马

arsa 葫芦仔鱼

aʃahta 黄柳根鱼

atu 母鱼

atuka 公鱼

bərgələ – 钩住

bətə 鱼饵

bitʃla – 砸破

bʉrən 海螺

bʉrkʉl 船棚子

çirəhtəaalka 线网

çirkə 钓鱼线

çirkəlaalka 江网

çirkəl olo 江鱼

daaki 鲇鱼

dajka 兜网

dawak 方口鳑头鱼

dəgə 挂钩

dəpʉ 鲨鱼

dʉŋgu 鲤鱼钩

dʒawaliŋkʉ 桨、棹

dʒawi 帆船

dʒawi 舟

dʒəəlʉ 鳟鱼

dʒəlii 哲罗鱼

dʒewe 船

dʒobuku 鱼叉

dʒʉwəkə 重嘴鱼

ədiwʉŋki 帆

əktəaalka 大网

əktə ultəhətʃiaalka 大眼网

əlkun 大掠钩

əlkuu naadz̩i 推钩杆

əlkuu uçii 推钩绳

əlkuu uŋhaan 推钩翘头

əlkuu 推钩

əməkəndə – 钓鱼

əmkən 鱼钩

əmkətʃən 小鱼钩

ərə 船底

ərəkən 鳇鱼钩

ərəki 蛙

ərgiŋkə 船滑轮

əʃihtə 鱼鳞

ətkə 后鳍

gabkur 虾

gərpe 片达湖鱼

giltun 白带鱼

goholo – 钩

gokoloŋko 拎钩

gulban 快艇、快船

halbi 桨

imaka 鱼

inahhta muhəə 毛钩

irgilən 蝌蚪

jabsa 白鲮鱼

jaɡar 三齿甩钩

jaruhan 白鳔子鱼

jarukun 白漂鱼

jaruu 牙罗鱼

jora 细鳞鱼

kaadin 鱼簰子

kabʧike 河蟹

kadra 鲹鱼

kaɡa 鱼刺

kajgu 鳊花鱼

katara 花翅鱼

kawal 龟

keeta 大马哈鱼

kəltək 鲫鱼

kəmtənhi 鱼泡

kərɡin 网边

kəʧən 网边绳

kiʤim 海参

kirbʉ 鲟鱼

kirwʉn 船舵

kisug 贝

kokton 鱼漂子

koŋgo 船头

koska 河豚

kotoŋko 独木船

kowor 黑鱼/鳗鱼

kɵrə 草根鱼

kʉd 船艄

lahthuki muhəə 挂钩

lahthukŋhi aalka 挂

laksa 大头鱼

lənʃə 鲢鱼

loko 白鲦子鱼

loko – 挂

loska 鱼篓子

lɵhɵɵnmuhəə 吊钩

majin 钓鱼竿

mara 鱼群

moŋgo 桦皮船

moŋgotə 老头鱼

morgolʤi 鳝鱼

morin ərikə 青蛙

morko 串丁子鱼

muhəə 钓漂子

muhəə putaŋki 钓渔具

mʉrgʉ 鲤鱼

mʉsʉr 黄鱼

naŋgi ulka 鱼皮靴

naŋgi 鱼皮

niʧa 小鱼

niʧuhun aalka 小渔网

niʧuhun 小眼网

nomin 鱼油

nutaar muhəə 甩钩

nutanki aalka 旋网

ɲetʃa 小鱼

ogsoŋgi 松花鱼

oktʃun 河鱼

olo urutə 鱼粉

olo tʃaŋ 鱼酱

oloji 鱼肉

onir 鱼秧子

oog 冰兜

ɵlɵ 套鱼套

ɵlɵ mɵŋkɵ 渔船

ɵlɵmuntardʒuu 打鱼棚

ɵlɵputaŋki 渔具

ɵlɵtuunki 鱼储笼

pirahan aalka 拦河网

porkoor 渡船

sakam 鲈鱼

sal 木筏

samur 螃蟹

sargan 鲸鱼

sari – 撒网

satʃiki 白鱼

səlbi – 划船

səlbin 船桨

səligʉn 划船

səlikʉ 划子

səlir 鱼鳍

səŋkər 鱼鳃

səʧə 干鲦鱼

sodoku 抄网

sodoku 鱼兜子

suŋga 赤梢

suruku 篙子

ʃan 桨桩

ʃəənku 穿鱼条子

ʃərpə 鱼翅

ʃili 小鲤鱼

ʃilugaŋ 鱼钩线

ʃimgən 鳖鱼

ʃiron 桅木

tabu – 钩上/别上

tajigu 鲳鱼

takira 蚌

takun 鳡鱼

talaji olo 海鱼

talta 船舷

taluu kpətəən 桦皮鱼漂

taʃi – 用脚钩

thaan aalka 拖网

thaluu kpətəən 桦皮鱼漂

tubi 鱼罩

tʉgidiwʉn 撬棍

tʉrigʉ 鱼卵鱼子

tʃagdʒi – 冻硬雪面

tʃalin 冰穿子

tʃuhəmunaa 冰镩

tʃuhtʃumun 狗鱼

tʃiirin 七星鱼

tʃuker 螺

tʃuktʃumun 狗鱼

tʃurku 鱼子

ugar 鱼鳔

ugur 细鳞梭鱼

uja 白鲩鱼

uja 泥鳅鱼

ukur 鱼笼

urka mɵɵn 套鱼竿

urʧin 筋斗鱼

usat 鱼白

uʧika 前鳍

uwaga 花季鱼

ʉkʉr irgi 牛尾鱼

ʉləm 柳根池

ʉsəl 鲭鱼

war war 青蛙叫声

wata 倒须钩

三 鄂伦春语狩猎生活条件下的采集词汇表

aakan 桦皮大碗

aalig 沙果

aaʧaan 桦皮小碗

adamala 桦皮嫁妆盒

agaʧaakaan 桦皮小盆

agaʧaan 桦皮盆

aqi 野艾草

ajakta 靰鞡草

akakta 果仁

amas 桦皮桶

anar 石榴

awʃa 桦皮针线盒

awuka 荠菜

babur 桶提梁

balu 蜂蜜

bibkur 黑桦树

boltat – 连根拔

botohon 柳树

bukakta 木耳

burgan 柳条

dalaŋki 桦皮洗脸盆

daʃin 小刀柄

dəŋʧi 棒

dilooʧi 黄花菜

dogomu 茶桶

donoko 果籽硬壳

ʤagada 松树

ʤalga 瓜藤

ʤanʤi 杨梅

ʤəjən 刀刃

ʤisakta 榛蘑

ʤisʉri 酸梅

ʤokton 百合

əmkə 桦皮摇篮

əŋʉl 沙葱

ərən 桶箍

əʃi 刀把

ətʉ – 剜、挖

əwulən 桦皮仓库

gat 杖

gikda 弯刀

gʉjləsʉn 杏子

həŋkə 瓜

ikaktin 红柳

ilgən 刀尖

ilko 山桐子

intosə 樱桃

iŋəktə 稠李子

irəəktə 落叶松

iska 香榧

kabʧi – 夹

kahuri – 掐

kajlasun mөөɡө 榆蘑

kaləər 韭菜

kaleer 野韭菜

kami 桦皮箱子

kasa 桦皮篓

kərəəl 黄艾

kəril 瓜子

kobo 小水桶

kokon 大木桶

koldo 果松

kolton 红松

komla – 捧

komogoŋ 刀鞘

koŋkildʒi 整木圆形无把容器

koŋʧot – 撅断棍

koota 核桃

koota moo 核桃树

kulgar 无花果

kuŋɡə 木桶

kuŋɡə 桶

kuriktu 松树籽

kuʃigan moo 山核桃树

kuʃigaŋ 山核桃

kʉdə 大筐子

kʉmpil 柳蒿芽

loska 篓子

maŋgir 细野葱

mara – 摘 (野菜)

maser 小根菜

mata 桦皮烟荷包

məlʧun 桦皮帽盒

məŋɡər 皮口袋

mii – 割 (刀)

mogdan 水松

moktolo – 砍断

mөөɡө 蘑菇

muuliŋki 桦皮水桶

mʉkərin 棍子

mʉli – 摘 (野果)

mʉʧʉktʉ 葡萄

muulən 提水桶

nala 刀背

nimala 桑树

notko 果壳

olori 柳编筐箩

oni 杆子

orkudə 人参

piʧaawʊn 桦皮哨子

polor 筐箩

polor 小筐箩

pʉʃit – 弄断

sabbaldʒi 苋菜

saisaka 提筐

sakag 松脂

saksa 荆条篓子

salkan 敞口桦皮桶

sanda 野蒜

sartukul 栗子

səndʒi 桶把手

soorgi 野菜

sorso 韭菜花

sorto 酸枣

sujka 艾草

suka 河柳

suki 果汁

sumal 半大口袋

suŋgin 野葱

suwar 采挖草根木具

sʉkə 斧子

sʉlkʉ 柳编箱

sʉs ʧəəlʧə 竹筐

ʃili – 摘选

ʃisəku 小簸箕

ʃiʃikta 榛子

tagdi – 拔

tal 桦树皮

təmkʉ – 捡

tiwa – 拾

tʉʃibʉ – 断掉

tʉʃibʉ – 割断

ʧaalban 白桦

ʧakala – 折断

ʧəəlʧə 筐子

ʧəmə 核/果核

ʧolug 铁桶

udal 蕨菜

ulagan 李子

ulku 口袋

ulukun 细长口袋

uluŋku 布口袋

umpor 山楂

uraŋga 梧桐

urə – 采

utaka 小口袋

ʉləgʉ 果脐

ʉliktə 山丁子

ʉkʉkʉ 剜刀

ʉrʉku 小皮口袋

ʉskən 刀

wata – 摘（花）

wəjdərə 铁桶（带把儿）

后　记

本书是在我的博士论文基础上修改而成的。2015 年考入中国社科院研究生院，有幸得到满—通古斯语言文化研究专家朝克研究员的教诲。

恩师是我学术养成中的引路人，不仅用自己渊博的学识给我以智慧的启迪，带我在知识的殿堂里遨游，还给予我很多学术启发、创作灵感和人生感悟。他更是我学习上的良师，生活中的益友，像父亲一样关心照顾我。尤其是我的博士学位论文，可以说，没有恩师的悉心指导，就没有我博士学位论文的诞生。恩师从材料搜集、选题、开题、初稿到定稿都倾注了心血，给予细致周详的指导。但因本人天资愚钝，拙文实有负恩师之期望，有辱先生之盛名。

博士求学三年，时光如梭。感谢陪伴我们成长的授课老师，谢谢你们对我的教导，教我以端正的科研态度、系统的研究方法，充分有效地利用三年宝贵的研究生时光真正地做好学术。中国社会科学院少数民族语言文学所的诺布旺丹研究员、斯钦巴图研究员，民族学与人类学研究所的孙伯君研究员、呼和研究员、刘晓春研究员，北京大学的赵杰教授以及中央民族大学的艾尔肯教授、王满特嘎教授等专家学者对我学位论文在材料收集、结构安排上等都提供了十分中肯的意见，使我受益匪浅，在此一并谢过。

感谢满通古斯语言文化研究的前辈、同仁，拙作是在前辈们的研究基础上完成的，参考文献和注释中列出了各位辛勤劳动的成果，倘有遗漏，还望见谅。

最后，要特别感谢我所在的学校——北方民族大学，感谢学校将拙作纳入北方民族大学学术著作出版基金支持计划，并给予全额资金支持。

崔宝莹

2021 年 4 月 20 日